체크메이트

체크
메이트

윤예원(초령) 지음

노르웨이숲

국어 공부가 막막한
수험생들을 위하여

글을 앞에 두고 체스를 둔다. 일정한 규칙이 지배하는 체스판 위에서 게임을 한다. 글을 읽어낼 수 있다면 어떤 말을 어디로 움직여야 하는지가 도출된다. 그러니 그 끝은 정해져 있다. 글은 변하지 않고 그대로 있지만 나는 성장하고 발전할 수 있기 때문이다. 이제 나는 당당하게 외칠 수 있다. 체크메이트라고.

체크메이트로 가는 길은 다양하다. 글의 구조에 따라, 글의 제재에 따라, 사람의 능력에 따라. 때로는 글이 나를 공격해 올 때도 있다. 예상하지 못한 수를 둘 때도 분명히 있다. 이 책은 그렇게 쓰였다. 어떤 길이 적어도 틀리지 않은 길인지를 판단할 수 있는 눈을 기를 수 있도록, 수많은 길을 구축해 나갈 수 있는 기초 체력을 기를 수 있도록, 어떤 공격에도 대처할 수 있는 유연성을 기를 수 있도록, 자신이 걸어온 길에 자신감을 부여하기 위하여 스스로 단단해질 수 있도록.

이 책을 읽기만 하면 달라지는 것은 아무것도 없을 것이다. 그러나 행동하는 순간 체크메이트로 가는 길은 당신을 택할 것이다.

나의 어두웠던 길에 등대가 되어 주신 박금병 선생님과 손창빈 선생님께 감사 인사를 전한다.

2022.12. 윤예원

1장

국어 공부에 대한
오해

체크메이트 01

국어 공부에 대한 편견과 오해에서 벗어나라.

📖 기출 N회독의 신화

N회독 맹신자들은 N회독을 하지 않으면 좋은 점수를 받는 것은 불가능하다고 생각한다. 그리고 이렇게 묻는다. "기출 N회독을 하면 1등급이 가능할까요?"

이들에게는 공통점이 있다. 숫자에 집착한다. 반드시 N회독을 해야 한다고, N번을 돌려야 한다고 생각하기 때문에 조급하게 횟수를 늘린다. 이때 기출을 '볼' 때의 질이 떨어지는 부작용이 거의 필연적으로 수반된다. 사실 당연한 결과이다. 한정된 시간 안에서 양을 늘리기 위해서는 그만큼의 질을 포기해야 한다.

"N회독 어떻게 해요?"

"시간 재서 지문 읽고, 문제 풀고, 답 근거 하나하나 지문에서 찾고, 해설지 보고, 오답은 다시 한 번 보는 것 같아요."

"그래서 그 과정에서 실력이 올랐다고 생각해요?"

"기출을 다시 풀 때는 처음 풀던 때보다 더 잘 풀리고 더 잘 읽혀요. 그런데 시험만 보면 점수는 그대로예요."

문제가 뭘까? 그런데 이것 또한 마찬가지로 당연한 결과이다. 그런 방식으로 기출 회독을 하면 기출 회독 당시에는 실력이 상승한 것처럼 보인다. 한 번 읽은 지문이기 때문이다. 읽은 지문을 다시 읽고 다시 풀고 다시 근거를 찾는데, 시간 단축이 안 되고 틀린 문제를 또 똑같이 틀린다는 것이 더 어려울 테다. 당연히 토씨 하나 틀리지 않고 같은 것을 여러 번 반복했으니 그 범위에 있는 내용들은 제대로 읽지 않아도 문제가 기억나고, 답이 기억날 수밖에 없다.

그러나 생각해 보자. 정말로 시험에서만 점수가 떨어졌나? 수능특강과 수능완성의 개별 지문을 풀 때도, N제의 지문을 풀 때도, 기출보다 훨씬 시간이 오래 걸리고, 훨씬 더 많이 틀리지 않았나?

N회독을 해서 실력이 오른 것이 아니다. **확실한 목적을 설정하지 않은 N 회독은 1회독을 하는 것보다 위험하다.** 익숙한 지문만 공부하다가 낯선 지문이 시험에 나왔을 때 대처해 본 적이 드물 뿐더러 자신이 익숙해져 있던 지문의 독해 속도와 이해 정도가 기출 지문과 낯선 지문 사이에서 큰 괴리감을 불러일으키기 때문에 실전 시험에서 보다 쉽게 당황한다. 게다가 해설지나 여타 강의들로 지문 내용은 이해가 되었으니 독해 습관의 좋고 나쁨에 관계없이, 대부분은 좋고 나쁨을 인지하지도 못한 채로, 단지 관성적으로 지문을 읽어나갈 뿐이다. 잘못된 독해 습관은 이 과정에서 고착화된다. 그래서 기출을 풀어 보았을 때와 다른 모의고사나 수능을 봤을 때의 등급 차이를 인정하지 못하고, 기출은 잘 풀리는데 시험만 보면 점수가 박살이 난다는 이야기를 하는 것이다.

회독으로 자신의 실력을 이야기하는 것은 자신에 대한 기만이며, 스스로의 실력을 속이는 것이다. 이를 자신의 실력이라고 믿는다면 더 이상 발전할 여지가 없다.

기출의 회독 수 자체가 중요한 것이 아니다. 한 번을 보더라도, 얼마나 제대로 기출을 공부했는지가 점수에 훨씬 크게 영향을 미친다. 더 이상 무의미한 회독에 집착하지 않기를 바란다. 회독을 채우지 못해서 조급해하지 않기를 바란다. 시간이 오래 걸리더라도 기출을 제대로 파고드는 것이 겉핥기를 여러 번 하는 것보다 훨씬 유의미하다. 그렇다면 대체 어떻게 제대로 기출을 공부할 수 있는가? 이후 다룰 기출 공부법에서 알아보자.

📚 양치기의 함정

"지문은 많이 풀면 풀수록, 모의고사는 많이 보면 볼수록 좋은 거 아닌가요?"

소위 양치기의 효과에 대한 물음이다. 양치기는 공부는 많이 하면 할수록 좋으니, 지문은 많이 풀면 풀수록 좋고 모의고사는 많이 보면 볼수록 좋다는 생각이다. 그래서인지 주위의 친구들이 하루에 문제를 몇 지문이나 푼다더라, 모의고사를 하루에 한 회씩 푼다더라 하는 이유로 타인과 비교하며 조급해하고 자신을 깎아내리는 학생들을 적지 않게 볼 수 있다.

결론부터 말하자면, 양치기는 일부 학생들에게는 효과가 있지만, 일부 학생들에게는 독이 된다.

누군가는 양치기로 끌어올릴 수 있는 성적에는 한계가 있고, 그 한계를 넘어서려면 그 시점부터 질적인 공부를 추가해서 공부해야 한다고 한다. 그러나 사실 양치기는 성적의 한계를 만드는 공부법이다. 무작정 양치기로 시작하는 공부는, 이후의 질적 공부를 더욱 어렵게 만들고, 나아가 성적이 정체되는 구간에서 더 이상 올라가지 못하게 하는 천장의 역할을 한다.

다음 장의 국어 공부 루틴 만들기에서 더 자세히 다루겠지만, 자기 성찰과 **메타인지가 결여된 기존 국어 공부 방식을 따르던 학생들은** 자신의 독해 습**관을 성찰하는 버릇이 아직 들지 않았다.** 게다가 현재의 성적이 안정적인 상위권이 아닌 경우, 당연히 독해 습관에서 발원하는 문제점이 있게 마련이다. 부족하고, 아직 메워야 할 구멍이 많고, 독해 습관이 확립되지 않은 학생들이 양치기를 한다고 생각해 보자. 습관은 반복 학습을 통해 만들어진다. 잘못된 독해 습관을 가진 채 별개의 피드백 시간 없이 많은 지문을 읽고 문제를 풀면, 그 습관이 더욱 견고해지는 결과밖에 나오지 않는다.

백지에 그림을 그리는 것은 어렵지 않다. 그러나 잘못 그린 그림을 지우고 다른 그림을 그리는 것은 훨씬 어려운 일이다. 마찬가지로, 습관이 없거나 있다고 해도 그 정도가 미약하다면 좋은 습관을 들이는 데 아주 오래 품을 들이지 않아도 된다. 하지만 가지고 있는 습관을 다른 습관으로 대체하기 위해서는 상대적으로 훨씬 긴 시간과 노력이 필요하다. 안타깝게도 많은 학생들이 양치기를 하다가 수능까지 그리 넉넉한 시간이 남지 않은 시점에 자신들의 공부 습관이 잘못되었고, 따라서 질적인 공부가 필요함을 알아차린다. 두 달에서 석 달 안에, 그것도 다른 공부를 병행하며 오랫동안 지녀 왔던 습관을 고치는 것은 쉽지 않다.

양치기의 또 다른 문제점은 학생을 가리지 않고 시간을 많이 **빼앗는다는** 것이다. 수능이 다가오면, 몇몇 학생들은 매일매일 모의고사를 한 회에서 많게는 두 회까지 푼다. 문제는 시간과 집중력에 있다. 국어 모의고사는 볼륨

이 결코 작지 않고, 따라서 80분을 집중하고 나면 그 이후에는 집중력이 마음대로 따라 주지 않는다. 모의고사가 아닌 지문만 열 개, 스무 개씩 푸는 것도 마찬가지이다. 한정된 시간 안에 많은 양을 소화해야 하므로, 자신을 돌아볼 시간은 줄어들 수밖에 없다. 모의고사를 친 날을 생각해 보자. 그 날 저녁 시간에 쉬거나 놀지 않고 오답 풀이를 하는 것만으로도 벅찬데, 모의고사를 하루에 두어 개씩 풀면서 자신을 제대로 되돌아볼 수 있을까?

많은 모의고사를 풀지만, 남는 것은 없다. 모의고사 성적이 흔들리면서 정신도 함께 흔들리고, 그러면 그 모의고사 점수로 인한 불쾌함을 없애기 위해 다른 모의고사를 풀고, 성적이 잘 나와야만 그제야 불안감이 해소된다. 지문 하나당 몇 개씩 맞았는지를 세고, 잘 보지 못한 지문은 컨디션이 좋지 않아서, 혹은 잘 읽지 않아서라는 핑계를 대고, 잘 나온 것들만 모아 진짜 자신의 실력이라고 믿는다. 양치기를 할 때 빠질 수 있는 흔한 오류이다.

전체 표본이 늘어날수록 잘 본 것들의 절대량은 늘어난다. 다섯 개의 지문을 풀고 네 개의 지문을 잘 풀어낸 것과, 스무 개의 지문을 풀고 열 개의 지문을 잘 풀어낸 것을 비교한다면 누구나 전자의 실력이 더 높다고 평가할 것이다. 그러나 정작 본인이 당사자가 되면, 후자의 열 개라는 절대량에 홀려 자신의 위치를 정확하게 파악하지 못한다. 수능 전에 문제를 풀고 지문을 읽는 이유는 나의 약점을 파악하고 그 약점을 보완하기 위해서이며, 자신의 불안감을 해소하기 위해서 지문을 푸는 행위는 지문 낭비인 동시에 오용이다.

그럼에도 불구하고 양치기가 효과가 있는 학생들이 존재한다.

① 먼저 이미 안정적인 상위권~최상위권 학생이다. 고득점의 전제는 어느 정도 본인의 독해 방법이 잡혀 있다는 것이다. 이런 학생들은 그간 많은 지문들을 접해 보면서 자신의 약점을 충분히 파악하고 그것을 착실하게 보완

한 경험이 있다. 다시 말하여, 한두 개의 지문으로는 더 이상 자신의 약점을 찾기 어려울 때 여러 방법들을 시도해 볼 수 있는데, 그중 하나가 양치기다.

양치기의 장점은 이들에게 두드러지게 나타난다. 많은 지문을 연달아 풀기 때문에 뒤로 갈수록 체력이 부족해지는 상황이 발생하는데, 이러한 예상치 못한 상황에 대처하는 방식을 기르는 데도 탁월하고, 지문 자체의 분량도 많아 독해 체력 기르기에도 적합하다. 또한 많은 문제들과 지문들을 거치면서 강가에서 사금 찾듯 자신이 미처 보지 못했던 문제점들을 발견하고 고쳐 나갈 수 있다. 이들의 성적이 이미 안정적인 상위권이거나 최상위권인 이유는 이 문제점들을 헛되이 지나치지 않았기 때문이며, 문제점을 발견하는 즉시 해결 방안을 생각하기 때문이다.

② 행동 교정 목적이 명확할 때이다. 그렇다고 해서 많은 문제를 푸는 것이 무조건 나쁜가? 그것은 아니다. 실제로 나 또한 수험생 시절에 버거울 정도로 많은 양의 숙제를 받았고, 그것보다 더 많은 양을 소화해냈다. 다만, 단지 지문을 읽고 문제를 푸는 양치기와는 달리, 특정 행동을 교정하기 위한 도구로 지문을 이용했다. 자세한 방법은 이후 국어 공부 루틴 만들기 챕터에서 확인하자.

📖 손가락 걸기

손가락 걸기를 들어 본 적이 있는가? 내가 확실하게 답이라고 생각하는 선지가 있다면 다른 선지들을 읽지 않고 정답을 고른 후 그 문제를 넘어가는 것을 말한다.

손가락을 거는 행위 자체가 나쁜 것은 아니다. 확신을 가졌는데 다른 선지들을 보는 것은 일견 시간상 손해를 보는 것 같다. 그러나 그 확신의 근거는 어디에 있는가? 학생들과 함께 모의고사 오답들을 확인할 때, 틀린 이유나 근거를 물어보면 이 선지가 너무 맞는 것 같아 보여 넘어갔는데 알고 봤더니 틀려 있더라 따위의 말을 자주 듣는다. 손가락을 걸었다가 손가락이 잘리는 현상이 발생한 것이다. 우리는 이를 의문사라고도 부른다.

그렇다면 생각해 보자. 내가 손가락을 거는 이유는 무엇인가? 시간을 줄이기 위해서이다. 시간을 왜 줄여야만 하는가? 국어 시험에 나오는 모든 문제를 다 풀기 위해서이다. 왜 모든 문제를 풀어야만 하는가? 고득점을 얻기 위해서이다. 그러니까 우리는 궁극적으로 국어 시험에서 고득점을 얻기 위하여 손가락을 거는데, 역설적으로 그 손가락 거는 행위로 인해서 맞힐 수도 있었던 문제들을 나도 모르는 사이에 틀려 버리는 것이다. 주객전도가 아닌가?

"그렇지만 손가락을 걸지 않으면 모든 지문을 다 풀 수가 없어요."

이렇게 말하는 학생들도 분명 있다. 손가락을 걸지 말라는 게 아니다. 걸되, 자신이 손가락을 거는 확실한 상황의 기준을 정해 그때만 손가락을 걸라는 것이다. 자신은 자각하지 못하고 있을 가능성이 높지만, '이게 맞는 것 같아' 하는 '감'으로 손가락을 거는 빈도가 생각보다 높다. 오답인 상황에서 손가락을 왜 걸었나?에 대한 답은 보통 세 가지이다.

① '감'으로 이게 맞는 것 '같아서' 손가락을 거는 경우

왜인지 정확하게 모르겠지만 어쩐지 이게 맞는 것 같아서 체크하고 넘어가는 경우이다. 이런 경우가 잦다면 손가락 걸기보다 착실하게 선지의 근거를 찾는 연습을 하는 것이 먼저다. 충분히 숙련되지 않은 감은 위기의 순간에 나를 반드시 배신한다는 것을 명심하자. 그것은 '감'이 아니라 '게으름'이다.

② 조급하다 보니 선지를 잘못 읽은 경우

선지에서 문장 성분을 건너뛰고 읽는 경우가 생각보다 자주 발생한다. 선지 자체를 문장으로 보지 않고, 키워드로만 볼 때 이러한 문제가 발생한다. 문장을 읽을 때에는 문장성분의 중요도에 따라 주어와 서술어를 먼저 보고, 문장을 거슬러 올라가며 필수성분과 부속성분을 체크하는 연습을 해야 한다. 문제를 빨리 풀어야 한다는 강박감에 선지를 빨리 읽는 습관이 있는 학생들이 많다. 선지를 천천히 읽어도 세상은 무너지지 않고 점수는 곤두박질치지 않는다. 더 빠르고 근거가 명확하게 답을 도출시키는 문제 풀이 경험을 많이 해 보는 것이 좋다.

③ 다른 것들이 다 맞아 보여서/틀려 보여서

손가락 걸기의 역방향이다. 다른 선지들이 전부 답이 아닌 것 같아서 남은 번호를 고른다는 것인데, 이는 맞힐 수도 있었을 문제를 틀리게 할 수 있는 굉장히 위험한 일이다. 부정 발문('틀린 것을 고르시오')에서 1번부터 4번까지가 전부 맞는 것 같아 보이는 상황이라고 가정하자. 손가락을 거는 학생들은 5번을 보지 않고 찍고 넘어간다. 사실 1번부터 4번까지 순전히 맞는 것 같아 보이는 선지들뿐이었으니 우리는 자연스럽게 5번이 답이라는 것을 전제하는 심리 상태가 된다. 따라서 5번을 상대적으로 대강 읽고 틀린 부분이 어디인지도 잘 모르겠지만 어쨌거나 틀렸다고 체크를 하고 넘어간다.

1번부터 4번까지가 모두 맞아 보이는 상황에서, 5번을 더 면밀하게 읽었다고 하자. 만일 5번이 실제로 틀린 선지였다면 정답에 대한 확신을 가져도 된다. 그런데 5번이 맞는 선지라면, 다시 말하여 전체 참으로 판단을 내렸다면, 내가 1번~4번 중에서 제대로 판단하지 못한 선지가 있다는 뜻이며, 이것은 오답에 체크할 뻔한 상황에서 벗어나 답을 맞힐 수 있다는 뜻이다.

손가락 걸기를 했는데 오답이면 매우 큰 손해를 보고, 정답이면 시간 절약의 이익과 불안함의 손해가 서로 상쇄되어 적어도 손해는 아니다. 그러나 손가락 걸기를 하지 않으면 오답을 피할 수 있다는 매우 큰 이익이 있고, 정답이더라도 시간적 여유를 확신으로 치환한 것이기 때문에 적어도 손해는 아니다. 따라서 확신이 없는 손가락 걸기는 독이 될 뿐이다.

그렇다면 대체 언제 손가락 걸기를 해야 할까?

너무 당연하게도, 답을 안다는 확신이 들 때이다. 그러나 이 확신의 근거는 자기 자신이 아니라 언제나 지문에 있어야 한다. 자신만의 기준을 정한다. 이를테면 문학을 풀 때는 확실한 근거의 구절을 옆에 쓸 수 있을 때, 비문학을 풀 때는 비문학에서 주관식 답(206페이지 참고)을 냈는데 그것이 용인 가능한 치환의 범위에서 선지를 대략 훑어보고 눈에 들어왔을 때.

자신만의 기준을 정한 후 문제를 풀었을 때 정답률은 올라가지만 시간이 부족하면 그때는 독해나 문제 풀이의 전반적인 속도를 향상하거나 기준을 조금 더 완화하는 식으로 보완을 해야 하고, 만일 속도는 빠르지만 정답률이 너무 낮다면 기준을 조금 더 강화하는 식으로 계속 발전시키고 고쳐 나가야 한다. 이 기준은 사람마다 다르다. 그래서 반드시 이럴 때 손가락을 걸어야 한다 하는 것은 없다. 특히 국어 과목은 개인별 편차가 심하기 때문에 더욱 자신에게 맞는 기준을 스스로가 찾아내야 한다.

📖 배경지식 무용론

지금 당신이 가장 어려워하는 비문학 제재를 떠올려 보자. 그리고 당신이 지금까지 가장 관심 있어하고 오래 알았던 분야를 생각해 보자. 아마 두 제재가 겹치는 일은 드물 것이다.

학생들에게 특정 비문학 제재가 까다롭게 느껴지는 이유에 대해 물었을 때, 용어를 포함하여 모르는 정보들이 너무 많아 무엇부터 손을 대야 할지 모르겠다는 답을 자주 듣는다.

글을 읽는 것은 나의 세계를 확장시켜 나가는 과정이다.

사전 지식 없이 새로운 정보들을 받아들인다는 것은 집을 지을 터에 자재들은 도착했는데 아무런 준비가 되어 있지 않은 것과 같다. 말 그대로 집을 짓겠다는 추상적인 목표만이 존재하는 상태이다. 따라서 우리는 처음부터 시작해야 한다. 난생 처음 보는 자재들을 접하고, 익숙해질 때까지 자재들을 만져 보고, 그것들의 최선의 위치와 쓸모에 대하여 고민하고, 이것으로 건축 가능한 집의 설계도를 짜야 한다. 물론 집을 짓는 도중에도 많은 시행착오를 겪어야만 한다.

반면, 사전 지식을 지니고 새로운 정보들을 받아들인다는 것은 집을 지을 터도, 자재도 어느 정도 유사하고 친숙하며 어느 정도 설계까지 마무리된 채로 새로운 자재들을 손에 쥐는 것과 같다. 아마도 낯선 느낌 때문에 잠시 망설일 수는 있어도 금세 기존 자재들과의 유사성을 찾아 필요한 곳에 적확히 배치할 수 있을 것이다. 전자와 비교하면 훨씬 수월하고 깔끔하며 빠르다.

이제 이것들을 독해의 영역으로 끌고 내려와 보자.

우리가 사전 지식이 전무한 상태로 정보를 받아들일 때 모든 개념과 용어들이 낯설기 때문에 어디에 힘을 주어 읽어야 하는지를 머릿속으로는 알고 있음에도 불구하고, 정작 집중해야 할 주제보다 어렵고 추상적인 용어들의 정의문이나 그로부터 파생된 개념과 과정들에 눈길이 쏠릴 수밖에 없다. 그러다 보니 독해의 전반적인 완급 조절이 힘들어지고, 앞에서 힘을 다 쓴 나머지 뒤는 날려 읽는다거나, 정보 간 중요도를 파악하지 못해 결국 정보의 층위가 엉망진창으로 섞이는 문제들이 발생한다.

그러나 만일 내게 사전 정보가 있다면, 그 정보에 새로운 정보를 엮을 수 있다. 엮는 방법은 한 가지가 아니다. 사전 정보와 유사하거나, 대립되는 개념일 수도, 내용은 다르지만 형식이 같을 수도, 포함 혹은 배제의 관계일 수도 있다. 우리의 머리는 정보를 날 것으로 받아들일 때보다 나만의 언어로 바꾸거나 나만의 개념으로 가공하여 받아들일 때 높은 성능을 발휘한다. 사전 정보를 무의식적으로 떠올리는 것만으로도 이 과정을 자동적으로 거치게 된다.

당연히 숙련된 독해를 할수록 문제가 발생할 가능성은 줄어든다. 모르는 정보들도 정확한 층위분류와 여러 독해법으로 명확하게 인지하는 것이 불가능하다는 것이 아니다. 그러나 우리는 비문학 지문 4개를 포함한 45문항을 제한된 시간인 80분 안에 풀어내야 하고, 45문항이라는 숫자는 만만하지 않다. 기력을 아낄 수 있다면 최대한 아끼는 편이 옳다. 게다가 숙련된 독해를 하는 사람들이 사전 정보를 만나면 훨씬 더 빠르고 정확하게 읽어내는 것이 가능하다. 결국 배경지식은 정해진 시간 안에 지문을 읽고 문제를 풀기 위해 선택이 아닌 필수의 영역이다.

그러나 이제 딜레마가 생긴다. 그렇다면 대체 국어 배경지식은 얼마나, 어느 정도의 깊이로 공부해야 하는 것인가? 다른 과목들도 공부해야 하고, 국어 문제도 풀어야 해서 바쁜데 배경지식을 따로 시간을 내서 공부해야 할까? 그리고 배경지식에 의존하는 독해를 어디까지 허용할 수 있을까?

가이드라인을 잡자면, 아래 정도만 공부하면 충분하다.

① 최소 5개년, 최근 10개년~15개년 이내의 평가원 기출(6월, 9월, 수능)

기출은 반드시 공부해야 한다고 수험생들에게 알려져 있으나, 그 필요성에 비해 제대로 공부하는 방법을 아는 수험생은 드물다. 물론 내용 외에도 다른 방식의 공부가 필요하지만, 내용적 측면에서는 기출에 있는 모든 개념들을 기출 정도의 깊이는 알아야 한다고 생각하고 공부해야 한다. 지식의 폭을 넓히는 기초공사에 가장 먼저 사용해야 하는 것이 기출이다.

최근 학년도의 기출일수록 더더욱 자신의 것으로 만들기 위한 노력이 필요하다. 특히 해당 년도의 6월, 9월 평가원 문제는 보지 않고도 지문의 흐름과 내용이 떠오를 수 있게끔, 그리고 여력이 된다면 그것을 조금 넘어선 정도까지 볼 수 있으면 좋다. 평가원은 6월, 9월의 내용들을 어느 정도 변형하고 받아들여 수능을 출제하는 경향이 있다. 일례로 2021학년도 수능 경제 지문의 제재였던 바젤 협약도 그해 6월에 출제되었던 미시 건전성 정책, 거시 건전성 정책과 연관이 있는 주제였다.

② 해당 연도의 수능특강, 수능완성

기출을 어느 정도 공부했다면 해당 연도에 발행된 수능특강, 수능완성을 우선적으로 공부하자. N제와 다른 지문들을 풀다가 수능특강과 수능완성을 채 한 번도 보지 않고 시험장에 들어가는 수험생들이 생각보다 많다. 그러나 시중에 무수히 나오는 N제와 주간지를 포함한 교재들은 결국 수능특강, 수능완성의 제재에서 파생된 제재들이다. 파생본은 원본을 공부한 후에야 비로소 가치를 발한다. 마치 우리가 기본적인 배경지식의 베이스를 기출로 잡듯, 수능특강과 수능완성을 읽고 푸는 과정에서 각 지식의 터에 기초가 되는 돌기둥을 하나씩 세워 두어야 그 이후의 파생 제재와 지문들이 지식에 유기적으로 연결되면서 세계가 보다 체계적으로 확장될 수 있다. 게다가 2022학년도 수능의 비문학 제재들은 체감할 수 있을 정도의 연계율을 보였다. 그것을 풀 수 있었는지는 차치하고서라도, 그 제재에 익숙한 사람과 익숙하지 않은 사람이 동시에 지문을 읽었을 때 누가 더 심리적으로 안정감이 들었을지는 자명하다.

수능특강, 수능완성은 완벽히 자신의 것으로 만들기보다는 접했을 때 개념이 어렴풋이 기억나고 따라서 그 제재를 읽어내는 것이 더 이상 두렵지 않을 정도로만 내용을 익혀 두면 된다. 그 이후 수능특강 내용에 덧붙여진 지식들이 수록된 주간지 등을 통해 공부하는 것은 나쁘지 않다. 그러나 유의할 점은 줄글로 적힌 배경지식을 읽는 것이 공부의 큰 줄기가 되어서는 안 된다는 것이다. 가급적이면 지문을 풀면서 지문의 내용을 받아들이는 것이 가장 좋다. 만일 짧게 요약된 지식들을 정 읽고자 한다면, 자신이 백 프로를 집중할 수 있는 시간이 아닌, 공부가 도무지 안 되는 시간이나 짤막한 간식시간, 식사시간, 어딘가로 이동해야 할 때, 혹은 잠자기 전처럼 다소 집중력이 흐트러질 때를 활용하는 것이 현명하다. 우리의 목적은 국어 시험에서 고득점을 올리는 것이다. 세상의 모든 지식을 알고자 하는 것은 장기적으로 봤을 때는 좋겠지만 우리가 대비해야 하는 수능에 있어서는 너무 아까운 시간을 낭비하는 것이다.

③ 통합사회, 통합과학 아래의 사회, 과학 개념들

특수목적고등학교가 아닌 이상 과학탐구와 사회탐구 중 하나를 결정하는 시기는 통상적으로 고등학교 2학년이다. 다시 말해, 통합사회와 통합과학 이전의 개념들은 고등학교 1학년 시절 대학 입시를 치르는 대부분의 고등학생들이 배운다는 뜻이다.

2016학년도 수능 B형에 출제되었던 종단 속도 지문과 문제가 대표적이다. 당시 B형은 문과 학생들이 주로 응시했던 시험이었다. 시중에 나와 있는 대부분의 해설지에서는 〈보기〉 문제를 풀 때 〈밀도 = 질량/부피〉 공식을 사용한다. 그러나 등식으로 성립되는 이 공식은 지문 어디에서도 찾아볼 수 없다.

물론 공식을 사용하지 않는 풀이도 가능하다. 그것이 평가원 지문의 특징이다. 그러나 공식을 사용하지 않으려면 지문 내 사례를 기반으로 몇 번의 추론과 일반화 과정을 거쳐야 하는데, 그것마저도 시간 내에, 수능 시험장에서 할 수 있는 추론의 수준이라고 하기에는 어려워 보인다.

2008학년도 수능에 출제되었던 사회적 할인율 지문에서도 비슷한 상황을 목격할 수 있다. "할인율은 이자율과 유사한데"라는 문장은 "A는 B와 유사한데"로 평면화(135페이지 참고)할 수 있다. 모르는 것(A)을 설명하기 위하여 다른 대상이나 현상(B)에 빗댈 때, 듣는 사람이 이 빗대는 개념(B)을 알고 있다고 전제한 것이다. 그렇다면 평가원은 이자율이라는 개념을 고등학교 3학년 수험생이라면 알고 있을 거라고 전제했다는 결론이 도출된다.

물론 여기에서도 이자율 개념을 사용하지 않는 풀이도 가능하다. 평가원이 사례를 들어 독해 시 방향성을 제시하는 출제방식에 익숙할 경우, 그리고 퍼센트 계산을 할 때 100으로 나누는 것을 습관화한 경우에는 큰 무리 없이 등식으로 일반화할 수 있다. 그러나 종단 속도와 비슷하게, 사례에서 개념을 일반화하는 것은 귀납의 방식이며, 귀납은 반증 증거가 존재할 경우 효력을 잃는다는 치명적인 단점이 존재한다. 두 지문 모두 딱딱한 일반화(132페이지 참고)를 하기에는 사례의 양이 다소 부족하여 자신이 만든 일반화 공식의 신뢰도를 확신하기가 어렵다.

그렇다면 대체 평가원은 왜 이렇게 관계 판단을 하게끔 지문을 구성했을까? 80분이라는 시간 내에 45문제를 풀어야 한다는 사실은 이 정도의 관계 판단을 위해 시간 소모를 하지 말고 정규 교육과정에서 공통으로 배웠던 중학교, 고등학교 지식들을 사용하라는 뜻으로 읽을 수 있지 않을까? 만일 관련 내용이 지문에 있기는 하다는 사실로 배경지식이 중요하지 않다고 주장한다면, 배경지식 없이도 독해할 수 있는 수준의 실력을 기르라고 말하겠다. 그러나 그만큼의 독해 실력을 기르기 위해서는 충분한 양과 종류의 제재들을 접해야 하고, 그 과정에서 배경지식이 길러지는 것이 자연스럽다. 다시 말하지만, 나의 세계를 확장시켜 나가는 과정에는 필연적으로 닻을 내릴 만한 나의 배경지식이 필요하다. 그럼에도 불구하고 수능특강/수능완성을 공부할 때처럼 시간을 내서 배경지식을 쌓는 것보다는, 집중력을 온전히 발휘할 수 없을 때 잠깐씩 교과서를 읽는 정도의 공부가 적당하다.

배경지식 맹신론의 허점

배경지식을 어느 정도 쌓은 학생들이 독해 시 자주 하는 실수가 있다. 자신의 배경지식을 맹신한 나머지 기출을 자신의 배경지식의 틀 안에 집어넣는 것이다. 그리고 틀리면 자신이 알고 있는 것은 이것이 아니었다고 불평한다.

지식은 변한다. 우리가 알고 있는 그 지식들은 사실 정답이 아니라 하나의 주장에 불과할지도 모른다. 당연해 보이는 사상들 이외 지금까지 우리가 정규 교육과정에서 배워 왔던 과학 이론들도 마찬가지이다. 몇백 년 후에는 우리가 알고 있던 지식들이 모조리 틀렸다는 결과가 나올지도 모른다. 실제로 대부분의 과학 이론은 그러했다. 지금 우리가 정규 교육과정에서 지식을 배우는 이유는 그 이론이 틀렸다는 증거를 제시하지 못했기 때문에 지금까지는 유효한 지식의 영역 안에 머무르기 때문이다. 다시 말하여, 정규 교육과정에서 배우는 지식 외에도 세상에는 우리가 가늠할 수 없을 정도의 주장들과 지식들이 존재한다. 그중에는 간혹 우리의 지식과 충돌하는 것들도 있다.

평가원은 이 지점을 노린다. 배경지식만을 믿고 지문을 제대로 읽지 않으면 틀리게 하기 위해서다. 불수능이라고 불렸던 2019학년도의 중국의 천체관 지문이 그토록 질타받고 결국 평가원이 사과한 이유도 이와 연관되어 있다. 구 껍질 〈보기〉 문제*가 지문을 전혀 이해하지 못해도 물리2를 선택한 학생들이었다면 선지만 보고 참거짓을 아주 빠르게 판단할 수 있었기 때문이다. 특정 과목을 선택한 학생들이 뚜렷하게 유리해지거나 불리해지는 것도 문제였지만, 국어의 본질인 독해에서 벗어난 배경지식 싸움이 되어 버렸다는 것이 더 문제였다. 따라서 평가원은 우리의 상식 혹은 배경지식과 지문이 충돌하는 지점을 노리며, 그러한 허점을 찌른 문제들은 예외 없이 높은 오답률을 기록해 왔다. 우리가 배경지식에 대해 취해야 하는 적절한 태도는 다음과 같다.

먼저 배경지식의 틀에 지문을 끼워 넣지 않고, 지문을 읽을 때의 **보조 도구로 사용한다.** 나의 배경지식이 이러하니까 지문은 이렇다는 이야기구나 하고 파악하는 것은 주객이 전도된 것이다. 지문이 이러한데 이 부분에서는 나의 배경지식인 이것과 조금 통하는 부분이 있는 것 같네, 정도가 적당하다. 전자는 배경지식에 경도되어 지문의 내용을 그대로 받아들이기 어렵다. 테트리스처럼 어느 정도의 성형을 통하여 억지로 끼워 맞춰지는데, 이 성형의 다른 이름은 왜곡이고, 확대·축소이며, 자의적 해석이다. 우리는 지문 그대로를 받아들여야 한다. 따라서 앞서 말하였던 성형의 과정은 불필요함을 넘어서 독해에 있어서 해악이다. 지문을 원형으로 두고 최대한 건드리지 않는 방법은 배경지식이 자연스럽게 지문을 읽는 와중에 스며들도록 하는 것이다.

---

* 2019학년도 27~31번 문제에 해당되는 질문으로 정답률이 10% 미만이었다.

배경지식과 지문이 상호 충돌한다면 그 순간 배경지식을 전부 지운다. 만일 내가 아는 상식과 지문이 완전히 충돌한다면, 내가 알고 있던 지식이 어떤 특정한 상황에만 국한되어 사용되는 것이거나 이상론이어서 현실에서는 사실 그대로 활용되지 않거나 잘못 알고 있는 것이다.

따라서 배경지식과 지문이 충돌한다고 느끼는 순간 배경지식을 전부 지우고, 온전히 지문에만 의거하여 읽어나가야 한다. 익숙해지면 '나는 이렇게 알고 있는데 지문에서는 이렇게 말하네, 흥미롭네' 하면서 그 차이점을 인식하며 독해할 수도 있다. 우리가 수능 독해를 하는 목적은 지문에 딸린 문제를 풀기 위해서이다. 그리고 문제는 반드시 지문에 의거하여 나온다.

📖 국어는 감으로 푸는 과목?

"듣다 보니까 저는 감으로 푸는 것 같은데 어떻게 해야 하나요?"

이 질문을 하는 학생들은 두 부류로 나뉜다. 아예 국어 공부를 제대로 해보지 않은 중하위권 학생이거나, 혹은 이미 국어 공부가 어느 정도 완성되어 있는 안정적인 상위권 학생들이다. 자신이 어디에 속하는지 알고 싶다면 감으로 푼 것 같은 문제에 정확한 근거를 댈 수 있는지를 확인해 보면 된다.

중하위권 학생들은 '이게 답이겠지' 하는 안일한 마음이 크다. 정확한 근거를 물으면 답하지 못하고, 그냥 이게 답인 것 같다고 대답한다. 이 경우 감은 게으름이다. 근거를 하나하나 파악하기 힘들고, 귀찮고, 지겨우니 정말 마음 가는 대로 푸는 것이다. 그래서 국어 성적이 굉장히 큰 폭으로 요동친다. 잘 볼 때는 정말 잘 보는데 못 볼 때는 박살이 난다. 그러니 시험을 잘 봤을 때의 성적도 진짜 실력의 결과가 아니다. 같은 점수라도 단단한 점수가 있고 소위 말하는 거품 점수가 있다. 이 경우는 그저 거품인 것이다. 걷어내고 나면 아무것도 남지 않는데, 이런 학생들은 자신이 잘 봤을 때의 점수를 실력이라고 생각한다. 착각하지 말자. 실력은 최고점이 아니라 최하점과 평균을 고려하여 판단된다.

그런데 국어가 어느 정도 완성된, 안정적인 상위권 학생들의 경우에는 조금 다르다. 그들에게 정확한 근거를 물으면 곧잘 답한다. 그러면 대체 왜 감으로 푸는 것 같은 느낌이 드냐고 물으면, 시험을 칠 때는 별다른 생각 없이 답을 고른다는 이유를 댄다. 그런데 이 경우는 '별다른 생각 없이'가 아니라, 사고의 과정이 이미 체화된 것이다. 이미 정확한 근거로 선지를 판단할 수 있는 능력이 있고, 그 체화된 판단 능력이 발현되어 선지를 고른 것이다. 이들이 감이라고 생각하는 것은, 사실 감이 아니라 체화된 실력이다. 따라서 이런 학생들은 걱정하지 말고 자신이 제대로 된 근거를 잡아가고 있는지 공부 과정에서 가끔 확인해 주는 것으로 충분하다.

2장

기초 근력을 키우는
국어 공부법

체크메이트 02

순환식 국어 공부 루틴으로 독해의 기초 체력을 키워라.

📖 나는 지금까지 어떻게 공부해 왔나?

먼저 아래 체크리스트에서 해당되는 항목을 체크해 보자.

- 국어 공부는 지문을 읽고, 문제의 정답을 도출하고, 틀린 문제를 다시 보는 것 외에 할 것이 없다고 생각한다. ☐
- 국어 문제는 풀어야 하니까 푸는 것이다. ☐
- 국어 문제를 풀어도 무언가를 배웠다는 느낌이 들지 않는다. ☐
- 맞은 문제는 별도의 확인 작업 없이 그냥 넘어간다. ☐
- 틀린 문제를 확인하지 않는 이상 지문은 다시 읽지 않는다. ☐
- 틀린 문제는 해설지를 통해서만 다시 분석한다 ☐
- 문제를 풀고 난 후 해설지를 바로 보는 편이다. ☐
- 문제를 틀렸을 때 '다음부터는 잘 보자'라고 다짐하지만 다음에도 똑같은 다짐을 한다. ☐

- 선지에 OX 체크를 할 때, 부분이 아닌 선지 전체 혹은 선지 번호에만 X표를 친다. ☐
- 내가 취약한 부분은 많이 틀리는 부분이기에 많이 틀리는 부분을 중심으로 공부한다. ☐
- 모의고사를 볼 때 전력을 다한다. ☐

체크리스트에 체크한 내용이 많을수록 국어 공부의 방향성을 재정립해야 할 필요가 있다.

국어 공부는 단순히 문제를 푸는 것이 아니라 지문을 잘 읽고 문제를 잘 푸는 역량 그 자체를 기르는 것이다. 어떤 지문이 나와도 대처할 수 있는 자신의 지문 독해 방식과 문제 풀이 방식을 정립하는 일이다. 따라서 국어 공부를 할 때엔 답을 맞히고 못 맞히고 하는 결과가 아니라 지문을 읽고 문제를 풀어나가는 일련의 과정에 보다 집중할 필요가 있다. 다시 말하여 국어 공부는 메타인지의 문제다. 자신이 지문을 읽어내는 과정에서 어느 부분을 "예쁘게" 읽어냈고 독해 시 아쉬웠던 부분은 어디였는지, 문제를 풀어내는 과정에서 논리가 결여되거나 사고의 흐름이 과했던 부분은 없었는지, 감에 의존했던 부분은 없었는지를 스스로 파악하고 부족한 부분을 채워가는 과정이다. 이를 위하여 우리는 단 한 세트(지문 세 개를 말한다)를 공부하더라도 뚜렷한 목표를 세우고 해야한다. 목표는 두 가지다. 첫째, 나의 문제점을 발견하기. 둘째, 문제점을 보고 생각해낸 해결책을 시범 적용해서 더 나은 해결책으로 보완하고 발전시키기.

이를 바탕으로 체크리스트의 항목에 숨어 있는 문제점을 확인해 보자.
- 국어 공부는 지문을 읽고, 문제의 정답을 도출하고, 틀린 문제를 다시 보는 것 외에 할 것이 없다고 생각한다

• 국어 문제는 풀어야 하니까 푸는 것이다

→ 지문을 읽고, 문제의 정답을 맞히고, 틀린 문제를 다시 보는 것은 자신의 풀이 과정을 스스로 복기하여 인지하고 자신의 문제점을 발견하기 위한 기초공사일 뿐이다. 지반만 다진다고 해서 건물이 뚝딱 올라가는 것이 아니다. 그에 알맞은 자재를 찾고, 뼈대를 세우고, 외벽을 채워야 한다. 중요한 것은 자신이 문제를 풀었던 과정을 되돌아보는 것과 그 과정에서 발견된 문제점을 어떻게 교정하느냐이다.

• 국어 문제를 풀어도 무언가를 배웠다는 느낌이 들지 않는다

→ 목적 없는 문제 풀이는 관성적인 문제 풀이가 되기 쉽다. 자신이 읽던 대로 읽고, 풀던 대로 푸는 것은 위험하다. 앞서 양치기를 설명하며 언급했듯 목적 없는 문제 풀이는 그 문제 풀이 자체가 목적이 된다. 실력 향상이 목적이 되어야만 하는데 문제가 목적이 되었으므로 배웠다는 느낌은 당연히 받을 수 없다. 이 경우 지문을 읽고 문제를 많이 푸는 일은 오히려 위험하다. 습관의 교정 없이 자신의 독해를 그대로 체화하는 일은 잘못된 습관을 고착화하는 지름길일 뿐더러 나중에 그것이 잘못된 습관임을 인지하여도 교정하는 데 훨씬 더 품이 많이 들어가기 때문이다.

• 맞은 문제는 별도의 확인 작업 없이 그냥 넘어간다

→ 제대로 된 사고과정을 통하여 모든 선지를 실수 하나 없이 판단하였다고 확신할 수 있을까? 국어는 사실 어느 정도 실수가 용인되는 과목이다. 네 개의 선지만 제대로 판단하면 나머지 한 개의 선지를 판단하지 못해도 정답을 고를 수 있다. 맨 처음 읽은 선지가 정답이어서 다른 선지들을 읽지 않고 넘어갔는데 매력적인 오답이 다른 선지들에 있었다거나, 두 번 잘못 생각해서 정답을 골랐다거나, 정답 체크가 어려워 소거법으로 푸는 일 등 실수해

도 정답을 맞히는 경우는 비일비재하다. 그러나 만일 선지의 특정 부분이 틀렸다고 생각해서 제외했는데 사실 그 부분은 맞고 다른 부분이 틀렸던 것이라면? 자신이 보지 않았던 선지에서 함정에 빠졌다면?

또 다른 문제는 풀이과정이 최선이었는지에 대한 물음이다. 문제를 맞혀도, 그 풀이는 천차만별이다. 물 흐르듯 주관식 답을 내서 맞았을 수도 있고, 혹은 문제가 너무 어려워 고군분투해서 가까스로 맞혔을 수도 있다. 나의 풀이과정이 최선이었는가? 생각이 빙 돌아간 부분은 없었는가? 논리적 비약은 없었는가? 문제를 보고 어떤 생각을 했어야 했는가? 가장 좋은 풀이과정이었음이 보장되지 않는 한 맞은 문제도 다시 봐야 한다.

다시 봤는데도 당시의 풀이가 가장 좋은 풀이였다면 시간을 버린 것 아니냐는 물음을 던질 수도 있다. 그러나 아니라고 답하겠다. 이 경우 문제를 복기하고 지문을 다시 읽으면서 자신이 잘 읽었고, 잘 풀었던 부분을 다시 한 번 마주하게 된다. 이 과정에서 사고는 점차 부드러워지고 자기 안에 체화된다. 앞으로의 문제들에서도 이런 방식으로 풀면 되겠구나 하는 확신과 함께 자신에게 잘 벼려진 무기가 생기는 것이다.

가장 무서운 것은 모르는 것이 아니라, 모르는데 안다고 착각하는 것이다. 무작정 문제를 많이 푸는 것이 아니라 하나의 문제를 보더라도 제대로 풀고, 복기하고, 분석하고, 반성하는 것이 중요하다.

• 틀린 문제를 확인하지 않는 이상 지문은 다시 읽지 않는다

→ 위 물음과 비슷한 맥락이다. 틀린 문제가 없었다고 해도 지문을 제대로 읽었는지, 헤매거나 평소보다 더디지는 않았는지, 문장과 문장 사이의 연결을, 단어 간의 치환을, 정의문과 표지 문장을 빠짐없이 읽어낼 수 있었는지, 그것들을 토대로 평가원이 무엇을 전달하고 싶었는지, 혹은 이 지문에서 얻어갈 것은 무엇인지, 등을 자신 있게 답할 수 있는 이들은 아마 없을 것이다.

한 번, 그것도 시간제한을 직간접적으로 두고 읽었는데 완벽하게 읽기를 기대한다는 것은 어불성설이다. 특히 비문학은 문제가 아닌, 지문이 기준이기 때문에 지문을 얼마나 잘 읽었는지를 복기하면서 스스로 성찰하는 시간이 필수적이다.

완벽할 수 없다는 것을 스스로 안다. 이는 수능과도 일맥상통한다. 그러나 완벽할 수는 없어도 완벽에 가까워지려고 노력할 수는 있다.

- 틀린 문제는 해설지를 통해서만 다시 분석 한다
- 문제를 풀고 난 후 해설지를 바로 보는 편이다

→ 해설지를 보는 행위 자체는 나쁜 것이 아니다. 그러나 해설지에 과하게 의존하게 되면 득보다 실이 더 많다. 틀렸다는 것은 나의 사고과정에 오류가 있었다는 뜻이다. 따라서 공부를 하다가 문제를 틀렸을 때 우리는 기뻐해야 한다. 내 사고과정의 오류를 수능 전에 발견하고, 교정할 수 있는 기회를 얻었기 때문이다.

그런데 틀리자마자 내가 왜 이걸 틀렸어? 하는 억하심정으로 해설지를 먼저 보게 되면 나의 사고과정의 오류가 무엇이었는지, 오류가 발생한 이유는 무엇인지 스스로 톺아보고 이것을 어떻게 해야 고칠 수 있을지, 자신만의 해결책을 찾는 일련의 과정 이행이 아예 불가능하다. 해설지에는 답의 근거가 매우 상세하게 서술되어 있다 보니 나뭇가지를 엮어 스스로 갈 수 있는 길을 만드는 힘을 기르기보다는 근거를 파악하고 마는 얄팍한 사고에서 그치게 되는 것이다. 게다가 해설지에만 의존하다 보니 해설지를 맹목적으로 믿어 버리는 문제 또한 발생한다. 그 당시에는 그렇게 하는 것이 편할지도 모른다. 시간이 덜 걸릴지도 모른다. 그러나 결국 정작 길러야 하는 '물고기를 잡는 힘'은 전혀 기를 수 없다.

최소한 하루 정도는 틀린 문제를 가지고 물고 늘어져야 한다. 하루를 온전히 그 문제에 쏟으라는 것이 아니다. 원래 사람은 확증편향의 동물이다. 자신이 잘못된 사고로 접근했다면 짧은 시간 안에 바로잡기 힘들다. 하루에서 이틀 정도, 짬짬이 시간이 날 때마다 지문과 문제를 다시 보면서 사고의 오류를 수시로 교정하고 답을 찾는 과정 속에서 사고의 코어근육은 발달한다.

- **문제를 틀렸을 때 '다음부터는 잘 보자'라고 다짐하지만 다음에도 똑같은 다짐을 한다**

→ 학생들에게 틀린 문제에 어떻게 접근해야 다음번에는 맞힐 수 있을지를 물어보면, 대부분의 학생들이 '지문/선지를 잘 읽어요'라고 답한다. 어떻게 읽는 게 잘 읽는 거냐고 물어보면 '빼먹지 않고 꼼꼼하게 읽어요'와 같은 답을 내놓는다. 그러나 생각해 보자. 우리가 '잘 읽어야겠다' 하고 다짐한다고 해서 정말 다음번에 '잘 읽는'가? 만약 그렇게 할 수 있다면 국어 때문에 골머리를 앓는 수험생들은 없었을 것이다.

문제를 풀고 난 후의 자책과 해결책 강구는 다른 범위의 일이다. 그리고 해결책 또한 두루뭉술하게 '잘 읽자'의 수준에서 끝나면 안 된다. 내가 어떤 문제를 해결하고 싶을 때, 그 해결책은 반드시 실질적이고 구체적이어야 한다. 내가 의식적으로 행할 수 있는 것이어야 한다. 그래야만 문제 행동이 교정될 수 있다. 그 과정에서 해결책의 문제점은 당연히 발견될 것이다. 한번에 나에게 맞는 해결책을 찾기란 어렵다. 해결책을 보완하고 발전시켜 나가는 과정이 틀린 문제를 대하는 자세이다.

- **선지에 OX 체크를 할 때, 부분이 아닌 선지 전체 혹은 선지 번호에만 X 표를 친다**

→ 학생들을 가르칠 때 독법이나 문제 풀이법을 강요하지 않는 편이다. 특

히 2등급 이상의 상위권 학생들을 가르칠 때 그런 편이다. 이미 그들이 쌓아온 독법이 있고, 독해의 원리가 있기 때문에 나의 독법을 무조건적으로 강요하는 것은 기반을 흔드는 행위이고, 자칫하다가는 자신만의 독법과 내가 전하는 독법을 모두 놓칠 수 있기 때문이다. 하지만 모든 학생들에게 꼭 따라달라고 요청하는 것이 있다. 그것은 바로 '선지에서 틀린 부분 정확히 지워내기'이다. 이것만큼은 꼭 지켜달라고 부탁한다. 그만큼 중요하다.

이렇게 하지 않을 경우, 가장 큰 문제점은 검토 시 내가 정확하게 판단했는지 혹은 판단하지 못했는지를 확신할 수 없다. 당연히 시간 손실이 날 수밖에 없다. 더 중요한 것은 복기 시 내가 왜 이 선지를 맞다고 했고 틀렸다고 했는지에 대한 판단이 어려워진다는 것이다. 모든 국어 공부의 본질은 나의 태도와 행동, 그리고 사고 과정을 다시 한 번 되짚어보는 것으로부터 시작하는데 이것 자체가 안 된다면 국어 공부를 시작할 수조차 없다. 당연히 사고 과정을 바로잡거나, 태도를 교정하는 등의 실질적인 공부 또한 할 수가 없다. 실제로 초반 수업 중에 왜 이 선지를 틀렸다고 생각했어?라고 물어보면 그러게요, 왜 그랬죠?라는 대답이 많다. 자기 자신조차 왜 틀렸는지 모르는 것이다.

선지 분석 차원으로 넘어가서, 선지 전체나 선지 번호에만 X표를 친다는 것은 그 선지가 틀렸음을 판단할 때 확실한 근거를 가지고 있지 못하다는 뜻이기도 하다. 선지의 특정 부분이 틀린 것은 자명하다. 그러나 틀린 이유는 각양각색이다. 어떤 선지는 앞뒤가 바뀌어 있고, 어떤 선지는 인과 관계가 꼬여 있으며, 어떤 선지는 독립적인 속성을 연관지어 뒀으며, 어떤 선지는 이항대립 구조에서의 다른 대상에 대한 설명이고, 어떤 선지는 존재성을 다루고, 어떤 선지는 시간성을 다룬다.

기출분석 방법에서 더 자세히 다루겠지만, 우리는 천천히 이 문제가 만들어졌을 시점으로 거슬러 올라가야 한다. 이것은 평가원이 선지를 만드는 법칙들이다. 그렇다면 많고 많은 선지의 법칙들 중 하필이면 이것을 왜 사용했을까? 이게 매력적인 오답이 되는 이유는 뭘까? 학생들에게 왜 이 선지가 특히 오답률이 높게 나왔을까? 그건 지문과 어떤 연관이 있을까? 이런 부분들을 고민하는 과정에서 우리는 평가원을 조금씩 이해할 수 있게 되며, 소위 '평가원의 눈'이라고 불리는 사고를 갖게 될 수 있는 것이다.

그러나 그런 고민 없이 모든 선지에 같은 방식으로 틀린 것을 체크한다면, 그리고 그것이 심지어 부분이 아닌 전체라면, 선지를 분석할 수 없는 것은 물론이고, 평가원의 차원에서 지문과 문제를 연결지을 수도 없다.

- **내가 취약한 부분은 많이 틀리는 부분이기 때문에 많이 틀리는 부분을 중심으로 공부한다**

→ 반은 맞고 반은 틀리다. 일견 내가 취약한 부분은 많이 틀리는 부분처럼 보인다. 그러나 그것을 중심으로 공부한다고 허점이 메워지는 것은 아니다. '화법과 작문' 과목을 많이 틀리는 학생이 있다고 하자. 그러면 그 학생은 그 과목을 처음부터 공부해야 할까? EBS 연계 교재 〈화법과 작문〉 편을 읽고, 이론을 쌓고, 〈화법과 작문〉 미니 모의고사를 하루에 한 세트씩 풀어야 할까?

자신이 취약한 부분을 정확히 판단하는 것부터가 공부의 시작이다. 내가 아는 것과 모르는 것을 정확히 나누는 것부터가 공부의 시작이다. 화작을 많이 틀리는 이유가 단순히 화작을 못해서이고, 비문학을 많이 틀리는 이유가 단순히 비문학을 못해서일 리 없다. 비문학에서 많이 틀리니까 비문학을 많이 공부해야겠다는 단순한 결심을 할 것이 아니라, 틀리는 이유가 무엇인지를 면밀하게 관찰해야 한다. 누군가는 긴 글을 읽는 것 자체를 힘들어할 것이다. 이런 학생들은 높은 확률로 현대소설과 고전소설도 함께 어려워한다. 누군가는 비문학의 단어들이 치환되며 전개되는 것에 익숙하지 않을 것이다. 누군가는 문단과 문단 사이의 관계를 파악하기 어려워할 것이다. 누군가는 비문학 지문의 전개를 구조화하는 데 어려움을 겪을 것이고, 누군가는 비문학의 지문만 보면 너무 빠르게 읽어 버려 머리에 남는 것이 없을 것이며, 누군가는 선지 해석에 문제가 있을 것이다.

선지 해석에 문제가 있는 경우도 여러 가지 원인을 찾을 수 있다. 누군가는 지문만 문장으로 읽고 선지는 문장으로 읽지 않아, 다시 말하여 파편화하여 키워드만 잡아내어 읽다 보니 오독이 생길 것이다. 누군가는 손가락 걸기를 하는 데 자신이 근거로 잡은 허용 범위가 너무 넓어 다른 선지들을 읽기도 전에 다음 문제로 넘어가 버릴 것이다. 누군가는 지문과 선지 사이의 치환의 괴리를 힘들어할 것이고, 누군가는 문제를 보고 아무 생각 없이 무작정 선지와 지문을 틀린 그림 찾기 하듯 왔다 갔다 하니 시간은 시간대로 걸리고 문제는 문제대로 풀리지 않을 것이다.

그러니 스스로에게 무엇을 못하냐고 물었을 때 우리는 단순히 '화작이 어려워요', '비문학을 못 해요', 따위로 대답하지 말아야 한다. '1문단을 날려 읽는 버릇이 있어요', '어려운 문장이 보이면 거기에 천착해서 다음 문장으로 못 넘어가고 정체되어 있어요', '틈만 생기면 자의적 해석이 끼어들어서 지문을 비틀어요'와 같이 구체적이고 자세하게 대답할 수 있어야 한다.

• 모의고사를 볼 때 전력을 다한다

→ 대부분의 학생들, 나아가 학부모들이 모의고사 점수에 일희일비한다. 물론 그럴 수밖에 없다. 전국에서 모두가 함께 치는 시험이 모의고사뿐이기 때문이고, 점수와 백분위가 적나라하게 나오니 당연히 타인과 나를 자꾸만 비교하게 된다. 그래서 학생들이 이번에 모의고사 점수를 몇 점까지는 올려야 한다느니, 몇 등급까지는 올려야 한다느니 하고 안타까운 말을 하게 되는 것이다.

그러나 모의고사는 말 그대로 '모의'고사이다. 자신의 위치가 어느 정도인지 가늠할 수 있는 시험이기도 하지만 본시험을 보기 전에 치르는 예비시험의 의미가 더 크다. 고등학교 3학년이라면 한 달에 한 번은 모의고사를 보게될 것이고, 재수생 이상이라면 통상적으로 한 달에 한 번부터 2주에 한 번까지, 집에서 독학 재수를 하더라도 모의고사를 보면서 공부를 하게 된다. 우리는 자의로든 타의로든, 생각보다 많은 양의 모의고사를 치게 될 것이며 모의고사의 양은 수능이 가까워질수록 더 많아질 것이다.

따라서 실전처럼 전력을 다하여 문제를 푸는 것을 연습하는 수능 실전 대비는 수능 한두 달 전부터 연습해도 양적으로는 충분하다. 그러나 그전에는 그것을 권장하지 않는다. 모의고사는 '모의'고사이다. 내가 수능을 응시할 때와 가장 유사한 환경을 조성하여 같은 양식의 문제들을 풀어볼 수 있는 시간이다. 그때 발생하는 문제점들은 수능에서 더하면 더했지, 절대 덜하지는 않을 것이다.

따라서 모의고사에서는 전체 체력의 90퍼센트 정도만 쓴다고 생각하는 것이 좋다. 나머지 10퍼센트는 제3자의 눈으로 지문을 읽고, 문제를 풀고 있는 나를 보아야 한다. 나를 한 명의 학생으로 대상화하여야 한다. 내가 만들었던 해결책을 적용하고 있는지, 지문은 얼마나 깊게 읽고 있는지, 문제를 풀기 전 내가 해야 할 일들을 제대로 하고 있는지 점검하는 것이다. 그 과정에서 나는 '제3의 나'로 말미암아 임의로 멈출 수도 있고, 올바르지 못한 길로 독해하고 있는 나를 끌고올 수도 있고, 다시 처음부터 생각하는 활로를 열 수도 있다.

게다가 모의고사를 볼 때 전력을 다하게 되면 시험이 끝나고 나서 문제를 어떻게 풀었는지, 지문을 어떻게 읽었는지를 전부 잊어버리게 된다. 자신을 전부 태워버리고 그 사이는 기억하지 못하는 것이다. 수능에서는 응당 이렇게 해야만 하지만, 맨 처음으로 보는 국어 모의고사 특성상 쉬는 시간에 잠깐 복기를 한다고 해도 상당한 양의 사고들이 날아간다. 제3자의 눈으로 나를 보는 것은 자기 자신을 성찰하는 데 있어 효과적이다.

그러니 모의고사 점수의 압박에서 벗어나기를 바란다. 6월, 9월 평가원을 잘 못 봤다는 학생들에게는 이렇게 말한다. 6월, 9월 평가원 점수는 주요 재수학원에 들어가기 위한 수단으로밖에 사용되지 않는다고. 한 번 더 할 것 아니지 않냐고. 자신을 돌아보고 공부의 방향을 정할 수 있었다면 그것으로 성공한 시험이라고. 모의고사는 점수가 아니라 수험생으로서의 자신을 성찰할 수 있는 수단으로 사용할 수 있다면 좋겠다.

📖 독해를 필연의 독해로 만드는 순환식 국어 공부 루틴

위 유의사항들을 토대로, 나는 순환식 공부 루틴을 제안한다. 기출부터 시작해서 비기출, 모의고사까지 모든 자료의 처리에 있어 기본이 되는 공부 방식으로, 기본적으로 3지문 1세트에 적용되며, 약 3시간 정도가 소요된다. 처음 접하면 4시간까지도 늘어날 수 있다. 후술할 기출과 비기출, 연계교재와 모의고사 공부법의 차이는 각 자료가 가진 특성을 반영하여 순환식 공부 루틴에서 일부를 변형하거나 추가, 혹은 삭제한 것이다. 이 공부법은 실제로 지문을 읽고 문제를 푼 후 바로 답을 맞히지 않고 그 지문을 어떻게 읽었고 문제를 어떻게 읽었는가를 다시 생각하면서 사고의 과정을 글로 명시화하는 것이다. 그 후 채점을 하고 지문과 문제에 대하여 분석을 한 후, 나의 상태와 출제자의 의도와의 간극을 확인하여 그 해결책을 정리하여, 그것을 실행해나가는 것이다. 나는 이 공부법을 꾸준히 이행한 삼수부터는 사설모의고사 원점수 98, 평가원 백분위 99 아래로 내려가본 적이 없다. 더 중요한 것은 글을 읽는 데 자신감이 붙었고, 국어를 더 이상 두려워하지 않게 됐다는 점이다.

1단계: 매일 3지문 2세트 풀기

지문을 읽고 문제를 풀어야 그 다음 단계로 나아갈 수 있다. 하루에 최소한 문학, 비문학 각각 세 지문을 한 세트로, 문학 한 세트, 비문학 한 세트 총 2세트는 풀기 바란다. 그렇게 많지 않은 분량이다. 포인트는 꾸준히, 매일매일이다. 굳이 첨언하지 않아도, 하루도 **빠지지 않는 것의 힘은 크다.**

문학은 현대시, 현대소설, 고전소설, 고전시가, 극/시나리오가 겹치지 않게 세 지문을 푸는 것이 좋고, 비문학 역시 인문/예술/철학, 사회/법/경제, 과학/기술이 편향되지 않게 세 지문을 선정해 푸는 것이 좋다. (가), (나)형 지문은 최근 수능에 출제된 지 얼마 안 되어 비교적 지문 수가 적으니, 반드시 포함할 필요는 없다. 융합지문을 푸는 것도 좋다.

시간을 재며 문제를 풀어야 하냐는 물음에는 학생의 상황에 따라서 답이 갈린다. 학생이 만약 시간 부족을 크게 느끼지 않는 경우에는 업타임을 권장한다. 시간 때문에 제대로 읽지 못하는 것을 방지하면서도 초시계가 올라가는 것을 보면서 시간의 압박을 온전히 느낄 수 있는 이유에서이다. 그러나 만약 시간이 너무 오래 걸리는 경우, 시간 부족이 독해의 교정보다 시급한 경우에는 다운타임으로 시간을 맞춰서 풀면서 동시에 업타임으로 자신의 시간을 체크하기를 권고한다. 스톱워치를 두 개 쓰면 해결되는 문제이다. 만일 전자의 학생들이라도 시간 압박을 느끼면서 연습하고 싶다면 이 방법이 효과적일 것이다.

그렇다면 시간제한은 어떻게 두는 것이 좋을까?

비문학의 경우, 수능 지문은 주로 독서의 방법론에 대하여 다루는 짧은 지문 한 개와 긴 지문 세 개로 구성되어 있다. 그러나 보통 우리가 연습하는 비문학 지문은 긴 지문들이기 때문에, 짧은 지문을 푸는 시간과 선택 과목인 화법과 작문/언어와 매체, 문학을 다 푸는 데 걸리는 시간의 합산인 40-45분을 제하고 세 개의 지문이 들어간 한 세트에 약 35분-40분 정도를 할애하면 된다. 이 시간은 자신이 얼마나 문학을 빨리 푸는지에 따라 달라지니, 평소 자신이 문학을 빨리 푸는 편이라고 한다면 40분 정도를, 느리게 푸는 편이라고 한다면 35분 정도가 적당하다. 만일 자신의 문학 시간 범위가 여기에서 크게 벗어난다면 자신의 사정에 맞춰서 정하면 된다. 학생들이 문학에 쏟아야 하는 시간이 각기 다르기 때문에 절대적인 시간제한이란 존재하지 않는다.

문학의 경우, 선택과목을 10분 안에 전부 푼다는 전제하에 20~25분 정도를 할애하면 된다. 비문학과 마찬가지로 유동적으로 조절하면 된다.

다운타임 40분을 쟀다면, 이제 업타임 스톱워치를 눌러 각 지문당 걸린 시간을 기록한다. 이 시간은 나중에 분류하여 어떤 부분들에 취약하고 시간이 많이 소요되는지에 대하여 숙고할 수 있는 지표가 된다.

세트를 풀 때 유의사항 몇 가지가 있다.

우선, 읽고 풀 때는 자신이 평소에 풀던 대로 푼다. 너무 빠르게 혹은 느리게 읽거나 풀지 않는다. 다만 일부 적용해야 하는 부분들은 이후의 5단계-새로운 세트 풀기에서 설명한다.

문제를 풀면서, 혹은 풀고 나서는 일종의 표식을 적어 두는데, 두 가지면 충분하다. 개인적으로는 세모(△)와 별표(☆)를 사용하라고 권한다. 더 사용할 표식이 있다면 T 정도까지 사용한다.

자신이 분명히 맞힐 것이라고 생각하는 문제에는 아무 표식도 하지 않는다. 막힘없이 문제를 풀었을 때는 아무것도 적지 않고 넘어간다. 애매한 문항에는 세모(△) 표시를 한다. 정확한 근거 없이 풀었지만 답은 냈거나, 두 개의 선지 중 고민하다가 하나의 선지를 골랐거나, 소거법으로 풀었지만 정답이 왜 정답인지는 모르겠는 때 등이 애매한 경우이다. 두 개의 선지 중 고민했다면 두 선지를 표시해 두고 세모를 쳐 두면 된다. 아예 문제 자체를 이해하지 못했거나, <보기>가 무슨 말을 하고 있는지 모르겠거나, 답을 내지 못한 경우에는 별표(☆)를 친다. 논리 구조가 꼬였거나 답이 바로 보이지 않아 시간을 너무 많이 쓴 경우에는 T 표기를 한다.

주의할 것은, 여기에서 바로 채점을 하면 안 된다는 것이다. 채점을 하면 틀린 문제들과 그 이유에 치중하게 되기 때문에 모든 문제를 공평하게 다시 다루기 위하여 아무것도 하지 않고 1번 문제로 다시 돌아간다.

2단계: 복기하기

이제 내가 어떻게 읽었는지, 그리고 어떻게 풀었는지를 복기해 보는 시간이다. 문단 단위, 문장 단위, 혹은 단어 단위로 쪼개어 풀 때 당시에 어떻게 읽었는지를 하나의 색깔로 통일해서 쓴다. 문장 하나하나에 번호를 붙여도 되고, 문장의 옆을 길게 끌어다가 써도 된다. 형식은 상관이 없다. 복기의 내용이 중요하다. 그러나 가급적이면 노트나 A4용지에 붙여 쓰는 것을 추천한다. 복기의 양이 적지 않을 것이고, 복기로만 끝나는 것이 아니라 분석과 솔루션까지 전부 할 것이기 때문에 여백이 넉넉한 편이 좋다.

비문학의 경우 지문에 조금 더 힘을 싣고, 문학의 경우 문제와 선지에 조금 더 힘을 싣는다. 앞서 말했듯 비문학의 기준은 지문이며 문학의 기준은 문제이기 때문이다. 유의해야 할 점은, 이 작업은 단순한 구조화 작업이나 요약 작업이 아니라는 것이다. **지문의 내용보다 나의 태도에 주안점을 둔다.** 최대한 구체적으로 쓰면 쓸수록, 생생하면 생생할수록 좋다.

만약 어떻게 복기해야할 지 잘 모르겠으면 아래의 질문에 답한다는 생각으로 한다.

비문학 지문

• 내가 이 문장을 읽을 때 힘을 어느 정도 실어 읽었나? 주제와 직결된 문장이었기 때문에 하나하나 놓치지 않으려고 애썼나, 아니면 열거 등으로 인하여 정보량이 많았기 때문에 나중에 돌아오자 하고 인덱스화를 했는가?

• 표지 문장임을 알아챘는가? 다시 말하여, 이 문장을 보고 앞으로의 전개 방향을 생각했는가?(113페이지 참고)

• 미시독해는 어디까지 했나? 나는 이 단어를 보고 어느 층위까지, 그리고 어느 깊이까지 내려갈 수 있는가?(98페이지 참고)

• 계속 질문하며 읽어나갔나? 나는 어떤 질문을 던졌었나?(65페이지 참고)

• 구조와 목표를 생각하면서 읽었나?(69페이지 참고)

• 어떤 문장이 어려웠고, 어떻게 대처하였는가?

비문학 문제

• 문제를 보고 어떤 생각을 했고, 어떻게 풀어야겠다고 생각했나?

• 주관식 답이 가능하다면, 주관식 답을 내고 풀었나?(206페이지 참고)

• 선지는 어떤 선지부터 보았나?

• 선지 해결 시 특별히 어려운 점은 무엇이었고, 어떻게 대처하였나?

• 〈보기〉 문제의 경우, 선분석을 어느 정도까지, 어떤 과정을 거쳐 했는가?

문학 지문

• (〈보기〉의 힘을 빌려서라도) 주제를 파악할 수 있었는가?

• 긍정어와 부정어를 얼마나, 어떤 근거로 잡았는가?

- 읽어야 하는 것들을 전부 읽어내었나?
- 어떤 문장이 어려웠고, 어떻게 대처하였는가?

문학 문제

- 나는 문제를 보고 어떤 생각을 했고, 어떻게 풀어야겠다고 생각했나?
- 주관식 답이 가능하다면, 주관식 답을 내고 풀었나?
- 선지는 어떤 선지부터 보았나?
- 선지 해결 시 특별히 어려운 점은 무엇이었고, 어떻게 대처하였나?
- 〈보기〉 문제의 경우, 선분석을 어느 정도까지, 어떤 과정을 거쳐 했는가?
- 개념어 중 모르는 단어가 있었는가?

3단계: 채점과 분석

내가 어떻게 읽었는지를 복기했다면, 이제 내가 어떻게 '읽었어야만' 했는지를 알아볼 차례다. 이를 위해 채점을 한다. 다만, 해설지는 보지 않고 답만 보고 채점을 한다. 미리 답만 다른 곳에 옮겨 두거나, 사진을 찍어 두면 좋다. 사고가 해설지의 방향으로 고착화되는 것을 막기 위해서이다.

이후 분석을 하는데, 이제부터 본격적인 공부이다. 지문을 해부하고 지문과 '그로 말미암아 반드시 했어야만 하는' 독해법 사이에 필연성을 부여하는 과정이다. 필연성이라는 것에 주목하자. 내가 반드시 그렇게 읽어야만 했던 명확한 근거를 찾고, 그럴 수밖에 없다는 것을 스스로에게 납득시키는 것이다. 이것 또한 복기본 옆에 다른 색 펜으로 적어 준다. 특히 이렇게 토막내어 해부하는 방식은 비기출보다 기출 지문들에서 훨씬 중요하다. 이 분석의 과정에서, 처음에는 어렵겠지만 서서히 부드러운 일반화(132 페이지 참고) 과정을 거치는 것이 좋다. 이 지문과 문제는 다시 나오지 않지만 이 지문에서 사용된 기법이나 구조, 뼈대, 문제와 선지의 구조들은 반드시 가공을 거쳐 다른 소재로 탈바꿈해 마치 전혀 새로운 것처럼 나오기 때문이다.

이 분석은 해결책 찾기와 동시에 진행해도 무방하다. 분석한 내용을 토대로 해결책을 찾으니, 하나의 문장 혹은 문단에 대하여 분석과 해결의 순서가 바뀌지만 않으면 된다.

아래 질문을 참고하여 지문과 문제분석을 한다.

비문학 지문

- 나는 이 문장을 읽을 때 어느 정도의 힘을 실어 읽었어야 했나? 이 문장의 중요도는 어떻게 파악했어야 했는가? 이 문장이 주제와 직결되었다는 것은 어디에서 찾을 수 있었는가?
- 표지 문장임을 어느 부분에서 알아챌 수 있었는가? 이 문장을 보고 앞으로의 전개 방향은 어느 정도까지 부드럽게 예측하고 들어갔어야 했는가?
- 미시독해는 어디까지 가능한가? 어느 층위까지, 그리고 어느 깊이까지 내려갔어야 하는가?
- 어떤 질문을 던졌어야 했는가? 왜 그 질문을 던졌어야만 했는가?
- 어떤 구조들이 있었고, 어떤 목표를 세워야 했는가? 왜 그러한 목표를 세웠어야만 했는가?
- 어려운 문장은 중요했는가, 중요하지 않았는가? 어려운 문장을 어렵게 만든 장치는 무엇인가?

비문학 문제

- 나는 문제를 보고 어떤 생각을 해야 했고, 어떻게 풀었어야 예쁘고 깔끔하게 풀 수 있었는가? 왜 그렇게 풀어야만 했는가?
- 주관식 답이 가능한 것을 어디에서 눈치챘어야 했는가? 주관식 답을 낸다

면 어떻게 내야 했고, 이것을 선지에 어떻게 적용했어야 했는가?

- 선지는 어떤 선지부터 보았어야 했는가? 왜 그 선지부터 보았어야 했는가?

- 선지의 난도를 준 장치는 무엇인가? 그것을 보고 어떻게 대처했어야 하는가?

- <보기> 문제의 경우, 선분석을 어느 정도까지 했어야 했고, 왜 그 수준까지 했어야 했는가?

문학 지문

- 주제는 무엇이고, 무엇을 근거로 파악할 수 있는가? <보기>가 주제 파악에 얼마나 큰 영향을 미쳤는가?

- 내가 잡지 못한, 그러나 잡았어야 하는 긍정어와 부정어가 있는가? 그 근거는 무엇인가? 혹은 내가 잡았는데 긍정어와 부정어로 분류할 수 없는 단어, 다시 말하여 잘못 분류한 시어가 있는가?

- 읽어야 하는 것들에서 더 읽어내어야 하는 것은 없는가?

- 문장 자체에 천착하지 않아도 주제를 파악하는 데 문제가 없었는가? 그 이유는 무엇인가?

문학 문제

- 나는 문제를 보고 어떤 생각을 해야 했고, 어떻게 풀었어야 예쁘고 깔끔하게 풀 수 있었는가? 왜 그렇게 풀어야만 했는가?

- 주관식 답이 가능한 것을 어디에서 눈치챘어야 했는가? 주관식 답을 낸다면 어떻게 내야 했고, 이것을 선지에 어떻게 적용했어야 했는가?

- 선지는 어떤 선지부터 보았어야 했는가? 왜 그 선지부터 보았어야 했는가?

- 선지의 난도를 준 장치는 무엇인가? 그것을 보고 어떻게 대처했어야 하는가?

- <보기> 문제의 경우, 선분석을 어느 정도까지 했어야 했고, 왜 그 수준까지 했어야 했는가?

- 모르는 개념어들을 찾아보고, 개념어가 어떻게 사용되었는지에 대해서도 공부한다.

4단계: 해결책을 위한 질문 던지기

이제 복기도 마쳤고, 자료에 대한 분석도 마쳤다. 그렇다면 이제 둘을 합해 줄 시간이다. 복기와 분석, 나의 독해법과 필연의 독해법, 둘을 비교한다. 그리고 생각한다. 나의 최종적인 목표는 나의 독해에 필연성을 부여하는 것이다. 다시 말하여 나의 독해를 필연의 독해로 바꾸는 것이다. 여기에 필요한 것은 물음이다. '왜' 나는 그렇게 하지 못했는가? 나의 독해에 필연을 부여하기 위하여 '어떻게' 해야 하는가? 문제점을 찾고, 그것을 없애기 위한 해결책을 그것에 근거하여 생각하는 것이다.

'왜'는 자책의 물음이 아니라, 근거의 물음이다. 나는 무엇을 근거로, 어떤 습관을 근거로, 어떤 독해를 근거로 이렇게 읽고 풀었는가에 대한 물음이다. 앞서 말하였듯, 이 '어떻게'는 구체적이어야 한다. 눈에 들어오는 속도로 1문단을 날려 읽었다면, 앞으로는 1문단을 '잘' 읽을 것이다가 아닌, 1문단에 밑줄을 치고 표지 문장에는 별표를 치겠다, 정도의 실용적이고 실질적이며 구체적인 해결책이 필요하다.

비문학 지문

- 왜 나는 이 문장의 중요도를 잘못 판단하였는가?
- 왜 나는 표지 문장임을 판단하지 못했는가? 왜 이 표지 문장에서 전개를 여기까지만/과하게 생각하였는가?
- 왜 나는 미시독해를 이 깊이까지만 했는가?
- 왜 나는 이러한 질문들을 던지지 못했는가?
- 왜 나는 이 구조들을 보지 못했는가? 왜 나는 이 목표가 아닌 다른 목표를

세웠는가?

- 왜 나에게 이 문장이 어려웠는가? 그리고 이 문장을 보고 왜 이렇게 대처하였는가?

비문학 문제

- 왜 나는 문제를 보고 이런 생각을 할 수 없었고, 논리 구조를 파악할 수 없었는가?
- 왜 나는 주관식 답을 내지 못했는가? 혹은 왜 나는 주관식 답을 이렇게 냈는가?
- 왜 나는 선지를 여기서부터 보았는가?
- 왜 나는 이 선지를 제대로 파악하지 못했는가?
- 왜 나는 〈보기〉 선분석을 여기까지밖에 하지 못했는가?

문학 지문

- 왜 나는 주제를 이것으로 생각하였는가?
- 내가 잡지 못한, 그러나 잡았어야 하는 긍정어와 부정어가 있는가? 그 근거는 무엇인가? 혹은 내가 잡았는데 긍정어와 부정어로 분류할 수 없는 단어, 다시 말하여 잘못 분류한 시어가 있는가?
- 읽어야 하는 것들에서 더 읽어내어야 하는 것은 없는가?
- 문장 자체에 천착하지 않아도 주제를 파악하는 데 문제가 없었는가? 그 이유는 무엇인가?

문학 문제

- 왜 나는 문제를 보고 이런 생각을 할 수 없었고, 논리 구조를 파악할 수 없었는가?
- 왜 나는 주관식 답을 내지 못했는가? 혹은 왜 나는 주관식 답을 이렇게 냈

는가?

- 왜 나는 선지를 여기서부터 보았는가?
- 왜 나는 이 선지를 제대로 파악하지 못했는가?
- 왜 나는 〈보기〉 선분석을 여기까지밖에 하지 못했는가?
- 왜 나는 이 개념어를 알고 있었음에도 불구하고 적용하지 못했는가?

이러한 무수한 물음들에 답을 내놓고, 이 답, 즉 문제점을 바탕으로 해서 그러면 나는 어떻게 해야 이 문제점들을 고칠 수 있는가에 대해 숙고하고, 그 것 각각에 대한 해결책을 내놓아야 한다. 역시 이 해결책 또한 복기본과 분석본 옆에 다른 색 펜으로 적어 둔다. 고작 여섯 지문이다. 고작 여섯 지문, 이렇게 공부하지 않았다면 그냥 넘어갔을 지문들이다. 그러나 이 지문들을 이렇게 공부할 경우에는 나를 파악하고, 지문을 파악하고, 선지를 파악하고, 이것을 일반화하여, 다른 지문에 적용할 역량을 키울 수 있다.

5단계: 새로운 세트 풀기

아마 여기까지 따라왔다면 문제점과 해결책이 적으면 다섯 개, 많으면 서른 개 이상으로도 나올 수 있다. 그 후에는 다음 날 다시 새로운 세트를 풀면 된다. 그런데 여기에서 달라진 점은, 나는 전날 나의 문제점과 해결책을 파악했으며 그것을 일반화해 두었다는 것이다. 따라서 다른 지문에서 그 문제점을 유발하는 요인과 마주친다면 해결책을 사용할 수 있다는 말이다. 이제 다음 날 순환식 루틴 공부법의 1단계 세트 풀기는 이 해결책을 시험하는 용도로 쓰인다.

그러나 사람마다 습관이 있고, 알고 있는 것을 모두 실행으로 옮기는 것은 어렵기 때문에 모든 해결책을 한 번에 적용하기는 어렵다. 누구에게나 습관이 있고, 사람의 머리에는 한계가 있기 때문에 결국 어떤 도구를 사용해야 할지 몰라 아무것도 할 수 없는 상태가 될 가능성이 높다. 따라서 해결책은 한 지문 당 세 개에서 다섯 개 정도 적용하는 것이 바람직하다. 하나의 해결책을 최소 세 번은 연습하기를 바란다. 많이 연습할수록 좋다. 만일 써 둔 해결책이 다섯 개 이상이라면, 다른 지문을 가져와 해결책을 적용시키는 연습이 필요하다.

당연히 첫 해결책은 문제점이 있을 수밖에 없다. 잘 맞지 않을 수도 있다. 이런 경우에는 다시 복기하고, 분석하고, 해결하는 세 단계를 거치면 된다. 이 해결책을 어떻게 사용하였는지, 그리고 왜 사용하여야만 했는지, 그러나 왜 사용이 어려웠는지, 이것을 보완하기 위해서는 어떻게 하면 되는지. 무수 한 시행착오와 오판을 거쳐, 무수한 망치질을 통해, 날카로운 칼 한 자루가 마침내 탄생하는 것이다.

그럼 실제로 복기, 분석, 해결책을 작성한 예시를 보자.
본래대로라면 전체 문장을 복기 및 분석해야 하는 것이 맞지만, 네 번째 단락 문장만 확인해 보자.

> ✎ 2023학년도 대학수학능력시험 9월 모의평가
>
> 인터넷 검색 엔진은 검색어를 포함하는 웹 페이지를 찾아 화면에 보여 준다. 웹 페이지가 화면에 나타나는 순서를 정하기 위해 검색 엔진은 수백 개가 넘는 항목을 고려한 다양한 방식을 사용한다. 대표적인 항목으로 중요도와 적합도가 있다.
>
> 검색 엔진은 빠른 시간 내에 검색 결과를 보여 주기 위해 웹 페이지들의 데이터를 수집하여 인덱스를 미리 작성해 놓는다. 인덱스란 단어를 알파벳순으로 정리한 목록으로, 여기에는 각 단어가 등장하는 웹 페이지와 단어의 빈도수 등이 저장된다. 이때 각 웹 페이지의 중요도가 함께 기록된다.

⊙중요도는 웹 페이지의 중요성을 값으로 나타낸 것으로 링크 분석 기법으로 측정할 수 있다. 기본적인 링크 분석 기법에서 웹 페이지 A의 값은 A를 링크한 각 웹 페이지들로부터 받는 값의 합이다. 이렇게 받은 A의 값은 A가 링크한 다른 웹 페이지들에 균등하게 나눠진다. 즉 A의 값이 4이고 A가 두 개의 링크를 통해 다른 웹 페이지로 연결된다면, A의 값은 유지되면서 두 웹 페이지에는 각각 2가 보내진다.

　　[1]하지만 두 웹 페이지가 실제로 받는 값은 2에 댐핑 인자를 곱한 값이다. [2]댐핑 인자는 사용자들이 웹 페이지를 읽다가 링크를 통해 다른 웹 페이지로 이동하지 않는 비율을 반영한 값으로 1 미만의 값을 가진다. [3]댐핑 인자는 모든 링크에 동일하게 적용된다. [4]가령 그 비율이 20%이면 댐핑 인자는 0.8이고 두 웹 페이지는 A로부터 각각 1.6을 받는다. [5]웹 페이지로 연결된 링크를 통해 받는 값을 모두 반영했을 때의 값이 각 웹 페이지의 중요도이다. 웹 페이지들을 연결하는 링크들은 변할 수 있기 때문에 검색 엔진은 주기적으로 웹 페이지의 중요도를 갱신한다.

　　사용자가 검색어를 입력하면 검색 엔진은 인덱스에서 검색어에 적합한 웹 페이지를 찾는다. ⓒ적합도는 단어의 빈도, 단어가 포함된 웹 페이지의 수, 웹 페이지의 글자 수를 반영한 식을 통해 값이 정해진다. 해당 검색어가 많이 나올수록, 그 검색어를 포함하는 다른 웹 페이지의 수가 적을수록, 현재 웹 페이지의 글자 수가 전체 웹 페이지의 평균 글자 수에 비해 적을수록 적합도가 높아진다. 검색 엔진은 중요도와 적합도, 기타 항목들을 적절한 비율로 합산하여 화면에 나열되는 웹 페이지의 순서를 결정한다.

[1]하지만 두 웹 페이지가 실제로 받는 값은 2에 댐핑 인자를 곱한 값이다.

1. 복기: 댐핑 인자에 대한 설명이 앞으로 나올 것임을 예상하며 읽어야 한다.

[2] 댐핑 인자는 사용자들이 웹 페이지를 읽다가 링크를 통해 다른 웹 페이

지로 이동하지 않는 비율을 반영한 값으로 1 미만의 값을 가진다.

1. 복기: 이동하지 않는 비율을 반영한 값이라고 했으므로 이동하지 않을수록 댐핑 인자가 크다고 생각했다.

2. 분석: 그런데 이후의 문장들을 읽어 보면 이동하지 않을수록 댐핑 인자가 큰 것이 아니라, 이동할수록 댐핑 인자가 크다는 것을 알 수 있다. 여기에서 중요한 단어는 '반영'이다. 이동하지 않는 비율을 반영하였다는 것은, 어떻게 반영할지 모르는 것이다. 따라서 이 웹 페이지로 이동하지 않는 비율을 반영하였다는 문장을 보았을 때, 그 이후의 생각의 흐름은 '그러면 웹 페이지로 이동하지 않는 비율이 어떤 방식으로 반영되었을까?'가 되었어야 한다.

3. 해결책: 문장에서 뭉개는 단어에 집중했어야 했는데, '반영'이라는 말을 곧이곧대로 믿었다. 온전히 지시적이거나 단정적인 단어가 아닌 이상 가능성을 열어 두고 이후 지문에서 설명할 가능성이 있다는 생각을 해야 한다.

[3] 댐핑 인자는 모든 링크에 동일하게 적용된다.

1. 복기: 왜 댐핑 인자가 모든 링크에 동일하게 적용되는지에 대한 생각을 크게 하지 않고 넘어갔다.

2. 분석: '중요도'에 관련되어 있다는 생각을 한다면, 이 웹 페이지 자체에는 중요도에 타격이 없고 링크가 걸려 있는 웹 페이지들에 댐핑 인자가 작용한다는 것인데, 그렇다면 웹 페이지에서 다른 웹 페이지로 넘어가지 않는 비율을 동일하게 본다. 즉 이 웹 페이지 자체로 댐핑 인자가 하나 주어진다는 것이다.

3. 해결책: 위쪽에서 이야기하는 대상을 놓쳐서 사고가 여기까지 이어질 수 없었다. 위쪽의 대상을 잡았으면 계속해서 끌어와 어떤 관계가 있는지에 대해서 생각해야 한다.

[4] 가령 그 비율이 20%이면 댐핑 인자는 0.8이고 두 웹 페이지는 A로부터 각각 1.6을 받는다.

1. 복기: 수식 $\boxed{1 - \text{이동하지 않는 비율} = \text{댐핑 인자}}$ 라고만 써 두고 넘어갔다.

2. 분석: 부정과 마이너스가 같이 있다면 $\boxed{1 - \text{이동하지 않는 비율} = \text{실질적으로 이동}}$ 하는 비율 $= \text{댐핑 인자}$' 로 바꾸어 쓰는 것이 가장 좋다. 따라서, 댐핑 인자는 실질이동 비율이라고 나의 언어로 바꾸어 쓸 수 있었어야 한다.

3. 해결책: 수식으로 바꾸어 쓰면 거기까지만 해도 독해 체력이 바닥나는 데다, 썼다는 행위 자체에 대한 불안함 때문에 더 빠르게 읽어야겠다는 생각을 하지 못해서 수식 자체를 깊이 들여다볼 생각을 하지 않게 된다. 그러나 쓰고 지문을 제대로 독파했을 때가 쓰고 독파하지 못했을 때보다 훨씬 더 빠르게 풀 수 있다는 것을 경험적으로 알고 있다. 수식을 썼다면, 그 수식에서 무엇인가 더 얻어낼 수 있는 것은 없는지, 혹은 위의 수식의 변수들과 엮을 수 있는 것은 없는지, 독립변수와 종속변수의 관계를 옳게 잡았는지 한 번만 더 체크하고 넘어가자.

⁵ 웹 페이지로 연결된 링크를 통해 받는 값을 모두 반영했을 때의 값이 각 웹 페이지의 중요도이다.

1. 복기: 앞에서 했던 말을 다시 하고 있다고 생각하고 넘어갔다.

2. 분석: 앞에서 했던 말의 반복이기는 하지만, 다시 한 번 상기해야 했던 이유는 댐핑 인자가 웹 페이지의 중요도를 변화시키는 게 아니라 그다음에 링크된 웹 페이지의 중요도를 변화시킨다는 것을 한 번 더 말해주는 것이기 때문이다.

3. 해결책: 특히, 이 관계를 제대로 잡지 못하고 넘어가서 이후 선지에서 조금 고민했다. 특히 A에서 B로 꼴이 이어져 있고 A와 B의 꼴이 매우 유사할 때는 반드시 확인하고, 제대로 파악하기 어렵다면 도형 표시라도 해서 치환이라도 할 수 있게 만든다.

15. ¹ ㉠, ㉡을 고려하여 검색 결과에서 웹 페이지의 순위를 높이기 위한 방안으로 가장 적절한 것은?

① 화제가 되고 있는 검색어들을 웹 페이지에 최대한 많이 나열하여 ㉠을 높인다.

② 사람들이 많이 접속하는 유명 검색 사이트로 연결하는 링크를 웹 페이지에 많이 포함시켜 ㉠을 높인다.

③ 알파벳순으로 앞 순서에 있는 단어들을 웹 페이지 첫 부분에 많이 포함시켜 ㉡을 높인다.

④ 다른 많은 웹 페이지들이 링크하도록 웹 페이지에서 여러 주제를 다루고 전체 글자 수를 많게 하여 ㉡을 높인다.

⑤ 다른 웹 페이지에서 흔히 다루지 않는 주제를 간략하게 설명하되 주제와 관련된 단어를 자주 사용하여 ㉡을 높인다.

㉠, ㉡을 고려하여 검색 결과에서 웹 페이지의 순위를 높이기 위한 방안으로 가장 적절한 것은?

1. 복기: ㉠ 중요도, ㉡ 적합도라고 쓰고 웹 페이지의 순위를 높이기 위한 방안이니까 중요도와 적합도가 높아져야 한다는 것만 잡고 선지로 넘어갔다.

2. 분석: 실질적인 주관식 답 문제다.

㉠ 중요도 - 이전 웹 페이지에 해당 웹 페이지의 링크, 이전 웹 페이지의 댐핑 인자와 비례 관계: 높을수록,

㉡ 적합도 - '단어의 빈도와 비례', '희소성과 비례(단어가 포함된 웹 페이지의 수와 반비례)', '간략함과 비례(글자 수와 반비례): 높을수록'이라고 적어 두고 갔으면 훨씬 편하게 풀 수 있었을 것이다.

3. 해결책: 라벨링이 되어 있고, 무엇을 물어보는지도 정확하게 나와 있는 문제에 대해서는 물어보는 대상과 라벨링된 대상 사이의 관계를 수식으로 이어 놓고 어떨 때 그 결과가 나오는지에 대해서 확인한 후 선지로 들어간다.

② 사람들이 많이 접속하는 유명 검색 사이트로 연결하는 링크를 웹 페

이지에 많이 포함시켜 ㉠을 높인다.

1. 복기 및 분석: 처음에 유명 검색 사이트 링크 - 댐핑 인자 커짐 - 중요도 높아짐이라고 생각했는데 답이 두 개 나와서 다시 한 번 확인했다. 이때 링크가 웹 페이지 안에 들어 있기 때문에 그 댐핑 인자가 커져도 해당 웹 페이지의 중요도는 높아지지 않는다는 것을 뒤늦게 파악하고 제외했다.

2. 해결책: 독해 자체에서 A-B-C가 이어져서 댐핑 인자와 중요도에 대한 관계를 알려주고 있었기 때문에 어떤 웹 페이지의 댐핑 인자가 어떤 웹 페이지의 중요도에 영향을 미치는지를 확실하게 파악했어야 했다. 독해할 때 세 개 이상의 인자가 존재하고, 인자별로 유일하게 지닐 수 있는 단어가 아닌, 소유격이 붙은 단어(A의 댐핑인자, B의 댐핑인자)일 경우에는 반드시 주체에 따른 관계를 파악한다.

순환식 국어 공부 루틴은?

내가 지문을 읽고 문제를 푸는 현재 상태와 출제자의 의도와의 간극을 확인하고 분석하여 해결책을 생각해보고 그 방법을 실행해나가는 공부법. 내가 지문을 읽고 문제를 푸는데 있어서의 문제점을 파악하고 해결해 나감으로써 궁극적으로 수능 국어 시험에서의 고득점을 목표로 한다.

기본 원칙

1세트 = 3지문, 문제

비문학 1세트, 문학 1세트, 총 2세트 매일 진행

순환식 국어 공부 루틴 순서

① 지문 읽고 문제 풀기 - 2세트를 매일 진행

② 복기 - 문제를 다 풀고 내가 어떻게 읽고 어떻게 풀었는지를 생각하며 사실 그대로 적기

③ 채점 - 해설지는 보지 않고 채점만 하는 것이 중요

④ 분석 - 어떻게 읽어야만 했는지를 하나하나 적는 단계

⑤ 해결책 -내가 어떻게 읽고 생각해야 하는가에 대한 매우 구체적인 방법들 적기

⑥ 새로운 세트 풀기 - 해결책에서 적은 내용들을 생각하며 다시 지문 읽고 문제 풀기

⑦ ①부터 ⑥까지의 과정을 계속 반복

 순환식 국어 공부 루틴으로
공부한 예시 보기

3장

어떤 지문이 나와도 읽어낼 수 있는
비문학 독해의 기술

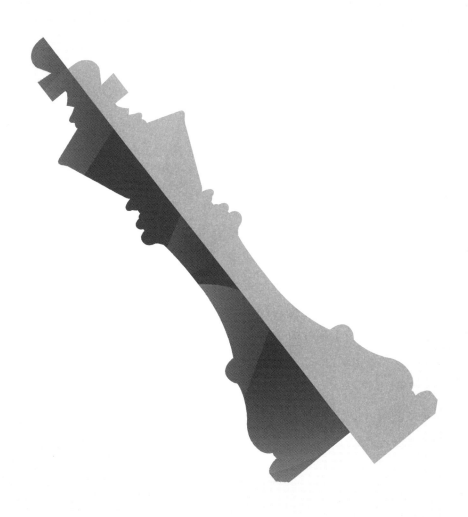

질문하며 읽기, 지문의 구조 파악하며 읽기,
1문단으로 지문의 전개 방식을 예측하며 읽기,
치환하며 읽기 등 비문학 독해의 기술을 연마하라.

나의 세계가 원이라고 생각해 보자. 그리고 나의 세계와 멀리 떨어져 있는 곳에 다른 원 A가 그려져 있고, 나의 세계와 어느 정도 겹쳐져 있는 곳에 다른 원 B가 그려져 있다. 내가 A를 이해하는 것이 쉬울까, B를 이해하는 것이 쉬울까? 당연히 B를 이해하는 것이 쉬울 것이다. 철학 전공자가 유기화학을 이해하는 것보다 사회학을 이해하는 것이 쉬운 것과 같은 원리이다. 우리는 우리 자신의 세계를 밑거름으로 하여 세계를 확장시켜 나간다. 원 B를 읽어 내어 나의 세계로 만든다면, 그전까지는 읽을 수 없었던 원 B와 교집합을 이루고 있는 원들을 보다 수월하게 자신의 것으로 만들 수 있다. 이러한 과정을 통해 이전에는 익히기 힘들었던 A도 나의 세계로 함입시킬 수 있다.

　글을 읽는다는 것은 그런 것이다. 읽으면 읽을수록 배경지식이 풍부해지고, 어휘의 폭이 넓어지며, 체력까지 붙어 어지간한 글을 독해하는 것엔 어려움을 느끼지 않는다. 다시 말해, 글은 많이 읽으면 읽을수록 좋다. 그런데 대체 그 글이라는 것을 어떻게 읽어야 하는가?

당신이 선생님과 일대일로 마주보고 앉아 있다고 생각해 보자. 선생님은 당신에게 어떤 지식을 설명한다. 작은 간이의자에 가만히 앉아 듣다 보니 그 설명에는 빠진 부분이 있는 것만 같고, 내 머리로는 이해가 안되는 어려운 문장도 있으며, 정보와 정보 간의 거리가 멀어 꼭 징검다리를 위태롭게 뛰어넘는 것만 같은 느낌도 든다. 이럴 경우에 당신은 어떻게 할 것인가?

무엇인가를 간절히 배우고 싶다는 전제하에, 설명이 다 끝나지도 않았을 때 당신은 선생님의 말에 브레이크를 건다. "선생님, 잠시만요. 그런데……"로 시작해서 물음표로 끝나는 질문을 던진다. 자신의 제자가 배움에 뜻이 있는데 물음을 내치는 좋은 선생님은 없다. 따라서 선생님은 질문에 답을 내어준다. 답의 종류는 질문의 의도에 따라 천차만별이다. 질문 자체가 선생님이 의도했던 설명의 흐름과 맞아떨어져서 합을 맞춰 설명을 이어가기도 하고, 어려운 문장의 경우 중요하다고 판단되는 정보들에 한정하여 부연하기도 하며, 정보 간의 간격이 넓었을 경우에는 연결고리를 살짝 흘러주기도 한다. 당신은 선생님의 답변에서 또 다른 질문을 발견한다. 이후에는 같은 사이클이 반복된다. 선생님은 답을 하고, 당신은 또 다른 질문을 한다. 충분한 이해 후에야 이 굴레에서 상쾌하게 벗어날 수 있는 것이다.

독해에 관련된 대부분의 문제들은 글이 죽어 있다는 인식에서 발원한다. 일방적인 정보 전달의 매개체라고 여기는 데에서 시작되는 것이다. 글이 지루하다고 느끼는 이유, 글이 머릿속에 들어오지 않는 이유, 어영부영 읽다 보니 글의 마지막에 도착했는데 무슨 말이었는지 모르겠는 이유 모두 수동적 독해에 기인한다.

대부분의 학생들은 글을 읽을 때 글을 그 자체로 그대로 받아들이려고 한다. 질문을 하거나, 당연히 전개상 나와야만 할 구조들을 예측하거나, 자신의 언어로 바꾸어 이해하는 과정 없이 쓰여 있는 것을 읽고 받아들이는 것이 전부이다. 그러나 당신이 친구를 마주하고 이야기할 때, 가만히 듣는 것이 전부인가? 우리는 서로를 같은 층위에 두기 때문에 소통을 예비한다. 친구의 말이 나의 귀를 통하여 전기 신호로 바뀌고 뇌까지 도달하여 비로소 인지할 때, 우리는 동시에 말을 자신만의 언어로 바꾸어 해석하고 이해한다. 동시에 우리는 그 말에 각자 반응한다. 질문을 던지기도 하고, 동의의 표시로 맞장구를 치기도 하고, 자연스럽게 정보를 덧대기도 하며 대화를 이어나간다. 우리는 상호 교류를 할 때 누구보다 능동적이다.

글은 살아 있다. 특히 논리들이 유기적으로 연결되어 하나의 구성을 이룬다는 점에서는 더할 나위 없이 완벽하다. 우리가 질문을 던지고, 동의하거나 비동의하여 반박하고, 배경지식을 활용하여 이해할 상대로 부족함이 없다는 뜻이다. 반대로 해석하자면, 살아 있는 글을 죽은 듯 대한다면 얻어갈 수 있는 것들 또한 없다는 것이다. 글을 살아 있는 유기체처럼 대하는 것이 능동적 읽기이다.

📖 능동적으로 읽는 방법, 질문 던지기

능동적 읽기에 첫걸음을 내딛기 위해서는 글의 의미에 대해 의문을 가질 필요가 있다. 사람들은 왜 글을 쓸까? 왜 생각을 다듬고, 아웃라인을 짜고, 번거로운 집필과 퇴고 과정을 거치면서까지 글을 내놓을까? 실마리는 지식의 확장에 있다. 사람은 세계의 전부를 알지 못한다. 우리가 우주 속에 살면서도 우주의 크기조차도 모르는 것처럼, 우리는 세계의 극히 일부만을 인지하고 그 일부로부터 구성된 우리의 지식을 토대로 외부 세계를 바라본다. 인간은 끊임없이 무엇인가를 알고 싶어 한다. 그것은 우리의 불완전성에서 야기된 결핍에 뿌리를 둔다. 글은 이러한 지적 탐구에 대한 욕망으로부터 시작된다고 생각한다. 내가 아는 정보를 타인에게 전달하고 싶은 것. 그리하여 타인의 인지 과정을 통하여 정보를 지식으로, 나아가 지혜로 승화시키고 싶은 욕망.

우리는 여기에서 글의 목적 중 하나가 정보 전달이라는 것을 눈여겨봐야 한다. 그리고 사람 사이에 정보의 전달은 어떻게 이루어지는지에 대하여 생각 해보자. 사람은 주로 다른 사람에게 질문함으로써 정보를 얻고, 대답함으로써 정보를 나눈다. 그러니 우리가 해야 할 일은 지문에 수없이 질문을 던지는 것이다. 먼저 아래 지문을 읽어 보자.

✎ 2008학년도 대학수학능력평가

1 정부나 기업이 사업에 투자할 때에는 현재에 투입될 비용과 미래에 발생할 이익을 비교하여 사업의 타당성을 진단한다. 2이 경우 물가 상승, 투자 기회, 불확실성을 포함하는 할인의 요인을 고려하여 미래의 가치를 현재의 가치로 환산한 후, 비용과 이익을 공정하게 비교해야 한다. 3이러한 환산을 가능케 해 주는 개념이 할인율이다.

이제 질문을 던지고 질문에 대한 답을 찾으며, 능동적으로 읽어 보자.

✎ 2008학년도 대학수학능력평가

1 정부나 기업이 사업에 투자할 때에는 현재에 투입될 비용과 미래에 발생할 이익을 비교하여 사업의 타당성을 진단한다.
→ 이 문장을 읽고 '비용과 이익을 **어떻게** 비교하는데?'라는 **질문**을 던진다.
2 이 경우 물가 상승, 투자 기회, 불확실성을 포함하는 할인의 요인을 고려하여 미래의 가치를 현재의 가치로 환산한 후, 비용과 이익을 공정하게 비교해야 한다.

> → '비용과 이익을 어떻게 비교하는데?'에 대한 **답**으로 '**할인의 요인을 고려한 환산을 통해 공정하게 비교**'하는 것을 알게 된다.
>
> → '그러면 미래의 가치를 현재의 가치로 **어떻게** 환산하는데?' 라는 **질문**을 던진다
>
> 3 이러한 환산을 가능케 해 주는 개념이 할인율이다.
>
> → '**어떻게**'에 대한 답으로 '**할인율로 환산**'하는 것을 알게 된다.
>
> '할인율이 **뭔데?**'라는 **질문**을 던진다.

하나의 지문을 더 읽어 보자.

> ꙮ 22학년도 대학수학능력평가 6월 모의고사
>
> 1근대 이후 서양의 철학자들은 과학적 세계관이 대두하면서 이전과는 달리 인과를 물리적 작용 사이의 관계로 국한하려는 경향을 보였다. 2문제는 흄이 지적했듯이 인과 관계 그 자체는 직접 관찰할 수 없다는 것이다. 3원인과 결과에 해당하는 사건만을 관찰할 수 있을 뿐이다. 4가령 "추위 때문에 강물이 얼었다."는 직접 관찰한 물리적 사실을 진술한 것이 아니다. 5그래서 인과가 과학적 개념인지에 대한 의심이 철학자들 사이에 제기되었다. 6이에 인과를 과학적 세계관에 입각하여 이해하려는 시도가 새먼의 과정 이론이다.

이제 질문을 던지고, 질문에 대한 답을 찾으며, 또 다른 질문을 건네며 읽어 보자.

¹근대 이후 서양의 철학자들은 과학적 세계관이 대두하면서 이전과는 달리 인과를 물리적 작용 사이의 관계로 국한하려는 경향을 보였다.

→ '상황을 제시했는데, **왜** 굳이 상황으로 시작했을까?' 라는 **질문**을 던진다.

²문제는 흄이 지적했듯이 인과 관계 그 자체는 직접 관찰할 수 없다는 것이다.

→ 이 문장을 보고 '**인과 관계가 메인**이라서 그랬구나,' 라는 것을 알게 된다.

→ '그러면 인과 관계 말고 **뭘** 관찰할 수 있는데? 라는 **질문**을 한다.

³원인과 결과에 해당하는 사건만을 관찰할 수 있을 뿐이다.

→ **사건**을 관찰할 수 있구나. 라는 **답**을 이 문장에서 찾는다.

→ 그런데 이게 **왜** 문제인데? 라는 **질문**을 한다.

⁴가령 "추위 때문에 강물이 얼었다." 는 직접 관찰한 물리적 사실을 진술한 것이 아니다.

→ 예시네. '추위'와 '강물이 얼었다'는 사건이구나. 라는 것을 이 문장을 읽고 안다.

→ 그래서 이게 **왜** 문제인데? 라는 **질문**을 한다.

⁵그래서 인과가 과학적 개념인지에 대한 의심이 철학자들 사이에 제기되었다.

→ **과학적인지 아닌지를 명확히 판단할 수 없어서** 문제라는 것을 알게 된다.

→ 그럼 이 문제점을 **어떻게** 해결할 건데? 라는 **질문**을 한다.

⁶이에 인과를 과학적 세계관에 입각하여 이해하려는 시도가 새먼의 과정 이론이다.

→ **새먼의 과정 이론**이 해결하려고 했다는 것을 알게 된다.

→ 그래서 그게 **뭔데**? 라는 **질문**을 한다.

여기에서 기술한 것이 사고의 흐름을 완벽하게 재현한 것은 아니다. 그러나 앞으로 설명할 독해법들 중 가장 기본이라고 할 수 있으며, 능동적 사고를 하는 데 가장 도움이 될 법한 독해법이다.

📖 지문의 구조 파악하며 읽기

사람이 쓰는 글이기 때문에, 지문 또한 사람의 사고 체계를 따라가게 되어 있을 수밖에 없다. 우리가 일상생활에서 사용하는 사고의 과정들이 구조화되어 완결된 지문에 여실히 드러나는데, 이 구조들은 언제나 동일한 짝을 짓고 있다. 가장 대표적인 구조가 문답이다. 물음이 있으면 답이 있어야만 한다. 이 구조는 글의 전반에 걸쳐 사용되며, 다른 구조와 겹치는 부분들이 존재하기 때문에 위에서 따로 언급하였다. 아래 열거하는 구조들은 지문에서 자주 쓰이는 구조들이다.

01_문제해결

문제가 생겼다면, 완결된 글 내에서는 그 문제에 대한 해결책을 제시하여야 한다. 이 해결책의 실효성은 크게 문제가 되지 않는다. 해결책이 없다는 명시 또한 유효하다. 어떤 방식으로든 해결에 대한 언급이 존재하여야 하며, 그렇지 않다면 그것은 무책임한 지문이다. 지식의 확장이 이 과정에서 이루어지는 경우가 많기 때문에 지문에 자주 등장하며, 이 책에서는 줄여서 P-S(Problem-Solution) 구조라고 부른다. 드물게 문제해결 구조에서 해결책이 명징하게 나타나지 않을 때는 문제점과 해결책을 비교한 차이점에서 문제의 원인을 찾는 것이 좋다.

사회적 할인율은 사회 구성원이 느끼는 할인의 요인을 정확하게 파악하여 결정하는 것이 바람직하나, 이것은 현실적으로 매우 어렵다.(P) 그래서 시장 이자율이나 민간 자본의 수익률을 사회적 할인율로 적용하자는 주장이 제기된다.(S)

지식 재산 보호 문제와 더불어 최근에는 ICT 다국적 기업이 지식 재산으로 거두는 수입에 대한 과세 문제가 불거지고 있다.(P)

일부 국가에서는 ICT 다국적 기업에 대해 디지털세 도입을 진행 중이다.(S)

02_비교와 대조

두 개 이상의 같은 층위의, 그러나 다른 대상들을 하나의 글에서 함께 전시하는 이유는 그 둘이 완벽하게 같지도, 완벽하게 다르지도 않기 때문이다. 이를테면, 귤과 시계를 한 지문에서 동등한 중요도로 마주하게 될 가능성은 거의 없다. 그러나 귤과 사과를 한 지문에서 동등한 중요도로 마주하게 될 가능성은 적지 않은 편이다. 귤과 사과는 '과일'이라는 같은 층위 속에 존재하나, 그 둘은 완벽하게 같지 않다. 그렇기 때문에 둘 이상의 다른 대상들이 하나의 글에서 비슷한 비중을 차지하고 있다면 분명히 그들 사이에 공통점과 차이점이 존재하기 때문이다. 이 책에서는 줄여서 공차독해(공통점-차이점 독해)라고 부른다. 공차독해를 할 때 가장 예민하게 받아들여야 할 것은 층위이다. 사과와 귤을 비교할 수는 있지만, 나와 연필을 비교할 이유는 없는 것이다.

그럼 예시를 보자.

📝 2018학년도 9월 모의고사

고전 논리에서는 '참인 동시에 거짓'인 진리치를 지닌 문장을 다룰 수 없
_{대상A}
기 때문에 프리스트는 그것도 다룰 수 있는 비고전 논리 중 하나인 LP를
_{차이점 독해}   _{대상B}
제시하였다

📝 2021학년도 9월 모의고사

국가, 지방 자치 단체와 같은 행정 주체가 행정 목적을 실현하기 위해
국민의 권리를 제한하거나 국민에게 의무를 부과하는 '행정 규제'는 국회
_{대상A}
가 제정한 법률에 근거해야 한다. 그러나 국회가 아니라, 대통령을 수반으
_{A-1}
로 하는 행정부나 지방 자치 단체와 같은 행정 기관이 제정한 법령인 행정
_{대상B}   _{B-1}
입법에 의한 행정 규제의 비중이 커지고 있다.

→ 국회와의 대립각을 행정입법에서 세웠다면 층위를 구분하는 연습이 필요하다.
실제 시험장에서는 글이 훨씬 더 안 읽히고, 예민하게 읽어내기 어렵기 때문에 평소에
연습해야만 시험장에서 자연스럽게 대립각의 층위를 구분해낼 수 있다.

03_원인과 결과

어떤 일이 원인이라면, 그 원인에 따르는 결과가 존재해야만 한다. 어떤

일이 결과라면, 그 결과에 따르는 원인이 존재해야만 한다. '왜냐하면', '따라서', '~하므로', '~하기 때문에' 등과 같은 표지 단어로 이어지는 것이 대부분이지만, 그렇지 않은 경우도 없지 않다. 원인과 결과 중 하나만 나오는 일은 있을 수 없지만, 하나의 원인으로 다수의 결과가 발생할 수도 있고, 많은 원인이 맞물려 하나의 결과를 도출해 낼 수도 있다.

✎ 2018학년도 수능

이러한 오버슈팅은 물가 경직성 또는 금융 시장 변동에 따른 불안 심리
　　　　　　결과　　　　　　　　원인1　　OR = 두 원인이 맞물리지 않았음　　　　　　원인2

등에 의해 촉발되는 것으로 알려져 있다.
　　인과 표지

✎ 2021학년도 수능

이들은 개인적인 학문 성향과 관심에 따라 주목한 영역이 서로 달랐기
　　　　　　　　　　　　　　　원인

때문에 이들의 북학론도 차이를 보였다. 이들에게는 동아시아에서 문명의
　　　　　　　　　　결과

척도로 여겨진 중화 관념이 청의 현실에 대한 인식에 각각 다르게 반영된
　　　　　　　　　　　　　　　　　　　　　　　　　　　원인

것이다.

　→ 원인은 결과의 앞에 존재할 수도 있고, 뒤에 존재할 수도 있으며, 때로는 결과의
앞뒤에서 부연설명 등을 매개로 이어지기도 한다.

04_관계

두 개 이상의 같은 층위의 주체들이 존재한다면, 글 내부에서 그들의 주체성을 누르고 타자화하지 않는 이상 이 대상들은 무엇인가를 하기 위해 움직일 수밖에 없다. 이들이 둘 이상일 경우에는 서로와 관계를 맺어 서로에게

방향성이 있는 영향을 끼친다. 관계의 경우, 관계도로 도식화하여 그려내는 것이 가시적으로 한눈에 파악하기 좋다. 특히, 주체와 주체를 이어나갈 때 단순한 실선으로 잇는 것이 아니라, 영향의 방향을 표현할 수 있는 화살표로 이어 주는 것이 좋다.

🖋 2019학년도 수능

한 예로 매매 계약은 '팔겠다'는 일방의 의사 표시와 '사겠다'는 상대방의 의사 표시가 합치함으로써 성립하며, 매도인은 매수인에게 매매 목적물의 소유권을 이전하여야 할 의무를 짐과 동시에 매매 대금의 지급을 청구할 권리를 갖는다. 반대로 매수인은 매도인에게 매매 대금을 지급할 의무가 있고 소유권의 이전을 청구할 권리를 갖는다. 양 당사자는 서로 권리를 행사하고 서로 의무를 이행하는 관계에 놓이는 것이다.

<매매계약>

	매도인	팔겠다 → 의사표시 합치 ← 사겠다	매수인
의무	매매목적물 소유권이전의무		매매대금 지급의무
권리	매매대금 지급청구권리		소유권이전 청구권리

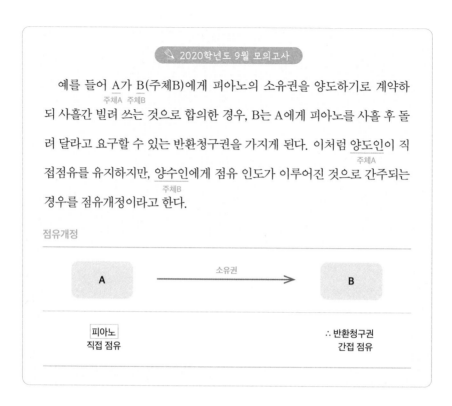

예를 들어 A가 B(주체B)에게 피아노의 소유권을 양도하기로 계약하
되 사흘간 빌려 쓰는 것으로 합의한 경우, B는 A에게 피아노를 사흘 후 돌
려 달라고 요구할 수 있는 반환청구권을 가지게 된다. 이처럼 양도인이 직
접점유를 유지하지만, 양수인에게 점유 인도가 이루어진 것으로 간주되는
경우를 점유개정이라고 한다.

점유개정

소유권

A → B

피아노
직접 점유

∴ 반환청구권
간접 점유

05_추상구체

사실 언어는 추상이다. 세상에 같은 컵은 존재하지 않지만, 우리는 그것들
을 뭉뚱그려 컵이라고 부른다. 세상에 같은 바다는 존재하지 않지만, 우리는
그것들을 뭉뚱그려 바다라고 부른다. 우리는 우리를 지칭하여 '사람들'이라
고 부르지만, 엄밀히 이야기하자면 우리는 '사람들'을 '사람들'이라고 칭한 적
이 없다. '사람들'은 현실에 존재하는 각각의 '사람들'을 뚜렷하게 가리킨 적
이 없기 때문이다. 언어가 세계를 투사할 때, 필연적으로 세계는 납작해지
며 열화되거나 손상되는 부분들이 존재한다. 세상에 진리가 없다고 믿으면
서도 우리는 가끔 하나의 관통되는 진리가 있다면 좋겠다고 여긴다. 그렇게

만 된다면 우리는 덜 불안해지기 때문이다. 하나의 진리, 하나의 길, 하나의 매뉴얼. 그대로 이루어진다면 어떤 상황이든 예측할 수 있으며, 미래에 대한 막연한 불안을 감쇄시키거나 없앨 수 있다.

인간은 효율적인 방향으로 발전해 왔다. 그것이 어떤 방향이든 우리의 품을 덜 들어 더 좋은 결과를 얻어내는 방향으로. 우리가 어떤 행동을 할 때 최적화되는 과정을 잘 보여 주는 사례가 딥러닝이다. 첫 학습에서 모델은 비효율적인 방식을 채택할 수도 있다. 목표를 달성하는 것만이 모델의 목표이기 때문이다. 그러나 무수한 학습 데이터를 통해 모델은 점차 보다 나은 방안을 탐색하기 시작한다. 그들은 규칙을 세우고, 세워 둔 규칙을 반박하며 최대 효율의 규칙을 도출해 낸다. 마찬가지이다. 우리의 행동은 결과만을 목적으로 할 때 비효율적일 수 있다. 하지만 행동의 양식을 수정하여 비효율을 효율로 이행에 가는 과정에 있다. 이 효율의 첨단에 있는 것이 일반화이다. 이것이 사실 근대 철학자들이 그토록 절대적인 진리를 찾아 헤매었던 이유일지도 모른다.

따라서, 우리에게는 모두 일반화의 욕구가 존재한다. 어떤 사례가 지문에 존재한다면 그 사례 자체가 핵심 주제가 되지 않는 이상 그것보다 상위 층위에서 일반화된 것들을 쉽게 이해시키기 위하여 배치된 요소일 가능성이 크다. 상위 층위는 일반화된 개념으로서 많은 구체성을 아우르지만 아우르는 대신 많은 구체성을 표현하지 못하고 그만큼 납작해진다. 우리는 글의 핵심을 읽어내야 한다. 구체적인 것들이 나왔다면, 상위 층위로 올려 읽는 눈을 가져야만 한다. 반대로, 상위 층위의 전제들이 나왔다면, 전제를 사례로 끌어내려 읽는 눈을 가져야만 한다. 요컨대 상위 층위와 하위 층위는 독립적이지 않기에 끊임없이 연결지어야만 한다.

먼저 하위 층위들을 명시적이지 않은 상위 층위로 끌어올려 읽는 법을 살

퍼보자. 이 경우 하위 층위가 여러 개인 경우 공통점을 발견하는 것이 핵심
이다.

또 여러 주주가 있던 회사가 주식의 **상속, 매매, 양도** 등으로 말미암아
모든 주식이 한 사람의 소유로 되는 경우가 있다.

→ 대부분 이런 경우에는 범주가 앞에 있거나, 뒤에 명시적으로 나와 있다. 그러나
명시적이지 않다면, 자신이 잡아야 한다.

→ 가볍게는 상속, 매매, 양도를 '모든 주식이 한 사람의 소유로 되는 것'이라고 생각
할 수 있지만, 상속, 매매, 양도 모두 '주식의 소유자가 바뀌는 것'이라는 공통점을 자신
스스로 잡아낸다면, 모든 주식이 한 사람의 소유로 된다는 말이 어렵게 와 닿지는 않을
것이다.

근대에 접어들어 모든 사물이 생명력을 갖지 않는 일종의 기계라는 견해
가 강조되면서, 아리스토텔레스의 목적론은 비과학적이라는 이유로 많은
비판에 직면한다. 갈릴레이는 목적론적 설명이 과학적 설명으로 사용될 수
없다고 주장하며, 베이컨은 목적에 대한 탐구가 과학에 무익하다고 평가하
고, 스피노자는 목적론이 자연에 대한 이해를 왜곡한다고 비판한다.

→ 갈릴레이, 베이컨, 스피노자의 모든 비판을 머릿속에 가지고 들어갈 수는 없다.
그렇다면 이 셋의 공통점을 찾아 하나로 축약해 기억하면 된다. 이렇게 하나의 카테고
리 안에서 세분화되었는데, 공통점을 찾아야 한다면 상위 층위의 공통점을 앞뒤 맥락
에서 찾으면 된다. **"비과학적이라는 이유"**라고 앞에서 정확하게 이야기해주고 있기 때

문에, 갈릴레이, 베이컨, 스피노자는 디테일은 조금씩 다를지 몰라도 결국 비과학적이라고 이야기하고 있는 것이다.

하위 층위가 대립하고 있을 경우, 차이점을 발견해보자.

자기 몸통보다 더 큰 나뭇가지나 잎사귀를 허둥대며 운반하는 **개미**들은 분명히 목적을 가진 듯이 보인다. 그런데 가을에 지는 **낙엽**이나 한밤중에
역접부사 - 대립각
쏟아지는 **우박**도 목적을 가질까?

→ 그런데를 기점으로 '개미'와 '낙엽, 우박'이 대립하고 있다. 따라서 이들의 차이점을 떠올리면, 개미들은 생명이 있고, 낙엽과 우박은 생명이 없다는 것을 알 수 있다. 따라서 우리는 이 문장을 이렇게 읽어야 한다.

→ 생명체들은 분명히 목적을 가진 것처럼 보인다. 그런데 비생명체들도 목적을 가질까?

상위 층위가 명시적일 때, 하위 층위에 적용시켜보자. 이 경우 추상적으로 기술된 전제의 속성을 잡아내고 구체적인 단어가 어느 속성에 부합하는지 생각한다. 글은 반드시 유기적으로 연결되는 완결성이 있다는 점에 주목한다.

효과의 발생이나 소멸이 <u>장래에 확실히 발생할 사실</u>에 의존하도록 하는
상위 층위: 큰 단어   추상적

것을 <u>기한</u>이라 한다. 반면 <u>장래에 일어날 수도 있는 사실</u>에 의존하도록 하
상위 층위: 큰 단어   추상적

는 것은 <u>조건</u>이다. 그리고 조건이 실현되었을 때 효과를 발생시키면 '<u>정지
상위 층위: 큰 단어   상위 층위: 큰 단어

조건</u>', 소멸시키면 '<u>해제 조건</u>'이라 부른다. …(중략)… 그러나 임대인이 임
상위 층위: 큰 단어

차인에게 <u>집을 비워 달라</u>고 하는 소송에서 임대차 기간이 남아 있다는 이

유로 임대인이 패소한 판결이 확정된 후 시일이 흘러 <u>계약 기간이 만료되</u>

<u>면</u>, 임대인은 <u>집을 비워 달라</u>는 소송을 다시 할 수 있다.

➤ 하위 층위:
구체적인 작은 단어, 사례
→ '효과' 상위 층위로 올리기

➤ 하위 층위:
구체적인 작은 단어, 사례
→ '기한이 충족되면' 상위 층위로 올리기

➤ 하위 층위:
구체적인 작은 단어, 사례
→ '효과' 상위 층위로 올리기

➤ 하위 층위:
구체적인 작은 단어, 사례
→ '기한이 충족되지 않았다' 상위 층위로 올리기

→ 따라서, 중략 이후의 문장은 이렇게 읽어야 한다.

그러나 임대인이 임차인에게 효과의 발생/소멸을 요구하는 소송에서 기한이 충족
되지 않았다는 이유로 임대인이 패소한 판결이 확정된 후 시일이 흘러 기한이 충족되
면 임대인은 효과의 발생/소멸을 요구하는 소송을 다시 할 수 있다.

드론과 관련된 행정 규제 사항들처럼, 첨단 기술과 관련되거나, 상황 변
상위 층위: 큰 단어

화에 <u>즉각 대처해야 하거나</u>, <u>개별적 상황을 반영</u>하여 규제를 달리해야 하
상위 층위: 큰 단어   상위 층위: 큰 단어

는 행정규제 사항들이 늘어나고 있기 때문이다. …(중략)… 위임명령은 제

정 주체에 따라 대통령령, 총리령, 부령으로 나누어진다. 이들은 모두 <u>국민</u>

<u>에게 적용</u>되기 때문에 입법예고, 공포 등의 절차를 거쳐야 한다.

➤ 하위 층위: 구체적
→ 상위 층위: 개별적 상황을
반영하지 않음

➤ 하위 층위: 구체적
→ 상위 층위: 상황 변화에
즉각 대처 불가능

06_비판

다른 가치관을 가진 두 명 이상의 사상가가 나오거나, 다른 관점을 가진 두 개 이상의 이론이 등장한다면 그들은 대립할 가능성이 높다. 자신의 주장을 견지하기 위하여 사상가들은 늘 타인을 설득해야 하고 그들이 취하는 반박들은 논리적이고 첨예할 수밖에 없다. 여기에서 중요한 점은 우리가 믿고 있는 모든 정보는 일정 수준 이상 주관적이라는 사실이다. 객관적이라는 수식을 붙이는 수학이나 과학 또한 이전에 아주 견고해 보였던 이론들의 틈을 끊임없이 반박하며 발전해 나간다. 그들은 이론 자체를 비판하기보다 이론의 어느 부분 혹은 주장이 어떤 이유에서 잘못되었는지를 조목조목 짚어 설명한다.

우리는 전자를 비판의 대상, 후자를 비판의 내용이라고 부른다. 비판을 읽어낼 때는 비판의 대상에서 포인트가 어긋나지 않게끔 하는 것이 우선이며, 이후 맞춘 초점 내에서 어떤 내용으로 비판하였는지 확인해야 한다. 이때 우리가 취해야 할 스탠스는 '그럴 수 있지'이다. 사람은 모두 똑같은 존재가 아니므로 사상가들이 제시한 주장과 본인의 생각이 같을 수도, 다를 수도 있다. 그럼에도 불구하고 그것은 혼자만의 생각에 불과하다. 지문과 문제에 나오는 내용들은 모두 사상가의 주장에 기반한다.

자신의 생각과 비교하거나 대조하며 읽지 말라는 것이 아니다. 그러한 방식의 독해는 논지의 핵심을 명징하게 파악할 수 있고, 자신의 주장과의 대립각을 잡으면서 조금 더 기억하기 쉬워지므로 외려 권장하는 능동적 독해 방식 중 하나이다. 그러나 우리가 유의해야 할 것은 우리의 생각과 다르다고 해서 틀린 것은 아니라는 사실이다. 자신의 사고 틀에 지문을 끼워맞추다 보면 자의적 해석이 발생할 수밖에 없는데, 이때 하는 사고의 오판이나 실수는 글 전체를 장악하는 데 치명적이다. "지문과 문제를 이겨먹으려고 하지 마라." 입시생 시절에 선생님께서 해 주셨던 말이다. 이 말은 아직도 깊게 남아 지문을 대할 때 오만하고 교만해지거나, 지문에게 화를 낼 때마다 나를 멈추는 브레이크가 된다.

근대에 접어들어 모든 사물이 생명력을 갖지 않는 일종의 기계라는 견해가 강조되면서, 아리스토텔레스의 목적론은 비과학적이라는 이유로 많

비판의 대상   비판의 내용

은 비판에 직면한다. 갈릴레이는 목적론적 설명이 과학적 설명으로 사용될 수 없다고 주장하며, 베이컨은 목적에 대한 탐구가 과학에 무익하다고 평가하고, 스피노자는 목적론이 자연에 대한 이해를 왜곡한다고 비판한다. 이들의 비판은 목적론이 인간 이외의 자연물도 이성을 갖는 것으로

비판의 대상

의인화한다는 것이다. 그러나 이런 비판과는 달리 아리스토텔레스는 자연물을 생물과 무생물로, 생물을 식물/동물/인간으로 나누고, 인간만이 이성

비판의 대상 일치-불일치

을 지닌다고 생각했다.

그러나 시장 이자율이나 민간 자본의 수익률을 사회적 할인율로 적용하

비판의 대상

자는 주장은 수용하기 어려운 점이 있다. 우선 공공 부문의 수익률이 민간 부문만큼 높다면, 민간 투자가 가능한 부문에 굳이 정부가 투자할 필요가

비판의 내용 #1

있는가 하는 문제가 제기될 수 있다. 더욱 중요한 것은 시장 이자율이나 민간 자본의 수익률이, 비교적 단기적으로 실현되는 사적 이익을 추구하는

비판의 내용 #2

자본 시장에서 결정된다는 점이다.

07_과정과 원리

과정과 원리의 경우 필연적으로 많은 정보량을 수반한다. 그만큼 평가원이 내어주는 표지도 관대한 편이다. 아무 조짐도 없이 과정과 원리를 턱 내어주지는 않는다. 따라서 과정이나 원리가 존재할 때는, 언제나 '먼저, 우선'과 같은 표지를 보고 시작 지점을 판단하는 것이 중요하다.

한편, 과정의 경우 반드시 시간축이 존재한다. 만일 기술 지문이거나 생명과학 지문이라면 그 과정이 실제로 이행될 구조 또한 존재한다. 구조가 있다면 그것을 활용하는 것이 가장 좋은 독법이다. 만일 구조가 없다면 그리면 된다. 화살표로 시간의 흐름을 표현하거나, 어떤 물체의 이동을 표현하면서 필요할 때는 필기하는 것이 정보를 놓치지 않는 길이다. 모든 것을 필기하라는 것이 아니다. 모든 것을 암기하라는 것도 아니다. 과정/원리가 주 서술방식이 되는 지문은 난도는 낮아도 정보량이 다른 지문들보다 많기 때문에 적절한 인덱싱이 훨씬 중요하다.

2019학년도 9월 모의고사

스퍼터 이온 펌프는 진공 통 내부의 기체 분자가 펌프 내부로 유입되도록 진공 통과 연결하여 사용한다. 스퍼터 이온 펌프는 영구 자석, 금속 재질의 속이 뚫린 원통 모양 양극, 타이타늄으로 만든 판 형태의 음극으로 구성되어 있다. 자석 때문에 생기는 자기장이 원통 모양 양극의 축 방향으로 걸려 있고, 양극과 음극 간에는 2~7 kV의 고전압이 걸려 있다. 양극과 음극 간에 걸린 고전압의 영향으로 음극에서 방출된 전자는 자기장의 영향을 받아 복잡한 형태의 궤적을 그리며 양극으로 이동한다. 이 과정에서 음극에서 방출된 전자는 주변의 기체 분자와 충돌하여 기체 분자를 그것의 구성 요소인 양이온과 전자로 분리시킨다. 여기서 자기장은 전자가 양극까지 이동하는 거리를 자기장이 없을 때보다 증가시켜 주어 전자와 기체 분자와의 충돌 빈도를 높여 준다. 이 과정에서 생성된 양이온은 전기력에 의해 음극으로 당겨져 음극에 박히게 되어 이동 불가능한 상태가 된다. 이 과정이 1차 펌프 작용이다. 또한 양이온이 음극에 충돌하면 타이타늄이 떨어져 나와 충돌 지점 주변에 들러붙는다. 이렇게 들러붙은 타이타늄은 높은 화학 반응성 때문에 여러 기체 분자와 쉽게 반응하여, 떠돌아다니던 기체 분자를 흡착한다. 이는 떠돌아다니는 기체 분자의 수를 줄이는 효과가 있으므로 이를 2차 펌프 작용이라 부른다. 이렇듯 1, 2차 펌프 작용을 통해 스퍼터 이온 펌프는 초고진공 상태를 만들 수 있다.

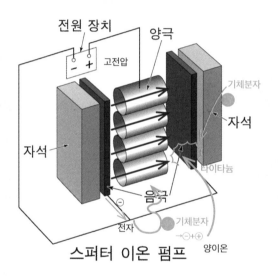

스퍼터 이온 펌프

*토르(torr):기체 압력의 담위

독해 인사이드

제재별 독해 요령 만드는 법

모든 글에는 제각기 다른 목적이 있다. 글이 스스로 목적을 가지게 되었을 리는 없다. 이는 글쓴이가 목적을 가지고 글을 쓰기 때문이다. 이 목적들은 사람에 의하여 결정된다. 서로 같은 사람들은 없으므로 목적도 수백만 갈래로 나뉘어지겠지만, 완전히 같지는 않을지 몰라도 중심을 관통하는 목적의 결은 존재한다. 사람들은 주제인 어떤 것에 대하여 글을 쓴다. 그러자면 필연적으로 '어떤 것'이 공유하는 특성에 어느 정도 맞추어 글이 전개될 수밖에 없다. 대상의 특성은 학문의 굴레에서 자유로울 수 없다.

따라서 우리가 제재별 독해 요령을 익히기 위해서는 그 학문이 무엇이며, 무엇을 목적으로 두는지를 먼저 고찰해 볼 필요가 있다. 학문에 대한 충분한 숙고 후에, 우리는 국어라는 과목의 틀을 씌운다. 글과 학문이 융합되었을 때의 특성들을 고민해 볼 수 있는 것이다. 제재별 독해 요령은 별다른 것이 아니다. 학문에 맞춰, 그리고 '글'이라는 양식에 맞춰, 어떻게 읽는 것이 효과적인지를 생각하는 것이다.

예를 들기 위해, 철학 제재를 가져와 보자. 물론 조금 더 깊이 들어간다면 철학 내에서도 존재론, 인식론, 윤리학 등의 세부 제재가 있겠지만, 그 전에 학문 전체에 대한 고찰이 선행되어야만 한다. 우선, 철학이란 무엇인가? 이 질문에 대한 답을 위하여 무엇이든 이용하여도 좋다. 국어사전부터 시작하여, 인터넷 검색이나 책을 찾아보아도 좋다. 그러나 기억해야 할 것은 어느 정도 갈래를 파악한 이후에는 반드시 나의 말로 바꾸어 표현해야 한다는 점이다.

백과사전에는 철학이 인간과 세계에 대한 근본 원리와 삶의 본질 따위를 연구하는 학문이라고 적혀 있다. 그러나 이렇게 정의하기에는 너무 어렵다. 인간, 세계, 원리, 그리고 삶의 본질. 나는 문득 여기에서 철학의 연구 대상들이 전부 추상적이라는 것을 파악한다. 그리고 우리가 살아 있는 한 누구나 납득할 객관적인 답은 찾을 수 없음을 이어 깨닫는다. 그렇다면 철학은 어떤 학문인가? 인간과 세계와 원리에 대한, 그리고 삶의 본질에 대한 누군가의 생각이다. 사람들은 각자의 철학을 안고 있을 것이다. 그런데 생각해 보자. 객관적인 답이 없다면, 대부분의 사람들이 동의할지라도 해당 철학에 동의할 수 없는 사람이 한 명 이상은 존재할 수밖에 없다. 따라서 철학은 필연적으로 충돌을 야기한다. 철학 사상들이 만나면 부딪힐 수밖에 없을 것이다. 사람들은 자신의 철학이 정당함을 주장하며, 반박에 대하여 반론할 것이다. 자신의 어떤 배경지식을 가지고 와도 좋다. 철학이 온 사회에 퍼져 있었던 고대 그리스의 경우, 자유로운 토론의 장이 열렸던 바 있다.

그러니까 여기까지의 발상을 가볍게 정리하면, 철학은 어떤 사람의 주관적인 생각이며 이 주관성 때문에 대립이 필연적이다. 여기에서 조금 더 나아가 보자. 이제 '글'이라는 양식이 도입된다. 그렇다면 철학자들은 왜 자신의 생각을 글로

써서 보여 주는가? 바로 생각하기 어렵다면, '글'을 빼 보자. 왜 철학자들은 자신의 생각을 타인에게 보이려고 하는가? 대립하는 사상 사이에서 자신의 사상의 맥을 잇기 위해서다. 자신의 주장을 타인에게 관철하기 위해서다. 말하자면, 설득하기 위해서다.

그렇다면 말을 이용한 설득을 먼저 생각해 보자. 우선, 자신이 내세우는 주장이 중심축으로 있을 것이다. 그런데 다른 것 없이 주장만 내세운다면 그것은 좋은 주장이 될 수 있는가? 도태되지 않을 수 있는가? 주장에는 그에 상응하는 근거가 필요하다. 따라서 주장에 따른 양질의 근거가 필요하다. 여기에서, 토론이 생각난다. 말을 이용한 설득의 대표격이다. 토론 또한 주장과 근거로 이루어져 있다. 여기에 타인의 반론이 추가된다. 이 반론에 대하여 사상가는 즉답하거나, 조금 생각하고 나서 반박할 수 있다. 반론을 반박함으로써 주장은 더 견고해지고 단단해진다.

그런데 이것은 글을 이용한 설득이 아니다. 말을 이용한 설득이다. 그렇다면 말과 글의 차이는 어디에 있을까? 가장 큰 차이점은 동시성에 있다. 말은 한 번 발화함과 동시에 거의 곧바로 반박을 가할 수 있다. 그러나 글은 세상에 선보여지고 나면 다시 글을 쓰지 않는 이상, 독자들의 반론에 대한 반박이 불가능하다. 따라서 글은 처음 나올 때 최대한의 신중을 기하여 완벽하게 출판되어야만 한다. 그렇다면 그것을 위하여 필자는 무엇을 할까? 먼저 예상되는 반론들을 생각해 보지 않을까? 그리고 그 반론들에 대한 반박을 글 안에서 풀어나갈 것이다.

이제 이 생각들을 갈무리해 보자. 갈무리한 것이 독해 요령이 될 것이다. 철학 제재의 경우 사상가의 주장과 근거, 그리고 주장에 대한 재반박을 요소로 지닌다. 따라서 사상가가 한 명일 때는 이 세 요소들을 찾는 것을 목표로 글을 읽어나간다. 만일 사상가가 둘 이상일 때는 대립의 속성에 대하여 조금 더 생각해 보고, 공통점-차이점 독해나 반박의 지점 찾기 같은 다른 요소들이 추가되겠지만 우선 이것으로 기본 뼈대는 완성된 셈이다. 이제 이 뼈대를 연습하면서 조금씩 살을 붙여나가면 된다.

중요한 것은 하나의 뼈대를 만들고 살을 붙여나가는 과정 속에서도 끊임없는 연습이 필요하다는 것이다. 내가 이론으로 생각해낸 것을 실전에 적용하는 것은 만만하지 않다. 주장을 어떤 방식으로 기억할 것인지, 근거가 여러 개라면 어떤 식으로 대처할 것인지, 근거가 너무 길거나 분리하기 어려우면 어떻게 할 것인 지……. 많은 시행착오를 거쳐야만 한다.

만일 이론을 완성해 놓고 한 번에 많은 것을 받아들인다면 머리에 과부하가 걸릴 수밖에 없다. 수학의 개념을 배우고, 문제를 풀기 시작할 때 한 번쯤은 그런 경험을 해 본 적이 있을 것이다. 배운 도구는 많은데 이 상황에서 어떤 도구를 사용해야 할지 몰라서 멍하게 있다가 그 문제를 날려버렸던 경험. 충분히 국어에서도 일어날 수 있다. 수학과 국어는 언어라는 점에서 일맥상통한다. 다만 수학은 조금 더 우리가 친밀하게 여기는 언어와 동떨어진 형상을 하고 있을 뿐이다.

여러 철학 지문들을 독해하고, 문제를 풀며 만들어낸 굵은 줄기에 익숙해졌다면, 이제 만들어 둔 뼈대에 살을 붙여 보자. 이를테면 속성을 생각해 보자. 철학의 속성 중 하나인 추상성을 예로 들어보자. 구체적이지 않다. 따라서 우리는 상상할 수밖에 없다. 우리가 볼 수 없는 것에 대하여 우리는 막연하게 생각할 수밖에 없다. 다시 말해, 어렵다. 철학이 어려운 이유는 추상적이기 때문이다. 그래서 철학 저서들을 읽어도 이해가 안 될 때가 많은 것이다.

그렇다면 평가원은 이 사실을 모를까? 무책임하게 어려운 개념들을 그저 너희가 알아서 이해하라며 학생들에게 던져 줄까? 그것 또한 아닐 것이다. 평가원은 어느 정도 배려를 해 줄 것이다. 변별하려다가 아무도 이해하지 못하는 상황을 만들지 않기 위해서. 한번 생각해 보자. 평균적인 고등학교 3학년 중 철학 원전을 읽고 온전히 이해할 수 있는 사람이 얼마나 되겠는가? 아주 드물 것이다. 평가원의 배려는 분명 이해에 도움을 주는 방향일 것이다. 그렇다면 이해에 도움을 줄 수 있는 행위에 대해 생각해 보자.

우리 앞에 다섯 살배기 어린 동생이 있다고 가정하자. 우리는 이제 2와 3을 더하면 5라는 것을 동생에게 이해시켜야만 한다. 어떻게 할 것인가? 가장 쉬운 방법으로는 사탕 두 개와 세 개를 합쳐서 다섯 개가 되는 것을 보여주는 것을 생각할 수 있을 것이다. 그런데 만약 동생이 둘과 셋은 음성 언어로 많이 표현해 보아 아는데, 2와 3이라는 문자를 모른다면 어떻게 할까? 우리는 둘과 2, 셋과 3을 짝지어 줄 것이다. 동생이 알고 있는 단어들로 바꾸어 알려 줄 것이다.

이제 우리가 앞서 사용한 설명의 방식이 무엇인지 생각해 보자. 앞은 예시이고, 뒤는 동어반복이다. 두 개념 모두 충분히 사용될 수 있으나, 조금 더 힘을 싣고 싶은 설명의 방식은 동어반복이다. 예시는 추상성에서 구체성으로 넘어가는 순간 포착할 수 있지만, 동어반복의 경우 추상의 영역에 머무르면서도 내가 이미 알고 있는 언어들을 엮고 이어 이해가 가능하게 만든다는 점에서 매력적이면서, 난이도를 적절히 조절할 수 있기 때문이다. 따라서 평가원은 우리에게 어려운 개념들을 어느 정도의 동어반복을 통하여 전달해 줄 것이다. 이제 우리가 고민해야 하는 것은 평가원이 제시한 동어반복과 변주를 잡아내는 방법이다. 역시나 무수한 연습이 필요하다.

모두에게 맞는 독법은 없다. 독법은 일률적으로 적용되지 않는다. 그러니 자신을 돌아보고, 학문과 글을 들여다보면서 자신만의 독법을 찾아나가는 것이 중요하다. 패스트리 빵처럼 연습들을 겹겹이 쌓아 독법을 계속해서 발전시켜 나가는 것이 더 중요하다. 독법에 끝은 없다. 지문을 반복적으로 보면, 몇 백 번을 보았던 지문임에도 불구하고 어제까지만 해도 보이지 않던 것이 문득 보인다. 독해는 그렇게 발전한다.

📖 문장, 행간, 문단 제대로 읽기

우선, 이 사실을 인정하자. 우리는 천재가 아니다. 만약 우리가 운좋게도 천재였다면 지문을 통째로 외워 버릴 수 있겠지만, 그런 행운은 이번 생에는 아쉽게도 찾아오지 않았다. 비문학의 경우만 하더라도 장지문 세 개와 단지문 하나를 읽고 주어진 시간 안에 문제를 풀어내야 하는데, 그 시간 동안 모든 것을 이해하거나 기억하기란 매우 어려운 일이다. 그래서 지문을 읽을 때 우리는 선택과 집중을 해야 한다. 글의 중심축에 가까울수록 집중해서 읽어야 하고, 예시나 사례 혹은 열거되어 있는, 다소 중심에서 벗어나 있는 부분의 경우에는 힘을 빼고 읽어야 한다.

아래 지문을 읽기 전에, 우선 스톱워치를 꺼내 보자. 휴대전화도 좋고, 아날로그 스톱워치도 좋다. 지문을 읽을 때 시간이 얼마나 걸렸는지를 각 문단별로 기록하자.

✎ 2015학년도 대학수능능력평가

역사가 신채호는 역사를 아(我)와 비아(非我)의 투쟁 과정이라고 정의한 바 있다. 그가 무장 투쟁의 필요성을 역설한 독립운동가이기도 했다는 사실 때문에, 그의 이러한 생각은 그를 투쟁만을 강조한 강경론자처럼 비춰지게 하곤 한다. 하지만 그는 식민지 민중과 제국주의 국가에서 제국주의를 반대하는 민중 간의 연대를 지향하기도 했다. 그의 사상에서 투쟁과 연대는 모순되지 않는 요소였던 것이다. 이를 바르게 이해하기 위해서는 그의 사상의 핵심 개념인 '아'를 정확하게 이해할 필요가 있다.

신채호의 사상에서 아란 자기 본위에서 자신을 자각하는 주체인 동시에 항상 나와 상대하고 있는 존재인 비아와 마주 선 주체를 의미한다. 자

신을 자각하는 누구나 아가 될 수 있다는 상대성을 지니면서 또한 비아와의 관계 속에서 비로소 아가 생성된다는 상대성도 지닌다. 신채호는 조선 민족의 생존과 발전의 길을 모색하기 위해 『조선 상고사』를 저술하여 아의 이러한 특성을 규정했다. 그는 아의 자성(自性), 곧 '나의 나됨'은 스스로의 고유성을 유지하려는 항성(恒性)과 환경의 변화에 대응하여 적응하려는 변성(變性)이라는 두 요소로 이루어져 있다고 하였다. 아는 항성을 통해 아 자신에 대해 자각하며, 변성을 통해 비아와의 관계 속에서 자기의식을 갖게 되는 것으로 설정하였다. 그리고 자성이 시대와 환경에 따라 변화한다고 하였다.

신채호는 아를 소아와 대아로 구별하였다. 그에 따르면, 소아는 개별화된 개인적 아이며, 대아는 국가와 사회 차원의 아이다. 소아는 자성은 갖지만 상속성(相續性)과 보편성(普遍性)을 갖지 못하는 반면, 대아는 자성을 갖고 상속성과 보편성을 가질 수 있다. 여기서 상속성이란 시간적 차원에서 아의 생명력이 지속되는 것을 뜻하며, 보편성이란 공간적 차원에서 아의 영향력이 파급되는 것을 뜻한다. 상속성과 보편성은 긴밀한 관계를 가지는데, 보편성의 확보를 통해 상속성이 실현되며 상속성의 유지를 통해 보편성이 실현된다. 대아가 자성을 자각한 이후, 항성과 변성의 조화를 통해 상속성과 보편성을 실현할 수 있다. 만약 대아의 항성이 크고 변성이 작으면 환경에 순응하지 못하여 멸절(滅絶)할 것이며, 항성이 작고 변성이 크면 환경에 주체적으로 대응하지 못하여 우월한 비아에게 정복당한다고 하였다.

이러한 아의 개념을 통해 우리는 투쟁과 연대에 관한 신채호의 인식을 정확히 이해할 수 있다. 일본의 제국주의 침략에 직면하여 그는 신국민이라는 새로운 개념을 제시하고 조선민족이 신국민이 될 때 민족 생존이 가능하다고 보았다. 신국민은 상속성과 보편성을 지닌 대아로서, 역사적 주체 의식이라는 항성과 제국주의 국가에 대응하여 생긴 국가 정신이라는 변성을 갖춘 조선 민족의 근대적 대아에 해당한다. 또한 그는 일본을 중심으로 서구 열강에 대항하자는 동양주의에 반대했다. 동양주의는 비아인 일본이 아가 되어 동양을 통합하는 길이기에, 조선 민족인 아의 생존이 위협받는다고 보았기 때문이다.

식민 지배가 심화될수록 일본에 동화되는 세력이 증가하면서 신채호는 아 개념을 더욱 명료화할 필요가 있었다. 이에 그는 조선 민중을 아의 중심에 놓으면서, 아에도 일본에 동화된 '아 속의 비아'가 있고, 일본이라는 비아에도 아와 연대할 수 있는 '비아 속의 아'가 있음을 밝혔다. 민중은 비아에 동화된 자들을 제외한 조선 민족을 의미한 것이었다. 그는 조선 민중을, 민족 내부의 압제와 위선을 제거함으로써 참된 민족 생존과 번영을 달성할 수 있는 주체이자 제국주의 국가에서 제국주의를 반대하는 민중과의 연대를 통하여 부당한 폭력과 억압을 강제하는 제국주의에 함께 저항할 수 있는 주체로 보았다. 이러한 민중 연대를 통해 '인류로서 인류를 억압하지 않는' 자유를 지향했다.

문단번호	1문단	2문단	3문단	4문단	5문단
시간					
집중도					

집중도는 전체 집중도의 총량을 100으로 두고 각 문단별로 배분하여 기입하자. 그 다음 이 글의 주제가 무엇인지 생각해 보고, 어딘가에 한 줄 분량으로 써 두자.

글의 주제부터 확인해 보자. 주제란 글이 궁극적으로 전달하고자 하는 것이다. 만일 주제에 '아'나 '비아'를 적었다면 당신은 눈에 가장 잘 띄고, 매력적인 정보들을 주제로 파악하는 경향이 있다. 1문단의 마지막 문장에 '아'를 이해해야 한다는 정보가 나온 것은 맞다. 그에 따라 2문단과 3문단에 한 번에 이해하기 어려운 문장이 나왔고, '아'에 대한 정보들을 쏟아내었으며 대조와 대비를 통한 대립각을 세웠다. 정보량도 적지 않은데다 이항대립적 전개가 계속되니 당연히 이 부분들은 매력적이며 화려하다. 따라서 수동적으로 읽은 경우, 이 정보들을 처리하느라 꽤 많은 독해 체력을 써야만 했을 것이다.

마지막 문장을 확인해 보자.

"이를 바르게 이해하기 위해서는 그의 사상의 핵심 개념인 '아'를 정확하게 이해할 필요가 있다."

이 문장에서 가장 중요한 단어는 무엇일까? 어렵다면 기호나 문자를 이용하여 납작하게 평면화하는 것으로 난이도를 낮출 수 있다.

이제 이 문장은 평면화하여 "A를 위해서 B할 필요가 있다"의 꼴이 되는데, A는 목적이고, B는 수단이므로 A가 B보다 더 중요하다는 것을 바로 눈치챌 수 있을 것이다. 따라서 이 문장에서 가장 중요한 단어는 화려하게 작은따옴표가 붙은 '아'가 아니라, '이'이다. 지시어로 주어가 감추어졌으니 지시어를 따라 타고 올라가 보면, '이'는 "그의 사상에서 투쟁과 연대는 모순되지 않는 요소였던 것이다"라는 문장 전체를 가리킨다. 따라서 이 글의 주제는 신채호 사상에서의 투쟁과 연대의 공존이며, 이 주제와 가까울수록 힘을 주어 읽어야 하고, 멀수록 힘을 빼고 읽어야 한다.

확인해 보자. 2-3문단은 '아'의 성질과 구별에 대하여 이야기하고 있으며, 4문단 첫머리에서 '이러한 아의 개념을 통해 우리는 투쟁과 연대에 관한 신채호의 인식을 정확히 이해할 수 있다'라는 말로 전제에서 주제로 이행하겠다는 신호를 주었기 때문에 앞은 조금 힘을 빼고 읽더라도 뒤는 확실하게 눌러서, 천천히, 제대로 읽었어야 한다. 따라서 정확하게 읽어내었다면 독해 시간은 2-3문단보다 4-5문단이 조금 더 길었어야 하고, 설령 정보량의 차이

때문에 독해 시간이 길었다고 하더라도 4-5문단에서 의식적으로 더 집중하였어야 한다.

그러나 '아'와 '비아', '대아'와 '소아' 등의 매력적인 대립각들에 낚여 힘을 주어 읽는 것이 빈번하며, 4-5문단에 도달하면 이미 독해 체력이 얼마 남지 않은 상태이기 때문에 이것이 주제와 관련되었는지, 표지 문장인지도 구분하지 못하고 날려 읽게 된다. 덜 중요한 부분들을 더 중요하게 읽어 아까운 독해 체력을 날리고, 더 중요한 부분들을 읽지 못하는 문제가 발생한 것이다. 따라서 우리는 독해의 기준을 미리 세워 두어야만 한다. **주제와 관련하여 글의 어떤 요소를 중심으로 읽어나갈지 축을 잡고, 내가 잡은 축대로 읽어나가야 한다.**

그렇다면 지문은 어떻게 읽어야만 할까? 이 질문에 답하기 위하여 지문의 구성 요소들을 살펴보자. 하나의 지문은 여러 개의 문단으로 구성되어 있다. 그리고 하나의 문단은 여러 개의 문장으로 구성되어 있다. 따라서 우리는 문장을 읽는 법부터 알아야만 글을 읽을 수 있다.

01_문장 읽기

문장을 구성하는 요소는 문장 성분이다. 문장 성분의 중요도를 견주어 보면 다음과 같다.

서술어 > 주어 > 필수 성분 > 부속 성분

우리는 철저히 중요한 정보에 힘을 실어 읽을 것이다. 우리의 머리는 대량의 정보를 한번에 받아들이는 데 아직 익숙하지 않다. 이후 무수한 연습을 통하여 독해 체력도, 한번에 받아들일 수 있는 정보의 양도 점차 늘어나겠지만 아직은 아니다. 그렇기 때문에 문장을 읽을 때는 중요한 순서대로 읽어야 하는데, 한 가지 예외가 있다. 한국어는 왼쪽에서 오른쪽으로 읽는다. 따라서 도치가 되지 않은 정상적인 어순의 경우 주어가 맨 앞에, 서술어가 맨 뒤에 위치한다. 따라서 앞에서 만나는 것은 서술어가 아니라 주어가 먼저이다. 그러나 주어와 술어는 그 경중에는 차이가 있을지언정 궁극적으로 둘 모두 잡아야 하는 정보들이라는 점은 분명하다. 따라서 둘의 순서는 뒤바뀌어도 크게 상관이 없다.

한 번에 들어오는 문장들까지 그렇게 할 필요는 없다. 그러나 만일 문장이 너무 길거나, 안은문장과 안긴문장이 매우 많거나, 배경지식이 부족하거나 너무 낯선 단어들이 대량으로 나와 한번에 읽기 버거울 때는, 문장들을 전부 주어와 술어가 표현된 문장들로 쪼갠 후에, 안은-안긴문장의 경우 전체 문장의 주어와 술어를, 이어진 문장의 경우 각각의 주어의 술어를 찾는다. 이때 앞에서 뒤가 아니라 뒤에서 앞으로, 질문을 던지면서 읽는 것이 기본적인 방식이다.

예시를 보자.

> ✎ 2008학년도 대학수학능력평가
>
> <u>정부나 기업</u>이 사업에 투자할 때에는 현재에 투입될 비용과 미래에 발
> 주어
> 생할 이익을 비교하여 사업의 타당성을 <u>진단한다</u>.
> 술어
>
> → 주어와 술어를 찾으면 필수 성분을 생각한다.
> **무엇을?** 사업의 타당성을
> 필수 성분 이후 부속 성분을 생각한다.

어떻게? 비교하여

무엇을? 비용과 이익을

어떤 비용과 이익? 현재에 투입될 비용, 미래에 발생할 이익

언제? 사업에 투자할 때

다른 예시를 보자.

🔖 2016학년도 수능

부력은 어떤 물체에 의해서 배제된 부피만큼의 유체의 무게에 해당하는
<u>주어</u>
힘으로, 항상 중력의 반대 방향으로 작용한다.
<u>술어</u>

→ 주어와 술어 찾은 후 부속 성분 생각

어떤? → 유체의 무게

어떤? → 부피만큼의

어떤? → 어떤 물체에 의해서 배제된

그러므로 부력이 무엇인가? 하고 묻는다면 '힘' 또는 '무게'라고 답할 수 있어야

한다.

가끔 주어가 지시어이거나 없는 경우가 있다. 주어가 지시어일 경우에
는 반드시 앞으로 돌아가 그 지시어가 무엇을 지칭하는지 확인하고 치환하
여 읽어나가야 한다. 주어가 없는 경우에는 그 앞 문장을 보며 주어를 유추
해 내어야 한다. 가끔씩 지시어가 연속적으로 사용되는 경우가 있다. 혹은
두 개 이상의 대상에 대하여 이야기하는데 그 사이에 지시어가 자리잡으면
서 둘 중 무엇에 대한 이야기인지를 혼란스럽게 하는 경우도 있다. 이때 만

일 앞으로 돌아가지 않고 계속해서 지시어 자체로 읽어 간다면, 혹은 주어를 놓친다면, 마지막 문장을 읽고 나서, "알았어. 그래서 이게 무엇에 대한 글인데?"라며 정작 중요한 주제를 놓치는 참사가 일어날 수 있다.

✎ 2021학년도 수능

작은 삼각형의 조합으로 이루어진 그물과 같은 형태로 물체 표면을 표현하는 방식이다. 이 방법으로 복잡한 굴곡이 있는 표면도 정밀하게 표현할 수 있다.

→ **삼각형** 그물로 복잡한 굴곡이 있는 표면도 정밀하게 표현할 수 있다.

✎ 2023학년도 9월 모의고사

㉠**중요도**는 웹 페이지의 중요성을 값으로 나타낸 것으로 링크 분석 기법으로 측정할 수 있다. 기본적인 링크 분석 기법에서 **웹 페이지 A의 값은 A를 링크한 각 웹 페이지들로부터 받는 값**의 합이다. 이렇게 받은 **A의 값**은 A가 링크한 다른 웹 페이지들에 균등하게 나눠진다. 즉 **A의 값**이 4이고 A가 두 개의 링크를 통해 다른 웹 페이지로 연결된다면, **A의 값**은 유지되면서 두 웹 페이지에는 각각 2가 보내진다.

하지만 **두 웹 페이지가 실제로 받는 값**은 2에 댐핑 인자를 곱한 값이다. 댐핑 인자는 사용자들이 웹 페이지를 읽다가 링크를 통해 다른 웹 페이지로 이동하지 않는 비율을 반영한 값으로 1 미만의 값을 가진다. 댐핑 인자는 모든 링크에 동일하게 적용된다. 가령 그 비율이 20%이면 댐핑 인자는 0.8이고 두 웹 페이지는 A로부터 각각 1.6을 받는다. **웹 페이지로 연결된 링크를 통해 받는 값**을 모두 반영했을 때의 값이 각 웹 페이지의 중요도이다.

→ 굵게 쓰인 '값'들이 모두 **중요도**이다. 그런데 이 값을 중요도로 처음 읽어내지 못
한다면, 두 문단을 읽는 내내 자신이 중요도 계산을 하고 있다는 건 아는데 대체 이것
이 어떻게 중요도와 연관되는지에 대하여 계속 의문이 들 수 있다. 마지막 문장이 나오
기 전까지 평가원은 '중요도'라는 말을 사용하지 않았고, '값'이라는 단어로 치환하였다.
치환은 이후 한 번 더 나올 소재이지만, 지시어가 아니더라도 충분히 독해를 미궁에 빠
뜨릴 수 있는 것들 중 하나이므로 눈여겨 보아 두자.

02_문장과 문장 사이 연결하기

외따로 떨어져 있는 문장은 없다. 따라서 문장과 문장 사이를 연결하는 장
치가 필요하다. 이것은 물음과 답변의 관계이기도 하고, 구조의 관계이기도
하다. 문장과 문장은 추론을 통하여 연결된다. 문장과 문장 사이의 간격이
넓을수록 문장을 연결하기가 어렵다.

2023학년도 9월 모의고사

유류분은 피상속인의 무상 처분 행위가 없었다고 가정할 때 상속인들이
상속받을 수 있었을 이익 중 법으로 보장된 부분이다. 만약 상속인이 피상
속인의 자녀 한 명뿐이면, 상속받을 수 있었을 이익의 1/2 만 보장된다. 상
속인들이 상속받을 수 있었을 이익은 상속 개시 당시에 피상속인이 가졌
던 재산의 가치에 이미 무상 취득자에게 넘어간 재산의 가치를 더하여 산
정한다. **유류분은 상속인들이 기대했던 이익을 보호하기 위한 것이기 때문
이다.**
→ 상속인들은 무상 처분 행위가 없었을 때의 재산을 상속받기를 기대한다.
피상속인이 상속 개시 당시에 가졌던 재산으로부터 상속받은 이익이 있
는 상속인은 유류분에 해당하는 이익의 일부만 반환받을 수 있다. 유류분

에 해당하는 이익에서 이미 상속받은 이익을 뺀 값인 유류분 부족액만 반환받을 수 있기 때문이다.

유류분 부족액의 가치는 금액으로 계산되지만 항상 돈으로 반환되는 것은 아니다. 만약 무상 처분된 재산이 돈이 아니라 물건이나 주식처럼 돈 이외의 재산이라면, 처분된 재산 자체가 반환 대상이 되는 것이 원칙이다. 다만 그 재산 자체를 반환하는 것이 불가능한 때에는 무상 취득자는 돈으로 반환해야 한다. 또한 재산 자체의 반환이 가능해도 유류분권자와 무상 취득자의 합의에 의해 돈으로 반환될 수도 있다.

무상 처분된 재산이 물건이라면 유류분 반환은 어떤 형태로 이루어질까? 무상 취득자가 반환해야 할 유류분 부족액이 무상 처분된 물건의 가치보다 적다면 유류분권자는 그 물건의 가치에 상당하는 금액에서 유류분 부족액이 차지하는 비율만큼 무상 취득자로부터 반환받을 수 있다. 이로 인해 하나의 물건에 대한 소유권이 여러 명에게 나눠지는데, 이때 각자의 몫을 지분이라고 한다.

무상 처분된 물건의 시가가 변동하면 유류분 부족액을 계산할 때는 언제의 시가를 기준으로 삼아야 할까? **유류분의 취지에 비추어 상속 개시 당시의 시가를 기준으로 해야 한다.**

→ 유류분의 취지 = 상속인들이 기대했던 이익의 보호

→ 상속인들은 상속 개시 당시의 시가로 재산을 상속받기를 기대한다.

다만 그 물건의 시가 상승이 무상 취득자의 노력에서 비롯되었으면 이때는 무상 취득 당시의 시가를 기준으로 계산해야 한다.

→ 유류분의 취지에서 벗어났기 때문이다.

→ = 상속인들이 기대하지 않았기 때문이다.

→ = 상속인들은 무상 취득자의 노력을 기대하지 않는다.

> * 만일 "유류분의 취지에 비추어~"라는 부분이 조금 더 2문단과 가까이 있었다면 이 지문은 독해하기 조금 더 쉬웠을 것이다. 그러나 2문단과 멀리 있었기 때문에 문장 간 관계를 파악하기 어려웠고, 위로 올라가려는 생각을 하지 않은 이상 유류분의 취지를 생각하지 못하고 독해했을 가능성이 높다.

결국 한 문장은 다른 문장에 어떤 방식으로든 영향을 준다. 그 영향을 받은 문장의 단어에는 영향을 준 문장이 고스란히 드러나 있거나, 조금 숨겨져 있더라도 충분히 문장을 덧씌워 해석할 수 있다. 앞 문장에서 설명하고 있는 핵심을, 혹은 개념을 끌고 와 뒤의 문장까지 적용해내는 것이 문장과 문장 사이의 간격을 뛰어넘는 방법이다.

03_미시독해 - 날을 세워 행간을 읽어낼 것

사람과의 관계에 비언어적/반언어적 표현이 있다면, 글에는 행간이 있다. 말하지 않아도 눈치껏 알아채야 할 때가 있는 것처럼, 글의 행간도 읽어낼 줄 알아야 한다. 행간을 읽어내는 것은 명시적으로 나타나 있지 않은 정보들을 더듬어 가늠하는 작업이다. 예민하게 읽는 것으로부터 시작되는 미시독해는 단어의 특성에서 기인되며 단어를 단순히 읽는 것이 아니라 단어를 해부하는 작업이다. 아래 지문들을 보자.

> ✎ 2008학년도 수능
>
> 이 경우 물가 상승, 투자 기회, 불확실성을 포함하는 할인의 요인을 고려하여 **미래의 가치**를 **현재의 가치**로 환산한 후, 비용과 이익을 공정하게 비교해야 한다.
> → **환산**을 해야만 하는 이유는?

→ 그 둘이 다른 층위에 있어 비교할 수 없을 때

→ 미래의 가치와 현재의 가치가 같지 않기 때문에

→ 그런데 환산이라는 단어는 보통 정량적인, 수를 다루는 곳들에서 쓰이지 않나?

→ 그렇다면 '같지 않다'라는 말 자체가 무책임한 것

→ 미래 가치와 현재 가치 중 어느 쪽이 더 큰가?

→ 찾아서 부등식으로 표현해야겠다.

⚲ 2022학년도 6월 모의고사

자연 현상과 인간사를 인과 관계로 설명하는 동아시아의 대표적 논의는 재이론(災異論)이다.

→ 인과 관계면 원인과 결과가 나뉜다는 말인데, 무엇이 원인이고 무엇이 결과지?

→ 아무 생각 없이 읽다 보면 자연 현상이 원인이고, 인간사가 결과겠거니 하고 읽다가 그렇지 않다는 것을 지문에서 명시적으로 내어 준 덕에 알게 된다. 그러나 이 지문은 6월 평가원 지문이었다. 수능에서였다면 "원인으로서의 인간사와 결과로서의 재이"와 같은 서비스 문장은 주어지지 않았을 것이다.

한대(漢代)의 동중서는 하늘이 덕을 잃은 군주에게 재이를 내려 견책한다는 천견설과, 인간과 하늘에 공통된 음양의 기(氣)를 통해 하늘과 인간이 서로 감응한다는 천인감응론을 결합하여 재이론을 체계화하였다.

→ '덕을 잃은 군주'가 원인이고, '하늘이 재이를 내림'이 결과이므로, 인간사가 원인이고 자연 현상이 결과다.

아래 지문의 문장들은 1문단 마지막 문장임을 염두에 두고 읽어 보자.

아리스토텔레스는 이러한 자신의 견해를 "자연은 헛된 일을 하지 않는다!"라는 말로 요약한다.

→ 1문단 마지막 문장이다. 사실상 글을 시작할 때인데, 왜 사상가의 말을 '요약'하고 있는가? 요약은 글의 끝에서 하는 것 아닌가?

    → 사상가의 주장은 요약되었지만, 글은 끝나지 않았다.

    → 다른 사상가의 주장이 나오겠구나.

하지만 콰인은 가설만 가지고서 예측을 논리적으로 도출할 수 없다고 본다.

→ 보조사 '만'에 주목하자. 그렇다면 가설 말고 또 뭐가 있어야만 예측을 논리적으로 도출할 수 있다고 보는지 찾는 것이 다음 목표가 되겠다.

콰인은 분석 명제와 종합 명제로 지식을 엄격히 구분하는 대신, 경험과 직접 충돌하지 않는 중심부 지식과, 경험과 직접 충돌할 수 있는 주변부 지식을 상정한다.

→ 중심부 지식은 경험과 직접 충돌하지 않는다면, 부정어는 경험이 아니라 직접을 부정하는 것이므로, 중심부 지식은 경험과 간접적으로는 충돌하겠다.

이런 경우 갑이 사적으로 물리력을 행사하여 해결하는 것은 엄격히 금지된다.

→ 금지되는 것은 사적 물리력 행사니까, 공적 물리력 행사로 해결하는 것은 허용되겠다.

옛 국가에서 드러난 사상적 공백을 채우기 위해 새 국가의 군주는 유교에 따라 통치하도록 한다.

→ 사상적 공백이라면 사상이 아예 없었다는 소리다.

→ 따라서, 이전 국가에 사상이 존재하였다면 사상적 공백은 성립할 수 없다.

공공 부문의 수익률이 민간 부문만큼 높다면, 민간 투자가 가능한 부문에 군이 정부가 투자할 필요가 있는가 하는 문제가 제기될 수 있다.

명제로 바꾸어 보면

| 공공 부문의 수익률이 민간 부문만큼 높다면 | → | 정부가 투자할 필요가 없다. |

이고, 대우 명제를 취해 보면

| 정부가 투자한다 | → | 공공 부문의 수익률이 민간 부문만큼 높지 않다. |

이므로, 공공 부문의 수익률은 민간 부문만큼 높지 않다는 것을 알 수 있다.

아래 지문은 뭉갠 부분을 파악할 수 있는 예시다. 뭉갠 부분 파악하며 읽기는 미시독해 시 가장 많이 나오기도 하고, 가장 기초적인 독해 방식이므로, 만일 미시독해 연습을 해 보고 싶다면 이 연습을 먼저 하기를 권한다.

2019학년도 수능

정책 수단 선택의 사례로 환율과 관련된 경제 현상을 살펴보자. 외국 통화에 대한 자국 통화의 교환 비율을 의미하는 환율은 장기적으로 한 국가의 생산성과 물가 등 기초 경제 여건을 반영하는 수준으로 수렴된다.

→ '기초 경제 여건을 반영하는 수준으로 수렴'이라고 기술했다. 그러나 우리는 우선, 환율이 정량적인 수치임을 안다. 숫자로 표현될 수 있음을 안다. 그렇다면 이 '기초 경제 여건을 반영하는 수준' 또한 상승하는지, 하락하는지를 생각해 보아야 할 것 이다. 그런데 그 상승과 하락을 주지 않고, 수렴된다고만 주었다.

→ 나는 이것을 "뭉갰다"고 표현한다. 상승하는지, 하락하는지 밝히지 않은 것에는 이유가 있을 것이다. 그렇다면 대체 왜 이 정보를 의도적으로 은폐하였는가? 당연히 문제화하기 위해서이다. 그러므로 우리는 반드시 환율의 상승과 하락 여부를 알아내야만 한다.

그러나 단기적으로 환율은 이와 괴리되어 움직이는 경우가 있다.

A국 경제학자 갑은 자국의 최근 경제 상황을 다음과 같이 진단했다.

금융 시장 불안의 여파로 A국의 주식, 채권 등 금융 자산의 가격 하락에 대한 우려가 확산되면서 안전 자산으로 인식되는 B국의 채권에 대한 수요가 증가하고 있다. 이로 인해 외환 시장에서는 A국에 투자되고 있던 단기성 외국인 자금이 B국으로 유출되면서 A국의 환율이 급등하고 있다.

B국에서는 해외 자금 유입에 따른 통화량 증가로 B국의 시장 금리가 변동할 것으로 예상된다.

→ 마찬가지이다. B국의 시장 금리가 '변동할 것'이라는 말은, 시장 금리 역시 상승하거나 하락한다는 이야기인데, 변동이라는 말로 뭉개고 지나갔다. 따라서, 우리는 반드시 시장 금리가 상승하는지, 하락하는지를 파악하고 넘어가야 한다.

이에 따라 A국의 환율 급등은 향후 다소 진정될 것이다. 또한 양국 간 교역 및 금융 의존도가 높은 현실을 감안할 때, A국의 환율 상승은 수입품의 가격 상승 등에 따른 부작용을 초래할 것으로 예상되지만 한편으로는 수출이 증대되는 효과도 있다. 그러므로 정부는 시장 개입을 가능한 한 자제하고 환율이 시장 원리에 따라 자율적으로 균형 환율 수준으로 수렴되도록 두어야 한다.

→ 앞선 지문에서의 뭉갬과 동일하다. 따라서 균형 환율 수준이 어느 수준에서 결정되는지를 예민하게 파악하여야 한다.

04_문단 읽기

문단을 읽는 방법은 단순하다. 앞서 설명했던 물음 던지기와 구조들을 적절히 혼용하여 문장들이 어떻게 연결되어 있는지와 흐름을 파악하면 된다. 그러나 굳이 이 '문단 읽기'를 따로 빼 둔 까닭은, 시중의 여러 교재 해설지에서 자행되고 있는 문단별 요약이 조금은 위험할 수도 있다는 것을 일깨우기 위해서이다.

학생들은 문단별 요약을 한다. 그러면서 문단과 문단 사이에 줄을 긋고, 문단 하나를 꼼꼼히 읽고 문단별 주제를 찾는다. 요약하는 행위 자체가 나쁘다는 것이 아니다. 문단이 문단으로 엮인 이유는 분명히 존재한다. 소주제가 동일하기 때문에 그 안에서도 그룹으로 묶일 수 있었던 것이다. 그러나 문단별 요약 자체에 천착하게 될 경우, 자칫하면 문단이 글로 엮여 있는 이유를 잊게 되고, 분절된 글들에만 집착하게 된다. 이는 글 전체의 흐름을 파악하는 데 분명한 방해 요소이다. 따라서 문단별 요약을 하는 것은 좋으나, 문단과 문단이 어떤 방식으로 연결되었는지는 반드시 확인해야 한다.

05_ 문단과 문단 사이 연결하기

한 문단과 다음 문단에는 밀접한 연관이 있다. 다른 내용을 이야기하고 있어도 어떻게든 이전 문단과의 연관성이 존재한다. 문단에서 다음 문단으로 넘어가야 할 때, 우리가 맞닥뜨리는 상황은 두 가지다.

먼저, 마지막 문장이 표지 문장인 경우. 이전 문단의 마지막 문장이 다음 문단을 온전히 예측할 수 있게끔 암시하거나 명시한다면 부드러운 일반화를 통하여 작은 목표를 세운 후 그대로 읽어나간다. 이때 큰 목표는 잊지 않는 것을 원칙으로 한다. 이 큰 목표와 작은 목표 세우기는 1문단 읽기에서 조금 더 자세히 다룬다. 그러나, 마지막 문장이 표지 문장이 아닌 경우. 마지막 문장을 보고 그다음의 내용이 예측이 전혀 가지 않는 경우에는, 바로 다음 문단으로 넘어가 첫 문장을 읽은 후 다음 문단의 첫 문단과 이전 문단을 연결시킨다. 보통 이런 경우 마지막 문장을 읽을 때 자연스럽게 '그래서 뭐 어쩌라고?'라는 생각이 들게 마련이다.

정부나 기업이 사업에 투자할 때에는 현재에 투입될 비용과 미래에 발생할 이익을 비교하여 사업의 타당성을 진단한다. 이 경우 물가 상승, 투자 기회, 불확실성을 포함하는 할인의 요인을 고려하여 미래의 가치를 현재의 가치로 환산한 후, 비용과 이익을 공정하게 비교해야 한다. 이러한 환산을 가능케 해 주는 개념이 할인율이다. 할인율은 이자율과 유사하지만 역으로 적용되는 개념이라고 생각하면 된다. 현재의 이자율이 연 10%라면 올해의 10억 원은 내년에는 (1 + 0.1)을 곱한 11억 원이 되듯이, 할인율이 연 10%라면 내년의 11억 원의 현재 가치는 (1 + 0.1)로 나눈 10억 원이 된다.

→ 그래서 뭐 어쩌라고?

공공사업의 타당성을 진단할 때에는 대개 미래 세대까지 고려하는 공적 차원의 할인율을 적용하는데, 이를 사회적 할인율이라고 한다.

→ 사회적 할인율도 할인율이니까 위의 할인율 개념을 그대로 가져가겠구나. 그러니까 결국 사회적 할인율도 미래의 가치를 현재의 가치로 환산하게 만들어주는 것인데, 할인율이 높을수록 미래의 가치는 낮다고 판단되겠네.

사회적 할인율은 사회 구성원이 느끼는 할인의 요인을 정확하게 파악하여 결정하는 것이 바람직하나, 이것은 현실적으로 매우 어렵다. 그래서 시장 이자율이나 민간 자본의 수익률을 사회적 할인율로 적용하자는 주장이 제기된다.

📖 비문학의 꽃, 치환

치환은 비문학의 꽃이자 종점이라고 할 수 있다. 치환을 잘 하는 것이 국어를 잘하는 것이고, 글을 잘 읽는 것이고, 문제를 잘 푸는 것이다.

앞에서 1문단을 읽고, 전체 주제와 가닥을 잡아 내려간다면, 그 내려가는 과정에서 앞의 정보와 뒤의 정보를 계속해서 엮어 주면서 하나로 만들어 주는 작업이 치환이다. 앞에서 아무리 물줄기를 잘 터 줬어도 이 작업에 미숙하면 정보들은 산개되어 하나로 뭉칠 수 없다. 게다가 선지의 구성 원리도 절반 이상이 치환이다. 이 정보를 선지의 문장으로 치환할 수 있느냐에 대한 물음이다.

치환은 이전 정보와 다음 정보의 연결 가능성을 가늠하는 것으로부터 시작한다. 다시 말하여, 앞의 정보를 뒤로 끌고 내려올 수 있는 힘으로부터 시작된다. 계속해서 습관적으로 앞의 정보를 끌고 내려오겠다고 생각해야 한다.

✎ 2010학년도 LEET

화학과 물리학은 어떤 관계에 있고, 양자의 관계는 두 학문의 발전에 어떤 영향을 미치나?

→ 가장 첫 문장이다. 큰 줄기가 화학과 물리학이고, 1) 어떤 관계, 2) 두 학문의 발전으로 라벨링해 둘 수 있겠다. 그러니까 전체적으로 목표는 잡힌 셈이다. 그런데 조금 더 생각해 보자. 화학과 물리학이 문자 그대로 나올까? 사실 그렇지 않을 가능성이 높다. 우선, 화학이라는 단어와 물리학이라는 단어가 너무 크고 추상적이다. 그 안에서도 분파가 많을 텐데, 이것을 계속 끌고 가는 것은 경제적으로도 손해이다. 그렇다면, 화학을 대신할 무언가, 그리고 물리학을 대신할 무언가가 나올 것이다. 이 무언가는 대강 어림잡으면, 화학의 일부, 그리고 물리학의 일부일 것이다.

→ 물론 이렇게 단어를 보고 미시독해를 해서 치환어를 잡아내기까지에는 어느 정

도의 경험이 필요하다. 그러나, 반드시 필요한 과정이다. 치환이 자유자재로 될 수 있다면, 글을 읽는 것이 훨씬 편하다.

→ 지금부터 화학의 치환어들은 작은따옴표(' ')로, 물리학의 치환어들은 홑화살괄호(〈 〉)로 표시하면서 내려가겠다.

두 학문은 오랫동안 따로따로 발달했지만 100년 전쯤부터 급속히 서로 가까워졌다. 첫 접촉 지점은 분광 스펙트럼이었다. **'스펙트럼 분석법'**은 1870년대부터 화학자들에게 유용한 도구였다. 미량의 시료만 있어도 **'분광 스펙트럼에'** 나타나는 색 띠들의 패턴이 거기 어떤 물질들이 포함되어 있는지 어김없이 알려주었기 때문이다. 그러나 **'왜 그런 색 띠들이 나타나고 그 패턴이 원소마다 고유한지'** 화학자들은 설명하지 못했다.

→ 화학자들의 문제이다.

그런데 〈**원자의 구조**〉와 씨름하던 물리학자들이 이 선들이 〈**원자 안의 전자들이 방출하는 전자기파에 의한 것임**〉을 알아냈고, 원소마다 고유한 전자 배치가 **'스펙트럼의 고유한 패턴의 근거'**라는 설명을 제공해 주었다.

→ '이제 우리는, 물리학자들이 물리학을 통해 화학 현상을 설명하였다.'로 치환하여 읽을 수 있다. 이것이 '1) 화학과 물리학의 관계'에 대한 내용이다.

1913년 〈**물리학자 보어는 원자 이론**〉을 토대로 **'수소 원자의 스펙트럼'**을 거의 정확히 설명해 냈다.

→ '물리학은 화학 현상을 거의 정확히 설명해 냈다'로 치환하여 읽을 수 있다.

→ 여기에서 하나 짚고 넘어가야 할 것이 있다. 이과생들이 "보어"를 보고 화학이라고 오판하는 사례가 심지어 자주 있다. 이것은 보어가 화학 교과서에 나오는 사람이기 때문인데, 이는 자의적 해석이다. 보어는 실제로도 물리학자였고, 그 사실은 이 지문에서까지 나온다. 자신의 배경지식을 스위치 끄듯 조절할 수 있는 것도 중요하다. 만일

이 보어를 화학으로 치환하면, 화학을 토대로 화학을 설명한 것이기 때문에 사실상 너무 당연해 굳이 지면에서 이야기할 가치가 없고, 1)에서 우리가 찾고 있던 화학과 물리학의 관계라는 프레임에도 어긋난다.

그의 이론은 수소 이외에 다른 원소의 스펙트럼에 대해서는 눈감아 줄 수 없는 오차를 낳았지만, 그런 이유로 인해 폐기된 것이 아니라 오히려 더 많은 원소들의 스펙트럼을 설명할 수 있는 세련된 이론의 형성을 촉발하여 현대 물리학의 중심 이론인 〈양자역학〉의 발달에 초석이 되었다.

이처럼 '한 분야'가 필요로 하는 이론이나 방법론을 〈다른 분야〉가 제공할 때 두 분야 간에는 일종의 비대칭적 의존 관계가 형성되는데, 화학과 물리학 사이에는 광범위하게 이런 의존의 관계가 있는 것처럼 보인다.

→ 한 분야와 다른 분야로 대응시키지 않고 뭉갰다. 이 말은 화학과 물리학을 우리가 일대일 대응시켜 보라는 소리이다. 여기에서는 화학과 물리학을 순서대로 줬지만, 최근 기출인 재이론 지문을 다루었던 것처럼 일부러 순서를 바꾸어 줄 수도 있으니 유의해서 대응시켜야 한다.

이 때문에 적지 않은 이들이 '화학'은 〈물리학〉으로 환원 가능하다고 주장한다. '전자'의 설명력을 〈후자〉로 흡수 통합시킬 수 있다는 얘기다. 이런 주장이 정당화되려면 '화학적 문제'가 요구하는 설명과 예측을 〈물리학〉이 빠짐없이 제공할 수 있어야 할 것이다.

→ 여기에서 간단히 표지 문장을 보고 생각하자.

→ 주장이 '정당화되려면'이라고 했다. 그렇다면 이 주장이 정당화될 수 있는지 아닌지에 대한 내용이 다음에 나올 것이다(어렵다면 가능하다, 가능하지 않다라는 단어를 직접적으로 주지 않을 것이다.). 그렇다면 우리가 확인해야 할 것은 화학과 물리학을 구분하고, 이 문장의 핵심 단어인 "빠짐없이"가 들어맞는지에 대한 여부이다. 하나라도 불가능하다면 정당화되지 못한다는 결론을 내리면 된다.

최근 화학에는 **'양자화학'**이라는 분야가 발달해 **'화학적 현상'**을 현대 물리학의 핵심 이론인 〈양자역학〉의 기반으로 환원시켜 다루는 프로그램을 실행하고 있다.

→ '화학을 물리학으로 환원시키는 프로그램을 실행하고 있다.'라고 치환할 수 있다.

'양자화학'은 〈양자역학의 도구인 슈뢰딩거 방정식〉을 써서 분자 내 전자들의 정밀한 배치 구조를 계산한다. 양자화학에서 **'순이론적 방법'**은 주어진 계(system)에 대한 슈뢰딩거 방정식을 세우고 그 해를 구한 뒤에 그것을 **'화학적 문제'**에 적용하려 한다.

→ 화학에서의 방법론은, '물리학을 이용한 화학적 문제의 적용이다.'라고 치환할 수 있다.

예컨대 수소 원자의 경우 슈뢰딩거 방정식은 다음과 같은 형태를 띤다. **〈다른 경우에도 그 계의 퍼텐셜 에너지를 고려하여 슈뢰딩거 방정식을 세우고 그 방정식을 풀어 파동함수를 구하면 그것을 가지고 과학자는 계의 상태에 대한 여러 가지 계산을 해낼 수 있다.〉**

그러나 〈슈뢰딩거 방정식을 풀어 해를 구할 수 있는 것〉은 기껏해야 원자핵과 전자 한 개로 구성된 수소 원자의 경우뿐이다.

→ 물리학으로 문제를 해결할 수 있는 것은 기껏해야 한 가지 케이스일 뿐이다.

→ 다시 말해, 물리학은 화학이 요구하는 설명과 예측을 "빠짐없이" 제공할 수 없다.

→ 따라서, 환원이 불가능하다.

헬륨 원자나 수소 분자까지 포함해서 **'화학자들이 관심을 갖는'** 사실상 모든 경우에 〈슈뢰딩거 방정식의 정확한 해는 구할 수 없다.〉

→ 화학의 모든 설명과 예측을 물리학은 제공 하는 것이 불가능하다.

이런 경우 해의 근사적 형태를 구하지만, 아주 비슷한 것이라도 **'진짜 그것'**은 아니다. 환원의 장애물은 이뿐만이 아니다. 수소 원자의 경우라도 외부 자기장의 영향이 있으면 정확한 해를 구할 수 없다. 이 때문에 **양자 화학**에서는 근사와 보정의 기법을 적극 활용하는 **'보정된 방법'**이 많이 쓰인다. 이러한 **'근사의 기법'**은 〈**양자역학의 수학적 기법의 발달**〉에도 영향을 미쳤다.

→ 화학의 기법은 물리학에도 영향을 미친다.

→ 앞쪽에서는 "빠짐없이"에 태클을 걸었다면, 여기에서는 발전 방향이 반대로도 일어날 수 있다는 데 집중한다.

"보정된 방법"에서는 '실험에서 옳다고 판명된 해를 문제 상황의 이론적 접근'에 활용한다. 〈파동함수 ψ 가 취할 수 있는 여러 형태 가운데 하나를 택할 때나 근사의 세부 방식을 정할 때〉, 화학자들은 '이미 확보된 경험적 자료의 관점'에서 가장 그럴 듯한 것을 택한다.

→ 화학의 결과를 물리학 이론에 대입한다.

또 그러한 시도 끝에 얻은 '화학 실험의 결과'는 다시 〈**이론 쪽에 투입되어 처음에 놓았던 이론적 가정을 수정하는 데 쓰인다.**〉

→ 화학의 결과를 물리학 이론에 대입한다.

'화학자'들은 이 과정을 반복하면서 〈**출발점에 놓을 이론**〉을 수정해 간다. 이는 〈**환원하는 이론**〉이 **'환원될 대상인 화학의 방식으로 산출된 자료'**에 의지할 수밖에 없음을 뜻하고, 이로써 양자화학에서 의도된 환원은 성립하지 않는다는 사실이 다시 한 번 드러난다.

→ 물리학이 화학에 의지할 수밖에 없음을 뜻한다.

그러나 '**분광 스펙트럼**'과 〈**원자 이론**〉의 관계에서와 마찬가지로 이 경우에도 현재의 환원 가능성만이 의미 있는 것은 아니다. 오히려 불완전한 환원을 완성하려고 애쓰는 과정에서 〈**환원의 토대가 되는 이론**〉과 그것으로부터 '**설명을 제공받는 이론**'이 모두 발전의 계기를 얻는다. 분야 간의 환원 가능성을 둘러싼 토론은 현재 상태에서 환원이 성공하는가의 여부가 아니라 두 분야의 발전 방향을 지시한다는 역동성의 관점에서 중요하다.

→ 이 관계가 두 분야에 상호 발전적 관계를 제공한다.

🖋 2023학년도 6월 모의고사

순자의 학문을 계승한 그는 한 고조의 치국 계책 요구에 부응해 『신어』를 저술하였다. 이 책을 통해 그는 진의 단명 원인을 가혹한 형벌의 남용, 법률에만 의거한 통치, 군주의 교만과 사치, 그리고 현명하지 못한 인재 등용 등으로 지적하고, 진의 사상 통제가 낳은 폐해를 거론하며 한 고조에게 지식과 학문이 중요함을 설득 하고자 하였다. 그에게 지식의 핵심은 현실 정치에 도움을 주는 역사 지식이었다. 그는 역사를 관통하는 자연의 이치에 따라 천문 · 지리 · 인사 등 천하의 모든 일을 포괄한다는 ㉠통물(統物)과, 역사 변화 과정에 대한 통찰로서 상황에 맞는 조치를 취하고 기존 규정을 고수하지 않는다는 ㉡통변(通變)을 제시하였다. 통물과 통변이 정치의 세계에 드러나는 것이 ㉢인의(仁義)라고 파악한 그는 힘에 의한 권력 창출을 긍정하면서도 권력의 유지와 확장을 위한 왕도 정치를 제안하며 인의의 실현을 위해 유교 이념과 현실 정치의 결합을 시도하였다.

→ ㉠의 특징은 자연의 포괄성과 보편성, ㉡의 특징은 융통성과 유연성이다.

→ ㉢의 경우 ㉠과 ㉡이 정치에 드러나는 것을 뜻한다.

인의가 실현되는 정치를 위해 육가는 유교의 범위를 벗어나지 않는 한에서 타 사상을 수용하였다. 예와 질서를 중시하며 교화의 정치를 강조하는 유교를 중심으로 도가의 무위와 법가의 권세를 끌어들였다. 그에게 무위는 형벌을 가벼이 하고 군주의 수양을 강조하는 것으로 평온한 통치의 결과를 의미했고, 권세도 현명한 신하의 임용을 통해 정치권력의 안정을 도모하는 방향성을 가진 것이었기에 원래의 그것과는 차별된 것이었다.

　　육가의 사상은 **과도한 융통성**으로 사상적 정체성이 문제가 되기도 했지만,

　→ ⓒ 융통성과 관련이 있으므로, 통변으로 치환해 볼 수 있다.

　　군주의 정치 행위에 따라 **천명이 결정됨**을 지적하고

　→ ㉠ 천명은 기출에서 꽤 많이 나왔던 배경지식이며, 하늘에서 내려오는 것이므로 자연과 연관이 있다. 따라서 통물로 치환해 볼 수 있다.

　　인의의 실현을 강조한 통합의 사상이었다.

　→ ⓒ 인의는 그대로 나왔으므로 끌고 내려간다.

　　그의 사상은 한 무제 이후 유교 독존의 시대를 여는 데 기여하였다.

📖 글을 효율적으로 읽어내는 독해의 기술

01_ 1문단의 위상

　학생들은 1문단을 경시한다. 이유는 다양하다. 첫 문단이기 때문에 자꾸 튕겨나가기도 하고, 그렇게 중요하지 않다는 인식 또한 존재하며, 실제로도 1문단에서는 문제가 자주 출제되지 않았기 때문이다. 그러나 평가원이 1문

단을 잘 읽어야만 풀 수 있는 문제를 낸다는 것은 차치하고서라도, 1문단은 독해 전반에 있어 매우 중요하다. 우리가 외딴 미로 속에 갇혀 그 미로를 빠져나가야 한다고 생각해 보자. 아무런 정보도 없이 미로를 더듬고, 시행착오를 겪으며 여기가 길이 아니니 저기가 길이겠거니 하면서 빠져나가는 것이 쉬울까, 아니면 걸음을 옮기기 직전 주운 종이 하나에 적힌 대략적이고 전체적인 미로의 약도를 보고 그것들을 기억하면서 빠져나가는 것이 쉬울까?

일반적으로 1문단은 주제 혹은 핵심 개념의 정의문과 함께 지문의 전반적인 방향성을 제시하는 역할을 한다. 다만, 주의할 점이 있다. 본인이 예측한 전개 방식은 그야말로 조금 더 높은 확률일 뿐이다. 예측이 백 퍼센트 맞는 경우는 없다. 그저 이렇게 전개될 가능성이 높겠구나 하고 추측하는 정도에 불과하다. 그것이 맞아떨어지는 경우에는 매우 큰 위력을 발휘하지만, 아닌 경우에는 마음가짐에 따라 오히려 독이 될 수도 있다.

가장 위험한 경우는 예측을 확신으로 받아들일 때다. 예측이 빗나가고, 새로운 주제가 펼쳐졌을 때, 본인의 예측과 달라 당황하여 읽어내는 방식들을 전부 새하얗게 잊어버리고 어쩔 줄 몰라하는 경우이다. 이 확신은 과거의 나를 믿는 확신과는 다르다. 불변의 확신은 수능에 있어 어떤 경우에도 독이다. 만약 글의 전개가 자신이 1문단을 읽었을 때의 예측과 다르게 흘러가면, 오히려 배울 수 있는 기회로 삼는 것이 좋다. 이렇게 예측했는데 저렇게도 전개되네, 표지 문장을 이렇게도 비틀 수 있구나, 앞으로 또 이런 경우는 어떤 경우가 있을까? 그리고 1문단 예측이 어긋난다고 해서, 표지 문장이 더 이상 없는 것도 아니다. 그럴 때는 1문단이 아닌, 다른 미시적인 표지 문장들을 잡으며 읽어 나가면 된다. 언제나 항상 최악을 대비해야 한다.

이제 1문단을 읽고, 지문의 전개 방식을 예측하는 방식을 알아보자.

사무실의 방충망이 낡아서 파손되었다면 세입자와 사무실을 빌려 준 건물주 중 누가 고쳐야 할까?

→ 질문이다. 질문을 했으면 반드시 답이 나와야만 한다.

이 경우, 민법전의 법조문에 의하면 임대인인 건물주가 수선할 의무를 진다. 그러나 사무실을 빌릴 때, 간단한 파손은 세입자가 스스로 해결한다는 내용을 계약서에 포함하는 경우도 있다.

→ 두 번째 문장을 읽을 때까지는 답인 줄 알았는데, 세 번째 문장을 읽고 나서는 상황에 따라 다르다는 것을 파악할 수 있다. 그렇다면 여전히 질문에 대한 답은 미지수이다. 여전히 우리의 목표는 질문에 대한 답을 찾는 것이다.

이처럼 법률의 규정과 계약의 내용이 어긋날 때 어떤 것이 우선 적용되어야 하는가, 법적 불이익은 없는가 등의 문제가 발생한다.

→ 마지막 문장이 표지 문장이다. 세 번째 문장을 일반화한 것이 네 번째 문장의 조건임을 알 수 있다. 그런데, 이쯤 되어서 궁금증이 생겨야 한다. 그렇다면 법률의 규정과 계약의 내용이 어긋나지 않을 때는? 조금만 생각해 보면 우선 적용될 것이 없으니 문제될 것도 없다는 것을 생각할 수 있다. 지문에서 조금만 더 명시적으로 나왔으면 좋겠다.

→ 문제점이 두 가지가 제시된다. ① 법률의 규정과 계약의 내용 중 무엇을 우선 적용하는가? ② 법적 불이익은 없는가? 여기까지가 1문단이라면, 그 다음 문단에서는 이 문제를 해결해 줄 것이다. 따라서, 우리가 전체 지문을 파악할 때 잡아야 할 축은 다음과 같다.

문단번호	① 법률 규정 vs 계약 내용	② 법적 불이익 여부
법률 규정 = 계약 내용		

법률 규정 ≠ 계약 내용		

🖊 2023학년도 6월 모의고사

전국 시대의 혼란을 종식한 진(秦)은 분서갱유를 단행하며 사상 통제를 기도했다.

→ 시간 표지다. 전국 시대가 진의 전 시대인 것까지 알겠다.

→ 분서갱유는 책을 태웠던 사건이다. 평가원이 이에 대해서 부연설명을 해 주지 않았으니, 이 정도는 사실상 배경지식으로 보는 것이 타당하다.

→ 분서갱유에 학문, 사상 통제에 사상을 할당하고 내려간다.

당시 권력자였던 이사(李斯)에게 역사지식은 전통만 따지는 허언이었고, 학문은 법과 제도에 대해 논란을 일으키는 원인에 불과했다. 이에 따라 전국 시대의 『순자』처럼 다른 사상을 비판적으로 흡수하여 통합 학문의 틀을 보여 준 분위기는 일시적으로 약화되었다.

→ 전국 시대에 통합 학문의 기틀이 있었음을 알 수 있다. 그런데 여기에서 유의하여 읽어 볼 것은, '일시적으로'라는 부분이다. 그렇다면 일시적으로 진대에 약화되었지만, 그 이후에는 다시 강화되었다는 뜻이다. 그러니 우리는 통합 학문이 이후에 나올 수도 있을 거라고 생각할 수 있다.

이에 한(漢) 초기 사상가들의 과제는 진의 멸망 원인을 분석하고 이에 기초한 안정적 통치 방안을 제시하며, 힘의 지배를 숭상하던 당시 지배 세력의 태도를 극복하는 것이었다. 이러한 과제에 부응한 대표적 사상가는 육가(陸賈)였다.

→ 한이라는 새로운 시간 표지가 나왔다. 게다가 진의 멸망이 나왔으니, 수직선에 전국 시대 - 진 - 한이라고 시간 순으로 세워 둘 수 있겠다.

→ 과제가 세 가지고, 이 과제에 부응한 사상가의 이름을 소개하고 끝났으니, 라벨링을 해야겠다. 분명히 아래에서는 이 과제들을 하나하나 흩어서 설명할 것이다. ① 진의 멸망 원인 분석, ② 이에 기초한 안정적 통치 방안 제시, ③ 힘의 지배를 숭상하던 당시 지배 세력의 태도 극복

→ 앞에서 '일시적'이라는 단어를 잡았다면, 그렇다면 한 대에는 어느 정도 통합 학문적인 면모를 보였음을 예측할 수 있다.

혈액은 세포에 필요한 물질을 공급하고 노폐물을 제거한다. 만약 혈관 벽이 손상되어 출혈이 생기면 손상 부위의 혈액이 응고되어 혈액 손실을 막아야 한다.

→ 혈액의 기능과 중요성이다. 응고라는 개념을 잡고 가면 되겠다.

혈액 응고는 섬유소 단백질인 피브린이 모여 형성된 섬유소 그물이 혈소판이 응집된 혈소판 마개와 뭉쳐 혈병이라는 덩어리를 만드는 현상이다.

→ 한 문장이지만 생각보다 많은 정보를 담고 있다. 응고 과정이 응축되어 있으니 그림을 한쪽에 그려 두자.

$$\Sigma \text{ 피브린} \rightarrow \text{섬유소 그물}$$
$$+ \qquad\qquad = \text{혈청}$$
$$\Sigma \text{ 혈소판} \rightarrow \text{혈소판 마개}$$

혈액 응고는 혈관 속에서도 일어나는데, 이때의 혈병을 혈전이라 한다. 이물질이 쌓여 동맥 내벽이 두꺼워지는 동맥 경화가 일어나면 그 부위에

혈전 침착, 혈류 감소 등이 일어나 혈관 질환이 발생하기도 한다.

→ 응고가 꼭 좋은 것만은 아니구나. 혈관 밖에서 응고되면 괜찮은데 혈관 안쪽에서 응고되면 안 된다는 거다. 그러니까 어느 정도의 중용이 필요하다는 거다.

이러한 혈액의 응고 및 원활한 순환에 비타민 K가 중요한 역할을 한다.

→ 위의 정보들과 연결지어서 읽어 보면, 응고는 혈관 바깥에서, 원활한 순환은 혈관 안쪽에서 필요하겠다. 그런데 응고 과정은 이미 정리해 뒀는데 K가 어디에 끼어들지가 문제고, 순환은 아예 새로운 과정이 하나 등장할 수도 있겠다. 하나하나가 정보량이 많을 테니까 큰 갈래가 둘로 나누어진다는 것 잊지 말고 내려가고, 중간에 응고와 순환이 바뀔 때 줄을 한 번 쳐 두는 것도 좋겠다.

지금부터는 조금 특수하거나, 제재들의 특성을 이용한 1문단 독해를 진행한다.

✎ 2021학년도 9월 모의고사

질병을 유발하는 병원체에는 세균, 진균, 바이러스 등이 있다.

→ 열거다. 그런데 과학 지문이니까 일단은 한번 지켜보겠다.

생명체의 기본 구조에 속하는 세포막은 지질을 주성분으로 하는 이중층이다. 세균과 진균은 일반적으로 세포막 바깥 부분에 세포벽이 있고, 바이러스의 표면은 세포막 대신 캡시드라고 부르는 단백질로 이루어져 있다. 바이러스의 종류에 따라 캡시드 외부가 지질을 주성분으로 하는 피막으로 덮인 경우도 있다. 한편 진균과 일부 세균은 다른 병원체에 비해 건조, 열, 화학 물질에 저항성이 강한 포자를 만든다.

→ 구조다. 생물 지문이라서 정리하는 게 맞을 것 같은데, 아직은 특별히 보이는 분

류 기준이 없다. 구조만 간단하게 정리하거나 그려 두고 내려가자.

→ 여기까지가 1문단이다. 1문단에서 전체적인 방향성을 잡지 못했으면, 전제라고 생각하는 것이 마음 편하다. 2문단에서 방향성을 내어 줄 것이므로 걱정하지 않고 읽는다.

생활 환경에서 병원체의 수를 억제하고 전염병을 예방하기 위한 목적으로 사용하는 방역용 화학 물질을 '항(抗)미생물 화학제'라 한다.

→ 정의문이다. 그러면 항미생물 화학제가 어떻게 병원체의 수를 억제하고 전염병을 예방하는가? 과정 혹은 기제가 궁금하다.

항미생물 화학제는 다양한 병원체가 공통으로 갖는 구조를 구성하는 성분들에 화학 작용을 일으키므로 광범위한 살균 효과가 있다. 그러나 병원체의 구조와 성분은 병원체의 종류에 따라 완전히 같지는 않으므로, 동일한 항미생물 화학제라도 그 살균 효과는 다를 수 있다.

→ 이 문단을 읽고 나서 1문단으로 다시 올라가야 한다. 항미생물 화학제의 기제가 나왔는데, 공통으로 갖는 구조를 구성하는 성분을 언급했다. 여기에서 중요한 것은 '구조'와 '성분'이다. 게다가 다음 문장에서 공통적인 구조뿐만 아니라 구조의 차이점 또한 읽어내야 하는 부분임을 제시하고 있다.

→ 따라서, 1문단으로 올라가 세 가지 병원체의 '구조'를 '성분'과 함께 정리하며, 앞으로 읽어나갈 때도 구조와 성분에 날을 세워 읽어야 하겠다.

2018학년도 수능

정부는 국민 생활에 영향을 미치는 활동의 총체인 정책의 목표를 효과적으로 달성하기 위해 정책 수단의 특성을 고려하여 정책을 수행한다.

→ 정부, 정책, 정책 수단, 정책 수단의 특성 정도로 범위가 좁아지면서 이야기하고 있는데, 이 중 무엇이 큰 줄기인지는 잘 모르겠다. 내려가 보자.

정책 수단은 강제성, 직접성, 자동성, 가시성의 네 가지 측면에서 다양한 특성을 갖는다.

→ 우선, 정책 수단의 특성이 열거되어 있다. 생각해 보자. 깊은 것이 특징인 경제나 법 지문에서, 넓은 지문들에서 나타나는 열거를 주제로 잡을 이유가 있는가? 아닌 것 같다. 그런데 심증만으로는 이것들을 완벽하게 판단할 수 없다. 따라서 2문단으로 넘어간다. 만일 열거된 이 특성들이 정말로 주제라면 글 전체에서 이야기하고 있을 것이고, 2문단 또한 특성 중 하나로 시작될 것이다. 그런데 2문단의 첫 문장은 "정책 수단 선택의 사례로 환율과 관련된 경제 현상을 살펴보자."이다. 따라서 정책 수단의 특성이 아닌 정책 수단이 큰 줄기이고, 이 열거된 특성들은 문제에서 나오기는 하겠지만 정보량이 많고 중요도가 떨어지므로 인덱싱해 두고 가볍게 읽고 넘어갈 것이다. 만일 문제에서 나오면 그 때 다시 돌아오면 된다.

→ 인덱싱은 여기부터 시작한다. 인덱싱한 부분은 꺾쇠(「, 」)로 표기하겠다.

「강제성은 정부가 개인이나 집단의 행위를 제한하는 정도로서, 유해 식품 판매 규제는 강제성이 높다. 직접성은 정부가 공공 활동의 수행과 재원 조달에 직접 관여하는 정도를 의미한다. 정부가 정책을 직접 수행하지 않고 민간에 위탁하여 수행하게 하는 것은 직접성이 낮다. 자동성은 정책을 수행하기 위해 별도의 행정 기구를 설립하지 않고 기존의 조직을 활용하는 정도를 말한다. 전기 자동차 보조금 제도를 기존의 시청 환경과에서 시행하는 것은 자동성이 높다. 가시성은 예산 수립 과정에서 정책을 수행하기 위한 재원이 명시적으로 드러나는 정도이다. 일반적으로 사회 규제의 정도를 조절하는 것은 예산 지출을 수반하지 않으므로 가시성이 낮다.」

→ 1문단 끝, 정책 수단의 특성에 대한 열거가 끝날 때 인덱싱을 끝낸다.

정책 수단 선택의 사례로 환율과 관련된 경제 현상을 살펴보자. (후략)

열거가 나왔을 때, 메인으로 읽어야 하는 지문도 살펴보자. 이 지문은 2문단부터 발췌해 왔으나, 열거 대처 방식에 초점을 두고 읽어 보자.

> ✎ 2018학년도 수능
>
> 송신기에서는 소스 부호화, 채널 부호화, 선 부호화를 거쳐 기호를 부호로 변환한다.
>
> → 부호화의 세 종류가 열거되고 있다. 그러나 이 지문은 과학/기술 지문이기 때문에 열거 또한 주 전개 방식이 될 가능성이 높다. 같은 방식으로 2문단 첫 문장을 확인해 보자.
>
> "채널 부호화는 오류를 검출하고 정정하기 위하여 부호에 잉여 정보를 추가하는 과정이다."
>
> 채널 부호화가 나왔다. 이는 열거된 세 가지 부호화 중 하나에 해당하는 것으로, 이때는 열거된 사항들을 인덱싱하면 안 된다. 인덱싱을 하는 이유는 선택과 집중을 하기 위해서이다. 메인을 선택하고, 메인에 집중하기 위해서인데 정보량이 많다는 이유로 메인임에도 불구하고 인덱싱을 하고 넘어가면 글 독해가 불가능하다.
>
> 소스 부호화는 데이터를 압축하기 위해 기호를 0과 1로 이루어진 부호로 변환하는 과정이다. 어떤 기호가 110과 같은 부호로 변환되었을 때 0 또는 1을 비트라고 하며 이 부호의 비트 수는 3이다. 이때 기호 집합의 엔트로피는 기호 집합에 있는 기호를 부호로 표현하는 데 필요한 평균 비트 수의 최솟값이다. 전송된 부호를 수신기에서 원래의 기호로 복원하려면 부호들의 평균 비트 수가 기호 집합의 엔트로피보다 크거나 같아야 한다. 기호 집합을 엔트로피에 최대한 가까운 평균 비트 수를 갖는 부호들로 변환하는 것을 엔트로피 부호화라 한다. 그중 하나인 '허프만 부호화'에서는 발생 확률이 높은 기호에는 비트 수가 적은 부호를, 발생 확률이 낮은 기호에는 비트 수가 많은 부호를 할당한다.
>
> 채널 부호화는 오류를 검출하고 정정하기 위하여 부호에 잉여 정보를

추가하는 과정이다.

🖋 2016학년도 수능

변론술을 가르치는 프로타고라스(P)에게 에우아틀로스(E)가 제안하였다. "제가 처음으로 승소하면 그때 수강료를 내겠습니다." P는 이를 받아들였다. 그런데 E는 모든 과정을 수강하고 나서도 소송을 할 기미를 보이지 않았고 그러자 P가 E를 상대로 소송하였다. P는 주장하였다. "내가 승소하면 판결에 따라 수강료를 받게 되고, 내가 지면 자네는 계약에 따라 수강료를 내야 하네." E도 맞섰다. "제가 승소하면 수강료를 내지 않게 되고 제가 지더라도 계약에 따라 수강료를 내지 않아도 됩니다."

→ 첫 문단이 전부 사례이다. 두 사람의 관계에 대한 사례이기 때문에 P와 E의 관계를 도식화하여 정리한다.

지금까지도 이 사례는 풀기 어려운 논리 난제로 거론된다. 다만 법률가들은 이를 해결할 수 있는 사안이라고 본다.

→ 논리학을 법학과 연관지어 설명할 예정이라는 표지 문장이다. 그리고 '이를 해결할 수 있는 사안이라고 본다'에 있어, 이 사례가 이 글의 전체 주제임을 드러내고 있다. 이때는 사례를 지문 전체에 끌고 내려가는 것이 필요하다. 반드시 앞의 내용은 뒤로 끌고 내려가 붙여 읽도록 하자.

우선, 이 사례의 계약이 수강료 지급이라는 효과를, 실현되지 않은 사건에 의존하도록 하는 계약이라는 점을 살펴야 한다.

→ 효과는 수강료 지급으로 명시가 되어 있는데, 실현되지 않은 사건은 명시되지 않았다. 그렇다면 위의 사례에서 찾아서 적고 내려간다. 실현되지 않은 사건은 'E의 승소'

이다.

　이처럼 일정한 효과의 발생이나 소멸에 제한을 덧붙이는 것을 '부관'이라 하는데, 여기에는 '기한'과 '조건'이 있다.
　→ 'E의 승소'는 부관이다. 그런데 기한과 조건으로 나뉜다고 한다면, 'E의 승소'는 어디에 해당하는가?

　효과의 발생이나 소멸이 장래에 확실히 발생할 사실에 의존하도록 하는 것을 기한이라 한다. 반면 장래에 일어날 수도 있는 사실에 의존하도록 하는 것은 조건이다.
　→ 따라서, 'E의 승소'는 일어날 수도 있는 사실이므로 조건이다.

　그리고 조건이 실현되었을 때 효과를 발생시키면 '정지 조건', 소멸시키면 '해제 조건'이라 부른다.
　→ 'E의 승소'가 실현되었을 때, '수강료 지급'이라는 효과를 발생시키기 때문에 '정지 조건'이다. 계속해서 사례를 끌고 내려와 대입하고 있다.

　민사 소송에서 판결에 대하여 상소, 곧 항소나 상고가 그 기간 안에 제기되지 않아서 사안이 종결되든가, 그 사안에 대해 대법원에서 최종 판결이 선고되든가 하면, 이제 더 이상 그 일을 다툴 길이 없어진다. 이때 판결은 확정되었다고 한다. 확정 판결에 대하여는 '기판력(旣判力)'이라는 것을 인정한다. 기판력이 있는 판결에 대해서는 더 이상 같은 사안으로 소송에서 다툴 수 없다. 예를 들어, 계약서를 제시하지 못해 매매 사실을 입증하지 못하고 패소한 판결이 확정되면, 이후에 계약서를 발견하더라도 그 사안에 대하여는 다시 소송하지 못한다. 같은 사안에 대해 서로 모순되는 확정 판결이 존재하도록 할 수는 없는 것이다.

→ 여전히 사례에 대한 생각을 하고 있어야 한다. 사례에서도 만약 둘 사이에 소송이 걸린다면 기판력이 작용할 것이다.

확정 판결 이후에 법률상의 새로운 사정이 생겼을 때는, 그것을 근거로 하여 다시 소송하는 것이 허용된다.
→ 수능 기출에서 이렇게 나오는 경우에는, 이 사례에도 '법률상의 새로운 사정'이 생길 수 있다는 가능성을 열어 두고 가라는 이야기이다. 만일 생길 수 없다면 수능 지문에 이 정보를 넣는 것 자체가 비경제적이다.

이 경우에는 전과 다른 사안의 소송이라 하여 이전 판결의 기판력이 미치지 않는다고 보는 것이다. 위에서 예로 들었던 계약서는 판결 이전에 작성된 것이어서 그 발견이 새로운 사정이라고 인정되지 않는다. 그러나 임대인이 임차인에게 집을 비워 달라고 하는 소송에서 임대차 기간이 남아 있다는 이유로 임대인이 패소한 판결이 확정된 후 시일이 흘러 계약 기간이 만료되면, 임대인은 집을 비워 달라는 소송을 다시 할 수 있다.
→ 다른 계약이다. 그렇다면 앞에서 나왔던 개념들을 적용해 보자. '임대차 기간이 남아 있다는 이유로'를 '부관 중 기한이 충족되지 않았다는 이유로'로 치환하여 읽을 수 있고, '시일이 흘러 계약 기한이 만료되면'을 '계약상의 기한이 충족되면'이라고 치환하여 읽을 수 있다. 그렇다면 이것이 어떻게 사례에 적용될 수 있을 것인가?

계약상의 기한이 지남으로써 임차인의 권리에 변화가 생겼기 때문이다.
→ '권리에 변화가 생기는' 것이 키포인트이다. 그렇다면, '권리에 변화가 생기게 하는' 것은 부관이므로, 조건의 실현 또한 이 권리에 변화를 생기게 할 수 있고, 그렇다면 소송은 다시 진행될 수 있을 것이다.

이렇게 살펴본 바를 바탕으로 P와 E 사이의 분쟁을 해결 하는 소송이 어떻게 전개될지 따져 보자. 이 사건에 대한 소송에서는 조건이 성취되지 않았다는 이유로 법원이 E에게 승소 판결을 내리면 된다. 그런데 이 판결 확정 이후에 P는 다시 소송을 할 수 있다. 조건이 실현되었기 때문이다. 따라서 이 두 번째 소송에서는 결국 P가 승소한다. 그리고 이때부터는 E가 다시 수강료에 관한 소송을 할 만한 사유가 없다. 이 분쟁은 두 차례의 판결을 거쳐 해결될 수 있는 것이다.

→ 이 부분은 옛날 기출이었기 때문에 전부 설명해 주었지만, 최근 기출이었다면 빈칸 넣기 등으로 빼내었을 가능성이 높다. 이 문단을 가리고도 앞의 부관과 기판력 개념만으로 이 문단을 도출할 수 있을 정도로 독해 연습을 해 주어야 한다.

02_상식과 지문의 배치

만일 평가원이 특정 집단에게만 유리한 지문을 출제한다면 어떻게 될까? 특정 과목 선택자에게만 유리한 지문이 수능에 출제된다면, 분명 형평성 문제가 크게 불거질 것이다. 실제로 불수능으로 유명한 2019년 과학 지문이 그러했다.

2019학년도 수능

[A]

17세기 후반에 뉴턴은 태양 중심설을 역학적으로 정당화하였다. 그는 만유인력 가설로부터 케플러의 행성 운동 법칙들을 성공적으로 연역했다. 이때 가정된 만유인력은 두 질점*이 서로 당기는 힘으로, 그 크기는 두 질점의 질량의 곱에 비례하고 거리의 제곱에 반비례한다. 지구를 포함하는 천체들이 밀도가 균질하거나 구 대칭*을 이루는 구라면 천체가 그 천체 밖 어떤 질점을 당기는 만유인력은, 그 천체를 잘게 나눈 부피 요소들 각각이 그 천체 밖 어떤 질점을 당기는 만유인력을 모두 더하여 구할 수 있다. 또한 여기에서 지구보다 질량이 큰 태양과 지구가 서로 당기는 만유인력이 서로 같음을 증명할 수 있다. 뉴턴은 이 원리를 적용하여 달의 공전 궤도와 사과의 낙하 운동 등에 관한 실측값을 연역함으로써 만유인력의 실재를 입증하였다.

* 질점 : 크기가 없고 질량이 모여 있다고 보는 이론상의 물체.
* 구 대칭 : 어떤 물체가 중심으로부터 모든 방향으로 같은 거리에서 같은 특성을 갖는 상태.

<보기>를 참고할 때, [A]에 대한 이해로 적절하지 않은 것은?

<보기>

구는 무한히 작은 부피 요소들로 이루어져 있다. 그 부피 요소들이 빈틈없이 한 겹으로 배열되어 구 껍질을 이루고, 그런 구 껍질들이 구의 중심 O 주위에 반지름을 달리하며 양파처럼 겹겹이 싸여 구를 이룬다. 이 부피 요소는 그것의 부피와 밀도를 곱한 값을 질량으로 갖는 질점으로 볼 수 있다.

(1) 같은 밀도의 부피 요소들이 하나의 구 껍질을 구성하면, 이 부피 요소들이 구 외부의 질점 P를 당기는 만유인력들의 총합은, 그 구 껍질과 동일한 질량을 갖는 질점이 그 구 껍질의 중심 O에서 P를 당기는 만유인력과 같다.
(2) (1)에서의 구 껍질들이 구를 구성할 때, 그 동심의 구 껍질들이 P를 당기는 만유인력들의 총합은, 그 구와 동일한 질량을 갖는 질점이 그 구의 중심 O에서 P를 당기는 만유인력과 같다.
(1), (2)에 의하면, 밀도가 균질하거나 구 대칭인 구를 구성하는 부피 요소들이 P를 당기는 만유인력들의 총합은, 그 구와 동일한 질량을 갖는 질점이 그 구의 중심 O에서 P를 당기는 만유인력과 같다.

① 밀도가 균질한 하나의 행성을 구성하는 동심의 구 껍질들이 같은 두께일 때, 하나의 구 껍질이 태양을 당기는 만유인력은 그 구 껍질의 반지름이 클수록 커지겠군.

② 태양의 중심에 있는 질량이 m인 질점이 지구 전체를 당기는 만유인력은, 지구의 중심에 있는 질량이 m인 질점이 태양 전체를 당기는 만유인력과 크기가 같겠군.

③ 질량이 M인 지구와 질량이 m인 달은, 둘의 중심 사이의 거리만큼 떨어져 있으면서 질량이 M, m인 두 질점 사이의 만유인력과 동일한 크기의 힘으로 서로 당기겠군.

④ 태양을 구성하는 하나의 부피 요소와 지구 사이에 작용하는 만유인력은 지구를 구성하는 모든 부피 요소들과 태양의 그 부피 요소 사이에 작용하는 만유인력들을 모두 더하면 구해지겠군.

⑤ 반지름이 R, 질량이 M인 지구와 지구 표면에서 높이 h에 중심이 있는 질량이 m인 구슬 사이의 만유인력은, R+h의 거리만큼 떨어져 있으면서 질량이 M, m인 두 질점 사이의 만유인력과 크기가 같겠군.

답은 ②번이었는데, 독해를 잘 했다면 이미 "이때 가정된 만유인력은 두 질점*이 서로 당기는 힘으로, 그 크기는 두 질점의 질량의 곱에 비례하고 거리의 제곱에 반비례한다."가 나온 부분에서 만유인력에 대한 수식을 써 두었을 것이고, 이 식을 이용하여 풀 수 있었을 것이다. 그러나 이것은 어디까지나 독해를 잘했을 때의 이야기이며, 그럼에도 불구하고 킬러 문제인 만큼 푸는 데 시간이 많이 걸렸을 것이다.

물리, 특히 물리II 선택자들의 경우 상황이 달랐다. 만유인력 수식을 알고 있던 학생들은 지문을 이해하지 못했어도 물리적으로 틀린 이야기였기 때문에 선지를 골랐고 결과적으로 맞았다. 그렇다면 이것을 독해능력의 평가라고 할 수 있는가? 그렇지 않다.

이 수능은 지문에 등장하는 단 하나의 제재가 학생들의 성적을 판가름할 수 있음을 여실히 보여주었고, 평가원은 이 문제로 많은 질타를 받았다. 어쩌면 이것은 그들의 치부이며, 이와 유사한 실수는 반복되지 않을 것이다.

평가원은 이러한 상황을 피하기 위하여 상식과 배치되는 지문들을 출제해 왔다. 지문을 독해하지 않고 상식으로만, 혹은 자신의 배경지식으로만 선지를 접근하려는 학생들을 걸러내기 위해서다. 그렇다면 역으로 생각해 보자. 상식과 배치되는 진술들이 보인다면, 그 부분에서는 중요한 이야기가 나올 것이고, 글의 주제와도 연결될 가능성이 높으며, 이것으로 분명히 평가원은 변별을 할 것이다. 다시 말해, 상식과 배치되는 개념들을 발견한다는 것은 평가원의 출제 포인트를 발견한다는 것과 동치이며, 그것을 넘어서서 글 전체에 중요한 영향을 끼치는 개념일 수 있다는 사실과도 같다.

상식과 배치되는 개념들을 인지하는 것부터 시작해 보자.

> **✎ 2017학년도 9월 모의고사**
>
> 또한 대표 이사는 이사 중 한 명으로, 이사회에서 선출되는 기관이다.
> → 우리가 흔히 생각하는 '대표 이사'는 사람이다. 그런데 지문에서는 이사회에서 선출되는 기관이라고 한다. 이런 포인트들에 밑줄을 그어 두거나, 머릿속에 저장해 놓고 가지 않으면 문제에서 자신의 상식을 대입해 틀릴 수밖에 없다.
>
> ① 대표 이사는 주식회사를 대표하는 기관이다.
> → 실제로 출제되었던 선지이다. 주식회사에 대하여 묻는 단순한 문제였음에도 불구하고 오답을 고르거나, 그렇지 않더라도 이 문제에서 당황하여 시간을 과하게 쓴 학생들이 많았다. 문제는 맞으면 끝이 아니다. 우리는 주어진 시간 내에 45문제를 풀어내야 한다. 한 문제에 많은 시간을 소비하였다는 것은 다른 문제들에 투자할 시간이 줄어들었음을 뜻한다. 심지어 <보기>문제도 아닌 2점짜리, 평소라면 금방 체크하고 넘어갔어야 하는 문제에 시간과 머리를 쓰는 것은 큰 손해가 아닐 수 없다.

과정은 대상의 시공간적 궤적이다. 날아가는 야구공은 물론이고 땅에 멈추어 있는 공도 시간은 흘러가고 있기에 시공간적 궤적을 그리고 있다. 공이 멈추어 있는 상태도 과정인 것이다.

→ 우리는 무엇인가 변화해야만 과정이 될 수 있다고 생각하는 경향이 있다. 그러나 평가원은 과정의 조건을 열거하지는 않았지만, 열거할 수 있게 만들어 주면서 우리의 상식에 반하는 지문을 구성하고 있다. 변화가 과정의 전제가 아님은 지문 속에서 다시 한 번 드러난다.

그런데 a′과 b′사이의 스크린 표면의 한 지점에 울퉁불퉁한 스티로폼이 부착되는 과정4가 과정3과 교차했다고 하자.

→ 현재 시제로 사용되어 최대한 학생들의 부담을 줄였지만, 제대로 독해하였다면 스티로폼이 부착된 상태 또한 과정임을 짚어낼 수 있었어야 했다.

여기까지는 온전한 인지의 영역이었다. 그렇다면 이제 상식과 지문의 배치를 역으로 이용해 보자.

두 명제가 모두 참인 것도 모두 거짓인 것도 가능하지 않은 관계를 모순 관계라고 한다. 예를 들어, 임의의 명제를 P라고 하면 P와 ~P는 모순 관계이다. (기호 '~'은 부정을 나타낸다.) P와 ~P가 모두 참인 것은 가능하지 않다는 법칙을 무모순율이라고 한다. 그런데 "㉠다보탑은 경주에 있다."와 "㉡다보탑은 개성에 있을 수도 있었다."는 모순 관계가 아니다. 현실과 다르게 다보탑을 경주가 아닌 곳에 세웠다면 다보탑의 소재지는 지금과 달라졌을 것이다. 철학자들은 이를 두고, P와 ~P가 모두 참인 혹은 모두 거짓인 가능세계는 없지만 다보탑이 개성에 있는 가능세계는 있다고 표현한다.

1. '가능세계'의 개념은 일상 언어에서 흔히 쓰이는 필연성과 가능성에 관한 진술을 분석하는 데 중요한 역할을 한다. 'P는 가능하다'는 P가 적어도 하나의 가능세계에서 성립한다는 뜻이며, 'P는 필연적이다'는 P가 모든 가능세계에서 성립한다는 뜻이다. "만약 Q이면 Q이다."를 비롯한 필연적인 명제들은 모든 가능세계에서 성립한다. "다보탑은 경주에 있다."와 같이 가능하지만 필연적이지는 않은 명제는 우리의 현실세계를 비롯한 어떤 가능세계에서는 성립하고 또 어떤 가능세계에서는 성립하지 않는다.

2. 가능세계를 통한 담론은 우리의 일상적인 몇몇 표현들을 보다 잘 이해하는 데 도움이 된다. 다음 상황을 생각해 보자. 나는 현실에서 아침 8시에 출발하는 기차를 놓쳤고, 지각을 했으며, 내가 놓친 기차는 제시간에 목적지에 도착했다. 그리고 나는 "만약 내가 8시 기차를 탔다면, 나는 지각을 하지 않았다."라고 주장한다. 그런데 전통 논리학에서는 "만약 A이면 B이다."라는 형식의 명제는 A가 거짓인 경우에는 B의 참 거짓에 상관없이 참이라고 규정한다. 그럼에도 ⓐ내가 만약 그 기차를 탔다면 여전히 지각을 했을 것이라고 주장하지는 않는 이유는 무엇일까? 내가 그 기차를 탄 가능세계들을 생각해 보면 그 이유를 알 수 있다. 그 가능세계 중 어떤 세계에서 나는 여전히 지각을 한다. 가령 내가 탄 그 기차가 고장으로 선로에 멈춰 운행이 오랫동안 지연된 세계가 그런 예이다. 하지만 내가 기차를 탄 세계들 중에서, 내가 기차를 타고 별다른 이변 없이 제시간에 도착한 세계가 그렇지 않은 세계보다 우리의 현실세계와의 유사성이 더 높다. 일반적으로, A가 참인 가능세계들 중에 비교 할 때, B도 참인 가능세계가 B가 거짓인 가능세계보다 현실세계와 더 유사하다면, 현실세계의 나는 A가 실현되지 않은 경우에, 만약 A라면 ~B가 아닌 B이라고 말할 수 있다.

가능세계는 다음의 네 가지 성질을 갖는다. 첫째는 가능세계의 일관성이다. 가능세계는 명칭 그대로 가능한 세계이므로 어떤 것이 가능하지 않다면 그것이 성립하는 가능세계는 없다. 둘째는 가능세계의 포괄성이다. 이것은 어떤 것이 가능하다면 그것이 성립하는 가능세계는 존재한다는 것이다. 셋째는 가능세계의 완결성이다. 어느 세계에서든 임의의 명제 P에 대해 "P이거나 ~P이다."라는 배중률이 성립한다. 즉 P와 ~P 중 하나는 반드시 참이라는 것이다. 넷째는 가능세계의 독립성이다. 한 가능세계는 모든 시간과 공간을 포함해야만 하며, 연속된 시간과 공간에 포함된 존재들은 모두 동일한 하나의 세계에만 속한다. 한 가능세계 W1의 시간과 공간이, 다른 가능세계 W2의 시간과 공간으로 이어질 수는 없다. W1과 W2는 서로 시간과 공간이 전혀 다른 세계이다.

가능세계의 개념은 철학에서 갖가지 흥미로운 질문과 통찰을 이끌어 내며, 그에 관한 연구 역시 활발히 진행되고 있다. 나아가 가능세계를 활용한 논의는 오늘날 인지 과학, 언어학, 공학 등의 분야로 그 응용의 폭을 넓히고 있다.

1. '가능세계'의 개념은 일상 언어에서 흔히 쓰이는 필연성과 가능성에 관한 진술을 분석하는 데 중요한 역할을 한다.

→ 이 문장에서, 논리학을 공부한 학생들이라면 잠깐 멈출 수밖에 없었을 것이다. 이들은 논리학을 원서 수준으로 깊게 들여다본 전공자들이 아니라, 어디까지나 수능 기출이나 교육청 등으로 비문학을 공부하면서 제재를 접한 학생들이다. 생각해 보자. 논리학의 한계는 무엇인가?

→ 예시를 들어 보자. 멋지게 완성된 예술 작품을 보고 "참 잘했다."라고 말하는 것과, 유리컵을 깬 상황을 보고 "참 잘했다."라고 말하는 것은 다르다. 일상에서는 이 둘의 차이가 쉽게 구분된다. 여러 비언어적, 반언어적 표현들이 오감을 통해 다가오기 때문이다. 그러나 논리학의 영역으로 옮겨 보면, 둘 다 똑같은 "참 잘했다"로 읽힐 수밖에 없다. 논리학, 특히 분석철학에서는 언어를 문자화하여 명제로 판단하기 때문이다.

→ 이처럼 논리학의 논리를 일상에 적용하기 어렵다는 점이 분석철학의 한계였으며, 비트겐슈타인이 자신의 초기 이론의 문제점을 인지하고 일상 언어에 힘을 싣는 계기가 되었다. 어디선가 들어 본 철학자라면, 2012년 수능 지문을 읽어 본 것이다.

→ 다시 지문으로 돌아가 보자. 잠깐만, 논리학은 원래 일상에 적용하기 어려운 학문인데 여기에서는 일상 언어에서 중요한 역할을 한다네? 내가 알고 있던 상식과 배치된다. 그렇다면 이 부분이 추후 중요할 가능성이 높다. 논리학은 매우 추상적이므로 예시를 통해 전개되므로, 일상적인 예시가 나타날 것이다. 그렇다면 우선 각 명제의 필연성과 가능성을 진단해 두고 조금 더 천천히 눌러서 읽어 보자.

2. 가능세계를 통한 담론은 우리의 일상적인 몇몇 표현들을 보다 잘 이해하는 데 도움이 된다.
→ 여기까지 생각이 도달했다면, 이 문장을 보았을 때 '일상적인'이라는 단어를 유심히 읽고, 내가 아까 읽으려고 마음먹었던 대로 읽어나갈 수 있다. 이것이 선택과 집중이다. 우리의 얼마 되지 않는 독해 체력을 올바른 곳에 사용할 수 있는 방법 중 하나이다.

03_추상화, 일반화, 평면화

글을 읽을 때, 세세한 부분들까지 기억하려다 중심 줄기를 놓치는 경우가 있다. 중심을 유지하기 위해서는 어느 정도의 디테일들을 소거할 필요도 있고, 글 내에서의 정보를 핵심 원리처럼 가공할 필요도 있으며, 정보들 사이의 중요도를 판단해야 할 때도 있다. 다시 말해 글을 효과적으로 읽기 위해서 글에 나와 있는 정보들을 무디게 만드는 과정이 필요한데, 다음에서 소개할 세 가지가 그 도구들이다.

추상화

지문구조-추상구체에서 다루었던 하위 층위들을 명시적이지 않은 상위 층위로 끌어올리는 것이 추상화이다. 어떤 하위 층위가 있을 때, 어울리는 말을 찾아 추상적으로 끌어올리는 것이다. 그런데 이 경우에는 필연적으로 데이터의 손실이 발생한다. 추상적으로 끌어올린다는 것은, 구체성을 포기한다는 뜻이기 때문이다. 그럼에도 불구하고 추상화를 강조하는 이유는 자신의 언어로 바꾼다는 뜻이고, 그것은 곧 기억하기 더 쉬운 위치를 선점하는 것이기 때문이다. 이 점을 이용하여, 메인이 아닌 것들을 가지치기해내는 인덱싱과 함께 쓰이기도 한다.

✎ 2015학년도 수능 B형

상속성과 보편성은 긴밀한 관계를 가지는데, 보편성의 확보를 통해 상속성이 실현되며 상속성의 유지를 통해 보편성이 실현된다.

→ 확보와 유지를 모두 기억할 자신은 없기 때문에, 보편성과 상속성은 상호의존적으로 실현된다고 추상화하고, 만일 이 조건에 대하여 더 자세한 정보가 필요하다면 돌아온다.

→ 선지를 판단할 때도 이 조건에 먼저 부합하는지를 파악하고, 그 후에 자세한 사항으로 들어간다. 상호의존적으로 실현되기 때문에 둘 모두 실현되거나 둘 모두 실현되지 않아야만 한다.

일반화

우리는 보통 일반화라고 하면 전체를 포괄할 수 있는 일반화를 생각한다. 그러나 지문에 나와 있지 않은 내용을 일반화한다는 것은 배경지식에 의한 기만이며, 이것은 스스로를 덫으로 밀어넣는 행위일 수도 있다. 따라서 우리는 전체를 포괄하는 것이 아닌, 부분을 포괄하는, 더 정확히는 지문을 포괄하는 일반화를 해야 한다. 전자를 '딱딱한 일반화'라고 부르고, 후자를 '부드러운 일반화'라고 부른다.

이 부드러운 일반화에서 가장 중요한 것은 '내가 틀릴 수도 있다는 전제'와 더불어, '확장의 전제'이다. 일반화를 제한의 용도로 쓰는 것이 아니라, 확장의 용도로 쓰는 것이다. 이를테면, 'A가 B이다'라는 일반화에서, 'A만이

B이다'라는 제한을 거는 것이 아니라, 'A는 B'인데 지문을 읽어내려가면서 A만이 B인지, 혹은 A 이외의 것들도 B가 될 수 있는지를 생각하는 것이다. 따라서 추상화와 더불어 일반화하되, 언제든 뒤집힐 수 있음을 생각해야 한다.

◇ 2015학년도 수능 B형

동양주의는 비아인 일본이 아가 되어 동양을 통합하는 길이기에, 조선 민족인 아의 생존이 위협받는다고 보았기 때문이다.

→ 일반화: 일본 = 비아, 조선 민족 = 아

식민 지배가 심화될수록 일본에 동화되는 세력이 증가하면서 신채호는 아 개념을 더욱 명료화할 필요가 있었다. 이에 그는 조선 민중을 아의 중심에 놓으면서, 아에도 일본에 동화된'아 속의 비아'가 있고, 일본이라는 비아에도 아와 연대할 수 있는 '비아 속의 아'가 있음을 밝혔다. 민중은 비아에 동화된 자들을 제외한 조선 민족을 의미한 것이었다. 그는 조선 민중을, 민족 내부의 압제와 위선을 제거함으로써 참된 민족 생존과 번영을 달성할 수 있는 주체이자 제국주의 국가에서 제국주의를 반대하는 민중과의 연대를 통하여 부당한 폭력과 억압을 강제하는 제국주의에 함께 저항할 수 있는 주체로 보았다. 이러한 민중 연대를 통해 '인류로서 인류를 억압하지 않는' 자유를 지향했다.

→ 딱딱한 일반화: 여전히 '아 = 조선 민중', '비아 = 일본'으로 생각하여 해당 문단을 날릴 가능성이 높다.

→ 부드러운 일반화: 내가 아까 읽었던 '아'와 '비아'는 '조선 민중'과 '일본'이었는데, 여기에서는 기준이 조금 바뀐 것 같다. 그렇다면 '변화'의 표지인 '명료화'를 잡고, 그렇다면 명료화 이전의 아/비아와, 명료화 이후의 아/비아가 다르다는 것을 인지한 후, 명료화 이후의 아/비아를 "제국주의 반대자"와 "제국주의 동조자"로 재인식하고 넘어간다.

이처럼 의사 표시를 필수적 요소로 하여 법률 효과를 발생시키는 행위들을 법률 행위라 한다.

→ 딱딱한 일반화: 법률 행위가 있다면, 법률 효과는 발생한다. 그렇다면 법률 효과는 법률 행위를 전제로 하고, 이는 이 글에서 통용되는 진리이다.

→ 부드러운 일반화: 법률 행위가 있다면, 법률 효과는 발생한다. 그렇다면 법률 효과는 법률 행위를 전제로 한다. 그런데 지문에서 추가 정보를 줄 수 있으므로, 일단 이렇게 일반화해놓고, 언제든 변경할 수 있다고 생각하자.

→ 여기에서 발생한 딱딱한 일반화의 오류는, 명제의 역을 너무 당연하게 수용했다는 것이다. 국어 지문에서 역명제의 수용은 심심치 않게 찾아볼 수 있고, 또 그것이 주로 통용되기도 한다. 그러나 엄밀하게 말하면, 어떤 참인 명제의 대우명제는 항상 참이지만, 역명제는 거짓일 수도 있다.

→ 참인 명제 A: 법률 행위가 존재한다면 → 법률 효과는 발생한다.

대우명제: 법률 효과가 발생하지 않았다면 → 법률 행위도 발생하지 않았다. (언제나 참)

역명제: 법률 행위가 존재하지 않으면 → 법률 효과는 발생하지 않는다. (참일 수도 있고, 거짓일 수도 있음)

(중략)

이때 채무 불이행은 갑이나 을의 의사 표시가 작용한 것이 아니라, 매매 목적물의 소실에 따른 이행 불능으로 말미암은 것이다. 이러한 사건을 통해서도 법률 효과가 발생한다.

→ 딱딱한 일반화를 하였다면 이 짧은 문장을 읽고도 해당 문제를 틀렸을 가능성이 높다. 혹은 지문에서의 모순이라고 여겨 이 문장을 읽고 나서 독해가 어려웠을 수도 있다.

→ 부드러운 일반화를 하였다면, '법률 효과는 법률 행위를 전제로 하는 줄 알았는데, 그게 아니라 전제로 법률 행위 또는 사건을 가지고 있는 거네?'라고 독해 시 자신이 일반화해 둔 정보를 수정할 수 있다.

16. 위 글의 내용과 일치하지 않는 것은?
① 실체법에는 청구권에 관한 규정이 있다.
② 절차법에 강제 집행 제도가 마련되어 있다.
③ 법률 행위가 없으면 법률 효과가 발생하지 않는다.
④ 법원을 통하여 물리력으로 채권을 실현할 수 있다.
⑤ 실현 불가능한 것을 내용으로 하는 계약은 무효이다.

실제로, 정답이 ③번인 해당 문제의 오답률은 52%에 달한다.(M사 기준)

평면화

평면화는 문장의 구조가 어려울 경우, 간소화하여 문장의 핵심을 찾아내는 기술이다. 문장이 길고 복잡하고 어려우면 문장의 어떤 부분이 중요한지 판단하기가 어렵다. 따라서 문장의 뼈대부터 파악하는 것이 가장 기초이고, 그것으로 말미암아 글을 읽어나가는 스탠스를 잡아나가는 방법이다.

2015학년도 수능 B형

이를 바르게 이해하기 위해서는 그의 사상인 핵심 개념인 '아'를 정확하게 이해할 필요가 있다.
→ A를 위해서는 B할 필요가 있다.
→ A는 목적, B는 수단
→ 따라서 중요도는 A>B
→ 그렇다면 나는 '이'가 지시하고 있는 것이 무엇인지 다시 한번 찾으러 올라가야겠다.

이에 그는 조선 민중을 아의 중심에 놓으면서, 아에도 일본에 동화된 '아 속의 비아'가 있고, 일본이라는 비아에도 아와 연대할 수 있는 '비아 속의 아'가 있음을 밝혔다.

→ A 속의 B

→ A는 위치, B가 알맹이

→ 따라서 A 속의 B는 A가 아닌 B

→ 그렇다면 '아 속의 비아'는 비아이고, '비아 속의 아'는 아이다.

19. 윗글에 대한 이해로 적절하지 않은 것은?

① 신채호가 『조선 상고사』를 쓴 것은, 대아인 조선 민족의 자성을 역사적으로 어떻게 유지·계승할 수 있는지 모색하기 위한 것이겠군.

② 신채호가 동양주의를 비판한 것은, 동양주의로 인해 아의 항성이 작아짐으로써 아의 자성을 유지하기 어렵게 될 것으로 보았기 때문이겠군.

③ 신채호가 신국민이라는 개념을 설정한 것은, 대아인 조선 민족이 시대적 환경에 대응하여 비아와의 연대를 통해 아의 생존을 꾀할 수 있다고 보았기 때문이겠군.

④ 신채호가 독립 투쟁을 한 것은, 비아인 일본 제국주의의 침략이 아의 상속성과 보편성 유지를 불가능하게 하기에 일본 제국주의와 투쟁해야 한다고 생각했기 때문이겠군.

⑤ 신채호가 제국주의 국가에서 제국주의를 반대하는 민중과 식민지 민중의 연대를 지향한 것은, 아가 비아 속의 아와 연대하여 억압을 이겨 내고 자유를 얻을 수 있다고 생각했기 때문이겠군.

→ 정답이 ③번인 19번 문제는 오답률 38%로 낮은 수준은 아니다.

04_조건 읽어내기(라벨링)

라벨링은 서술된 조건들을 명확하게 구인하여 이름을 붙이는 작업이다. 어떠한 개념이 성립하기 위한 조건이 나온다면 숫자로 라벨링해 두는 것이 좋다. 라벨링을 자신의 언어로 바꾸어 한다면 더욱 좋다. 이후 문제나 지문에서 그 개념이 나왔을 때 적용하기 용이하기 때문이다.

✎ 2019학년도 수능

두 명제가 모두 참인 것도 모두 거짓인 것도 가능하지 않은 관계를 모순 관계라고 한다.

→ 모순 관계는 이 두 가지를 모두 만족해야만 하네.

　1) 두 명제가 모두 참일 수 없음

　2) 두 명제가 모두 거짓일 수 없음

→ 조건을 라벨링할 때는 조건 모두가 충족되어야 하는지, 혹은 조건 중 하나만 충족되어도 되는지, 혹은 반드시 충족되어야 하는 필수 조건이 있고 나머지는 선택적인지를 분명하게 구분하여야 한다.

예를 들어, 임의의 명제를 P라고 하면 P와 ~P는 모순 관계이다(기호 '~'은 부정을 나타낸다.).

→ 조건 1): P이면서 ~P일 수는 없고, 조건 2): ~P이면서 P일 수는 없네. 그러니까 모순 관계구나.

P와 ~P가 모두 참인 것은 가능하지 않다는 법칙을 무모순율이라고 한다. 그런데 "㉠다보탑은 경주에 있다."와 "㉡다보탑은 개성에 있을 수도 있었다."는 모순 관계가 아니다.

→ 모순 관계가 아니면, 1)이나 2) 둘 중 하나, 혹은 둘 모두를 만족하지 못한다는 말인데.

→ 조건 1): 다보탑이 경주에 있으면서 다보탑이 개성에 있을 수도 있었으니까, 조건

---

1)부터 만족이 안 되는구나. 그래서 모순 관계가 아니네.

　　현실과 다르게 다보탑을 경주가 아닌 곳에 세웠다면 다보탑의 소재지는
지금과 달라졌을 것이다.
　　→ 조건에 대한 부연설명이네.

윗글을 참고할 때, <보기>를 이해한 내용으로 적절한 것은?

<보기>

명제 "모든 학생은 연필을 쓴다."와 "어떤 학생도 연필을 쓰지 않는다."는 반대 관계
이다. 이 말은, 두 명제 다 참인 것은 가능하지 않지만, 둘 중 하나만 참이거나 둘 다
거짓인 것은 가능하다는 뜻이다.

　　→ 모순 관계에 대한 조건을 라벨링해 뒀다면, 반대 관계에 대한 조건 또한 반사적으
로 라벨링할 것이다. 그리고 생각할 것이다. 잠시만, 모순 관계와 반대 관계가 같다면,
다시 말해서 "모든 학생은 연필을 쓴다."를 P로, "어떤 학생도 연필을 쓰지 않는다."를
~P로 둔다면, 굳이 반대 관계를 상정할 이유가 없잖아? 반대 관계의 조건을 보았을 때,
모순 관계의 조건인 2)를 부정하고 있기 때문에 P와 ~P로 둘 수는 없다. 그렇다면 서로
다른 각각의 명제는 각각의 모순 관계에 있는 명제를 지니고 있을 것이다.

　　→ 따라서, 명제를 재구성하여 <보기>를 분석할 때, 다음과 같이 재구성할 수 있다.

　　P: 모든 학생은 연필을 쓴다.

　　~P: 어떤 학생은 연필을 쓰지 않는다.

　　Q: 어떤 학생도 연필을 쓰지 않는다.

　　~Q: 어떤 학생은 연필을 쓴다.

모순 관계의 사례로 적절한 것은?

① 민수는 은주보다 키가 크다. 민수는 은주보다 키가 크지 않다.
② 민수는 농구를 좋아한다. 민수는 농구보다 축구를 좋아한다.
③ 그것은 민수에게 이익이다. 그것은 민수에게 손해이다.
④ 오늘은 화요일이 아니다. 오늘은 수요일이 아니다.
⑤ 민수의 말이 옳다. 은주의 말이 틀리다.

→ 위 지문과 마찬가지로, 둘 다 참이 될 수 있는가? 둘 다 거짓이 될 수 있는가?라는 조건을 잡아 두었다면, 조건을 하나하나 대입해서 둘 다 가능한 선지를 찾아낼 수 있다.

05_정의문 읽기

정의문은 모든 독해의 시작이자 끝이다. 글은 생소한 주제에 대하여 이야기한다. 만일 세상 사람들이 다 아는 지식에 대한 글이라면 그 글은 가치가 없을 것이다. 타인의 이해를 돕기 위해서도, 글에서 지칭하는 개념이 무엇인지를 공고히 하기 위해서도 정의문은 중요하다. 이 중요한 문장을 확인하지 못한다면 글은 다 읽었는데, 정작 자신이 무엇에 대하여 읽었는지는 기억하지 못하는 일이 발생할 수 있다.

국가, 지방 자치 단체와 같은 행정 주체가 행정 목적을 실현하기 위해 국민의 권리를 제한하거나 국민에게 의무를 부과하는 '행정 규제'는 국회가 제정한 법률에 근거해야 한다. 그러나 국회가 아니라, 대통령을 수반으로 하는 행정부나 지방 자치 단체와 같은 행정 기관이 제정한 법령인 행정 입법에 의한 행정 규제의 비중이 커지고 있다.

→ 길고 복잡한 지문에서는 더더욱 초반에 정의문으로 개념을 확립하고 넘어가는 것이 중요하다. 학생들에게 행정 규제와 행정 입법의 관계를 밴다이어그램으로 그려 보라고 하면, 대부분의 학생들은 행정 규제 안에 행정 입법을 포함시키는 꼴로 그린다. 그러나 정의문을 보자.

→ 행정 규제: 행정 주체가 행정 목적을 실현하기 위해 국민의 권리를 제한하거나 국민에게 의무를 부과하는 것

→ 행정 입법: 국회가 아닌 행정 기관이 제정한 법령

→ 하나는 행정 주체의 권리 제한과 의무 부과이고, 하나는 법령이다. 그리고 행정 입법에 의한 행정 규제가 가능하다는 진술로 보아, 교집합이 존재한다. 그러나 둘은 엄연히 다르다. 따라서 포함 관계가 아니라, 교집합 관계로 그려야 한다. 이러한 사소한 실수들 또한 정의문을 확실하게 잡지 않아서 생기는 문제이다.

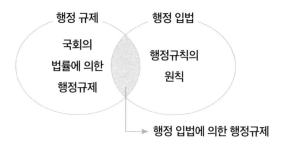

* 2021학년도 9월 모의고사 해당 지문 전체를 보면 **'행정규제-행정입법= 행정규칙의 원칙'** 임을 알 수 있다.

그렇다면 정의문은 어떤 방식으로 지문 속에 녹아드는가? 크게 두 가지의 경우로 나눌 수 있다. 'A는 B이다' 꼴인 가장 전형적인 정의문과, 'B인 A' 꼴인 관형절 꼴의 정의문이다.

	난도	난도를 높이는 방법
A는 B이다	↓	A는 (수식어구, 삽입구) B이다.
B인 A	↑	정의문 자체가 난이도

'A는 B이다 꼴'은 누구에게나 자신이 정의문이라고 일러 주는 만큼 난도는 낮은 편이다. 따라서 난도를 높이기 위하여 주어와 서술어의 사이에 아주 많은 양의 수식어구나 삽입구를 넣을 수 있다. 이 경우, 앞서 설명하였던 문장 읽기 방식으로 파훼할 수 있다.

> ✎ 2023학년도 6월 모의고사
>
> 글을 읽으려면 글자 읽기, 요약, 추론 등의 읽기 기능, 어휘력, 읽기 흥미나 동기 등이 필요하다. 글 읽는 능력이 발달하려면 읽기에 필요한 이러한 요소를 잘 갖추어야 한다.
>
> 1. 윗글의 내용과 일치하지 않는 것은?
> ① 읽기 기능에는 어휘력, 읽기 흥미나 동기 등이 포함된다.
> ② 매튜 효과에 따르면 읽기 요소를 잘 갖출수록 더 잘 읽게 된다.
> ③ 매튜 효과는 주로 사회학에서 사용되는 개념이었다.
> ④ 읽기 요소는 다른 읽기 요소들에 영향을 미치기도 한다.
> ⑤ 읽기 연구에서 매튜 효과는 읽기 요소의 가치를 인식하게 했다.

→ 시험지를 펼치자마자 보이는 첫 단지문이었고, 첫 문단의 첫 문장이었다. 그리고 '읽기 기능' 앞의 조사 '의'를 읽지 못해, 혹은 읽었으나 중요하지 않다고 생각하여, 혹은 읽기 요소와 혼동하여 이 문제를 틀린 학생들이 많았다. M사 기준 정답률 62%를 기록한 문제의 번호는 1번이었다. 가장 첫 번째 문제에서 62%라는 낮은 정답률이 나왔다는 것은, 어떻게든 맞힌 학생들 중에서도 꽤 다수가 이 문제에서 시간을 소모했을 것이라는 사실을 암시한다. 첫 번째 문제를 읽었는데, 답이 없는 상황에 직면한 수험생들은 어땠을까? 만일 이것이 수능이었다면, 이 문제가 수험생들의 정신을 송두리째 흔들어 두기에 충분했다고 생각한다. 실제로 동일한 선지 판단 요소로 2023학년도 수능에서 1번 문항이 출제되었다.

📝 2016학년도 수능 B형

<u>부력</u>은 어떤 물체에 의해서 배제된 부피만큼의 유체의 무게에 해당하는
주어
<u>힘으로</u>, 항상 중력의 반대 방향으로 작용한다.
술어

주어와 술어 찾은 후 부속 성분 생각 → **어떤?** → 유체의 무게

어떤? → 부피만큼의

어떤? → 어떤 물체에 의해서 배제된

부력이 무엇인가? 하고 묻는다면 '힘' 또는 '무게'라고 답할 수 있어야 한다

그러나 B인 A 꼴의 경우, 관형절 꼴을 취하고 있기 때문에 중요하지 않은 수식어구라고 착각하여, 특히 빠르게 읽을 경우 정의문인 줄도 모르고 지나갈 수 있다. B인 A 꼴은 그 자체로 난도가 높기 때문에 이 정의문을 인지하는 것이 중요하다.

다만, 정의문이 없는 경우 또한 출제될 수 있다는 것을 2019년 수능에서 확인할 수 있다.

✎ 2019학년도 대학수학능력평가

두 명제가 모두 참인 것도 모두 거짓인 것도 가능하지 않은 관계를 모순 관계라고 한다. 예를 들어, 임의의 명제를 P라고 하면 P와 ~P는 모순 관계이다. (기호 '~'은 부정을 나타낸다.) P와 ~P가 모두 참인 것은 가능하지 않다는 법칙을 무모순율이라고 한다. 그런데 "㉠다보탑은 경주에 있다."와 "㉡다보탑은 개성에 있을 수도 있었다."는 모순 관계가 아니다. 현실과 다르게 다보탑을 경주가 아닌 곳에 세웠다면 다보탑의 소재지는 지금과 달라졌을 것이다. 철학자들은 이를 두고, P와 ~P가 모두 참인 혹은 모두 거짓인 가능세계는 없지만 다보탑이 개성에 있는 가능세계는 있다고 표현한다.

→ 위의 지문에서 가능세계에 대한 정의문이 나오지 않았다. 이 지문이 어려웠던 이유이다.

→ 이럴 때에는 엄밀한 분석도 좋지만, 실전에서는 엄밀한 분석을 할 수 없을 가능성이 높다. 따라서, 간단한 치환으로 가능세계에 대한 정의를 발굴해낸다고 생각하는 것이 조금 더 합리적이다.

→ 철학자들은 이를 두고, 모순관계의 두 명제가 스스로를 깨뜨리는 가능세계는 없지만, 참일 가능성이 있는 명제가 참인 가능세계는 존재한다고 표현한다.

→ 그렇다면 가능세계는 참일 가능성이 있는 명제가 참일 수 있는 세계이구나.

→ 그렇다면 가능세계는 가능성이 실현될 수 있는 세계이구나.

정보는, 다시 말해서 데이터는 혼자서는 의미를 구성할 수 없다. 다른 데이터와 맞물리면서 비로소 의미가 생성된다. 우리는 글의 의미를 파악하기 위해 주체들 혹은 대상들 사이의 관계를 파악할 필요가 있다.

① 비례, 반비례 관계 잡기

비례와 반비례는, 적어도 국어에서는 다소 왜곡되어 쓰이고 있다. 원래대로라면 비례의 뜻은, 두 양이 서로 일정 비율로 증가하거나 감소하는 관계이다.

> 두 수 또는 두 양에 있어서, 한쪽이 2배, 3배, ……로 되면 다른 한쪽도 2배, 3배, ……로 되거나 또는 한쪽이 2배, 3배, ……로 되면 다른 한쪽은 1/2배, 1/3배, ……로 되는 일. 또는 그런 관계. 전자를 정비례, 후자를 반비례라 한다.
>
> (네이버 국어사전)

그런데 일상생활에서 우리는 비율과는 상관없이 독립변수가 증가할 때 종속변수가 증가하면 비례라고 하고, 독립변수가 증가할 때 종속변수가 감소하면 반비례한다고 한다. 그것의 함수의 개형과는 무관하게 말이다. 이 책에서도 비례와 반비례를 기준에서 표현으로 사용하지 않을 것이다. 일상생활에서 통용되는 비례와 반비례로 이해하면 된다.

다만, 만일 '비례한다', 혹은 '반비례한다'라는 말이 지문에 정확하게 나와 있다면, 그것은 값 자체를 이용하여야 하는 경우일 수 있으니 비례 상수를 사용하여 수식화하라는 신호이다. 비례 관계는 $y=kx$, 반비례 관계는 $y = k/x$로 나타낼 수 있다. 이때, k는 비례 상수이다. 이제, 비례와 반비례 관계를 확인해 보자.

STM은 대체로 진공 통 안에 설치되어 사용되는데 그 이유는 무엇일까? 기체 분자는 끊임없이 떠돌아다니다가 주변과 충돌한다. 이때 일부 기체 분자들은 관찰하려는 시료의 표면에 붙어 표면과 반응하거나 표면을 덮어 시료 표면의 관찰을 방해한다. 따라서 용이한 관찰을 위해 STM을 활용한 실험에서는 관찰하려고 하는 시료와 기체 분자의 접촉을 최대한 차단할 필요가 있어 진공이 요구되는 것이다. 진공이란 기체 압력이 대기압보다 낮은 상태를 통칭하며 기체 압력이 낮을수록 진공도가 높다고 한다.

→ 진공도 1/∝ 기체 압력

→ 화살표를 정하는 방법은 지문에서 선호하는 방식대로이다. 이 지문의 경우, STM은 진공이 요구되어야 한다고 하였으므로 진공도를 높이는 방향이 바람직할 것이다.

→ 진공도↑ 1/∝ 기체 압력↓

진공 통 내부의 온도가 일정하고 한 종류의 기체 분자만 존재할 경우, 기체 분자의 종류와 상관없이 통 내부의 기체압력은 단위 부피당 떠돌아다니는 기체 분자의 수에 비례한다.

→ 기체 압력↓ ∝ 단위 부피당 떠돌아다니는 기체 분자의 수↓ = (기체 분자의 수↓/ 부피)

→ 따라서, 진공도↑ 1/∝ 기체 압력↓ ∝ 기체 분자의 수↓/부피

→ 세 가지 이상이 독립-종속 관계로 묶여 있을 때는 독립 변수부터 읽는다.

① 기체 분자의 수 ② 기체 압력 ③ 진공도

따라서 기체 분자들을 진공 통에서 뽑아내거나 진공 통 내부에서 움직이지 못하게 고정하면 진공 통 내부의 기체 압력을 낮출 수 있다.

STM을 활용하는 실험에서 어느 정도의 진공도가 요구되는지를 이해하기 위해서는 '단분자층 형성 시간'의 개념을 이해할 필요가 있다. 진공통 내부에서 떠돌아다니던 기체 분자들이 관찰하려는 시료의 표면에 달라붙어 한 층의 막을 형성하기까지 걸리는 시간을 단분자층 형성 시간이라 한다.

→ 따라서, 한 층의 막을 형성하기까지 걸리는 시간이 짧다는 것은 관찰을 할 수 있는 시간이 짧아진다는 뜻이므로, 단분자층 형성 시간은 길어야 한다.

이 시간은 시료의 표면과 충돌한 기체 분자들이 표면에 달라붙을 확률이 클수록, 단위 면적당 기체 분자의 충돌 빈도가 높을수록 짧다.

→ 단분자층 형성 시간↑ 1/∝ 기체 분자들의 표면 흡착 확률↓

→ 단분자층 형성 시간↑ 1/∝ 단위 면적당 기체 분자의 충돌 빈도↓ = 기체 분자 충돌 빈도↓/면적

또한 기체 운동론에 따르면 고정된 온도에서 기체 분자의 질량이 크거나 기체의 압력이 낮을수록 단분자층 형성 시간은 길다.

→ 단분자층 형성 시간↑ ∝ 기체 분자의 질량↑

→ 단분자층 형성 시간↑ 1/∝ **기체 압력↓**

→ 기체 압력은 앞에서도 나온 변수이므로, 기체 압력과 단분자층 형성 시간의 관계를 앞에서 사용하였던 관계들과 묶어 줄 필요가 있다.

→ 진공도↑ 1/∝ **기체 압력↓** ∝ 기체 분자의 수↓/부피

단분자층 형성 시간↑

→ 따라서, 진공도와 단분자층 형성 시간은 같은 스탠스로 존재한다. 이것을 비례 관계로 지칭해도 무리는 없다. 그러나 진공도와 단분자층 형성 시간의 독립-종속 관계를 파악할 수 없기 때문에 이후의 관계가 나올 경우 조심한다.

할인율은 이자율과 유사하지만 역으로 적용되는 개념이라고 생각하면
된다. 현재의 이자율이 연 10%라면 올해의 10억 원은 내년에는 (1+0.1)을
곱한 11억 원이 되듯이, 할인율이 연 10%라면 내년의 11억 원의 현재 가
치는 (1+0.1)로 나눈 10억 원이 된다.

→ 만일 수식화할 수 있다면, 다시 말해서 등호로 표현할 수 있다면 수식화한다.

→ 현재 가치 $= \dfrac{\text{할인율}}{\text{미래가치}}$

②주체 사이의 관계 잡기

주체가 둘 이상이 나온다는 것은, 그들 사이에 반드시 어떤 모종의 관계가 발
생한다는 뜻이다. 그리고 글은 그 관계 사이의 영향을 중심으로 흘러갈 것이다.
줄글로 되어 있는 것을 읽는 것보다 시각 자료처럼 이미지화하는 것이 독해에
훨씬 더 도움이 된다는 것을 안다. 따라서 이런 습관을 들이는 것이 좋다.

둘 이상의 주체가 있고 그 사이에서 오가는 가시적/비가시적 영향이 존재
할 때, 반드시 도식화한다. 지문의 여백이 작다면, 국어 시험지의 맨 뒷면을
접어 활용할 수도 있다. 다음 지문을 읽으며 도식화해 보자.

사람은 살아가는 동안 여러 약속을 한다. 계약도 하나의 약속이다. 하
지만 이것은 친구와 뜻이 맞아 주말에 영화 보러 가자는 약속과는 다르다.
일반적인 다른 약속처럼 계약도 서로의 의사표시가 합치하여 성립하지만,
이때의 의사는 일정한 법률 효과의 발생을 목적으로 한다는 점에서 차이
가 있다. 한 예로 매매 계약은 '팔겠다'는 일방의 의사 표시와 '사겠다'는 상

대방의 의사표시가 합치함으로써 성립하며, 매도인은 매수인에게 매매 목적물의 소유권을 이전하여야 할 의무를 짐과 동시에 매매 대금의 지급을 청구할 권리를 갖는다. 반대로 매수인은 매도인에게 매매대금을 지급할 의무가 있고 소유권의 이전을 청구할 권리를 갖는다. 양 당사자는 서로 권리를 행사하고 서로 의무를 이행하는 관계에 놓이는 것이다.

→ "한 예로 매매 계약은"에서, 우리는 이 매매 계약이 정말 아주 작은 예시일 뿐인지 혹은 글 전체를 아우르는 전제인지를 파악하여야 한다. 오버슈팅 지문에서 그러하였듯, "매매 계약"이 글 전체에서 어느 정도의 입지를 차지할 것인지 확인하기 위하여 쭉 내려가 글을 대략 훑어본다. 글을 이해하거나 독해하는 것이 아닌, 단순히 같은 그림 찾기이므로 쉽게 매매 계약을 3문단에서 찾을 수 있었을 것이고, 문장을 읽어 보면 글의 포문을 연다는 사실도 알 수 있을 것이다. 따라서, 나는 이 매매 계약의 매도인과 매수인의 관계를 도식화해 두겠다.

<매매계약>

	매도인	팔겠다 → 의사표시 합치 ← 사겠다	매수인
의무	매매목적물 소유권이전의무		매매대금 지급의무
권리	매매대금 지급청구권리		소유권이전 청구권리

이처럼 의사 표시를 필수적 요소로 하여 법률 효과를 발생시키는 행위들을 법률 행위라 한다. 계약은 법률 행위의 일종으로서, 당사자에게 일정한 청구권과 이행 의무를 발생시킨다. 청구권을 내용으로 하는 권리가 채권이고, 그에 따라 이행을 해야 할 의무가 채무이다. 따라서 채권과 채무는 발생한 법률효과가 동전의 양면처럼 서로 다른 방향에서 파악되는 것이라 할 수 있다. 채무자가 채무의 내용대로 이행하여 채권을 소멸시키는 것을 변제라 한다.

→ 채권과 채무 역시 매매 계약의 연장선에서 파악할 수 있고, 매도인과 매수인이 지니는 의무와 권리를 묶어 주는 것에 불과하므로 도식화에 추가하겠다.

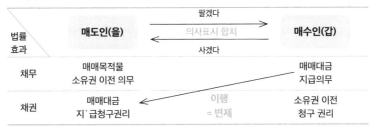

갑과 을은 을이 소유한 그림 A를 갑에게 매도하는 것을 내용으로 하는 매매 계약을 체결하였다. ㉠을의 채무는 그림 A의 소유권을 갑에게 이전하는 것이다. 동산인 물건의 소유권을 이전하는 방식은 그 물건을 인도하는 것이다. 갑은 그림 A가 너무나 마음에 들었기 때문에 그것을 인도받기 전에 대금 전액을 금전으로 지급하였다. 그런데 갑이 아무리 그림 A를 넘겨달라고 청구하여도 을은 인도해 주지 않았다. 이런 경우 갑이 사적으로 물리력을 행사하여 해결하는 것은 엄격히 금지된다.

→ 이제 매매 계약을 실제 사람 사이의 계약으로 확장시켰다. 그렇다면, 나는 아까 적어 두었던 전제의 도식을 그대로 활용할 것이다. 표의 빈칸을 채워 넣는 느낌으로 도식을 채워 넣는다.

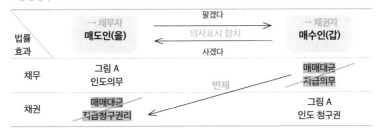

채권의 내용은 민법과 같은 실체법에서 규정하고 있고, 그것을 강제적으로 실현할 수 있도록 민사 소송법이나 민사 집행법 같은 절차법이 갖추어져 있다. 갑은 소를 제기하여 판결로써 자기가 가진 채권의 존재와 내용을 공적으로 확정받을 수 있고, 나아가 법원에 강제 집행을 신청할 수도 있다. 강제 집행은 국가가 물리적 실력을 행사하여 채무자의 의사에 구애받지 않고 채무의 내용을 실행시켜 채권이 실현되도록 하는 제도이다.

　　을이 그림 A를 넘겨주지 않은 까닭은 갑으로부터 매매 대금을 받은 뒤에 을의 과실로 불이 나 그림 A가 타 없어졌기 때문이다. 결국 채무는 이행 불능이 되었다. 소송을 하더라도 불능의 내용을 이행하라는 판결은 나올 수 없다. 그림 A의 소실이 계약 체결 전이었다면, 그 계약은 실현 불가능한 내용을 담고 있기 때문에 체결할 때부터 계약 자체가 무효이다. 이행 불능이채무자의 과실 때문에 일어난 것이라면 채무자가 채무 불이행에 대한 책임을 저야 한다.

　　이때 채무 불이행은 갑이나 을의 의사 표시가 작용한 것이 아니라, 매매 목적물의 소실에 따른 이행 불능으로 말미암은 것이다. 이러한 사건을 통해서도 법률 효과가 발생한다. 채무불이행에 대한 책임은 갑으로 하여금 계약을 해제할 수 있는 권리를 갖게 한다. 갑이 계약 해제권을 행사하면 그때까지 유효했던 계약이 처음부터 효력이 없는 것으로 된다. 이때의 계약 해제는 일방의 의사 표시만으로 성립한다. 따라서 갑이 해제권을 행사하는 데에 을의 승낙은 요건이 되지 않는다. 이러한 법률행위를 단독 행위라 한다.
　　→ 법률 효과가 발생한다는 것을 또다른 권리와 의무가 발생하는 것으로 치환할 수 있어야 하고, 따라서 유사한 도식을 사용할 수 있다고 파악할 수 있어야 한다.

<사건>

법률효과	→ 채무자 매도인(을)	사건 일방의 의사표시 (단독행위)	→ 채권자 매수인(갑)
채무	계약해제 의무		
채권			계약해제권

갑은 계약을 해제하였다. 이로써 그 계약으로 발생한 채권과 채무는 없던 것이 된다. 당연히 계약의 양 당사자는 자신의 채무를 이행할 필요가 없다. 이미 이행된 것이 있다면 계약이 체결되기 전의 상태로 돌려놓아야 한다. 이를 청구할 수 있는 권리가 원상회복 청구권이다. 계약의 해제로 갑은 원상회복청구권을 행사할 수 있으며, 이러한 ⓛ갑의 채권은 결국 을에게 매매 대금을 반환해 달라고 청구할 수 있는 권리가 된다.

→ 따라서, 또 다른 도식은 다음과 같다.

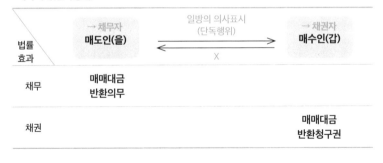

<계약해제(단독행위)>

법률효과	→ 채무자 매도인(을)	일방의 의사표시 (단독행위) X	→ 채권자 매수인(갑)
채무	매매대금 반환의무		
채권			매매대금 반환청구권

17. ⊙, ⓒ에 대한 이해로 가장 적절한 것은?

① ⊙은 매도인의 청구와 매수인의 이행으로 소멸한다.

② ⓒ은 채권자와 채무자의 의사 표시가 작용하여 성립한 것이다.

③ ⊙과 ⓒ은 ⊙이 이행되면 그 결과로 ⓒ이 소멸하는 관계이다.

④ ⊙과 ⓒ은 동일한 계약의 효과를 서로 다른 측면에서 바라본 것이다.

⑤ ⊙에는 물건을 인도할 의무가 있고, ⓒ에는 금전의 지급을 청구할 권리가 있다.

→ 도식을 참고하면, 우선 가장 눈에 띄는 것은 ⊙과 ⓒ은 같은 사건, 혹은 계약에 대한 채무와 채권의 관계가 아니라는 것이다. 많은 학생들이 '동전의 양면'이라는 비유에 홀려 3번과 4번 사이에서 고민했는데, 둘 모두 답이 아니었던 이유이다. 선지를 보기 전에, ⊙은 첫 번째 도식의 소유권이전의무이고, ⓒ은 두 번째 도식의 매매대금반환청구권이라는 것을 발문 위에 적고 가야 한다. 이 말을 똑같이 옮긴 것이 5번이다. 도식은 어중간하거나 불분명하게 보였던 관계들을 분명한 방향성과 분명한 정의로 언어화했다는 점에서 강력하다. <보기> 문제들에서 심심치 않게 나오는 지문과 같은 방향의 사례 해석 문제에 적용했을 때의 힘은 말할 것도 없다.

07_인덱싱

앞선 지문의 해설에서 "인덱싱"이라는 단어를 반복하여 사용했다. 인덱싱은 '선택과 집중'에서 선택되지 못했지만, 그곳에 정보가 있음을 알 수 있게 끔하는 장치이다. 인덱싱은 정보량이 많아 머릿속에 담기가 힘들지만, 정보량이 많기 때문에 반드시 문제화가 되리라 예상이 될 때, 인덱싱은 빠르게 지문으로 돌아갈 수 있는 앵커를 만들어 시간을 절약해주고, 읽을 때 쓸모없는 정보들을 처내어 핵심에 집중할 수 있도록 해준다.

인덱싱의 효과를 보려면 어느 정도의 원칙에 따라 인덱싱을 운용해야 한다. 무작정 정보량이 많다고 해서, 혹은 기억하지 못할 것 같다고 해서 인덱싱을 한다면 마구잡이로 정보를 저장해 두는 창고 그 이상도 이하도 되지 않을 것이기 때문이다.

인덱싱을 하고자 할 때 다음과 같은 질문을 던져 보자.

정보가 주제와 직결되어 있는가?

YES → 인덱싱의 궁극적인 목적은 주제에 집중하게 하는 선택과 집중이다. 그런데 주제와 직결되는 정보들을 인덱싱하면, 선택과 집중의 의미가 없어진다. 인덱싱하지 않고, 구획을 나누어 읽어나간다.

NO → 다음 질문으로.

이 인덱싱이 무엇을 의미하는지 명확하게 알고 있는가?

YES → 자신의 언어로 바꾸어 '이 정보가 여기에 있음'을 표시한다.

NO → 인덱싱의 두 번째 목적은 문제에서 인덱싱된 정보에 대하여 빠르게 왔다 갔다 할 수 있는 앵커를 만드는 것이다. 이 정보가 무엇을 뜻하는지 모른다면, 결국 우리는 처음부터 끝까지 다시 찾아야만 한다. 앞뒤에 분명히 이 정보를 한 마디로 압축할 수 있는 부분이 있을 것이다. 찾아서, '이 정보가 여기에 있음'을 표시한다.

📖 독해의 심화

학생들이 두려워하는 그래프, 표, 그림 읽기

대부분의 학생들이 시각 자료를 두려워한다. 그림이나 표가 지문 안에 있으면 그 지문은 쳐다보기도 싫어한다. 〈보기〉 문제 안에 그래프가 나오면 그 문제는 지레 겁먹고 주춤하거나 넘기기 일쑤다.

한번 생각해 보자. 굳이 평가원이 시각 자료를 준 이유가 무엇일까? 모든 시각 자료는 글로 풀어 쓸 수 있다. 그래프의 개형이나 표의 축을 번거롭게 잡고 편집하지 않아도 문자로 표현할 수 있다. 난도를 높이기 위해서는 오히려 순수하게 문자로만 표현하는 것이 하나의 방법일 수 있다. 주어진 시각 자료에 대입하고 필기하는 것은 비교적 쉽다. 온전히 이해되지 않아도, 시각 자료를 보면서 감을 잡을 수 있기 때문이다. 그러나 순수한 글을 시각 자료로 옮기기 위해서는 완전한 이해와 더불어 숙련된 몇몇 기술들이 필요하다. 글 전체를 한눈에 파악할 수 있어야 하고, 흐름을 끊고 연결할 줄 알아야 하며, 파악한 글의 내용을 적절한 축 위에 위치시킬 수 있는 능력을 지녀야 한다. 평가원이 학생들을 싫어해서, 학생들에게 골머리를 좀 앓아 보라고 시각 자료들을 던져 주는 것이 아니다. 오히려 학생들의 이해를 돕기 위해 그것들을 제공하는 것에 가깝다.

뒤집어 생각해 보자. 다른 도움 없이도, 대다수의 학생들이 온전히 읽어낼 수 있는 글에 굳이 시각 자료를 제시해 줄 필요가 있을까? 인력도 시간도 자원도 낭비인 데다가, 그렇잖아도 변별력을 만들어내기 어려운 지문의 변별력을 뭉개버리는 일일 테다. 따라서 평가원은 어느 정도 난도가 있는 지문에 시각 자료를 덧붙인다는 것을 알 수 있다. 이는 시각 자료가 출제되는 지문은, 일정 비율 이상의 학생들이 오로지 글로만은 이해하기 힘들다는 사실을 넘어 시각 자료와 함께하지 않으면 원활하게 읽히지 않을 가능성이 높은 지문이라는 사실까지도 암시한다.

시각 자료가 주어졌다면 그것을 적극적으로 이용하고, 주어지지 않았어도 지문이 지금까지 시각화된 자료들과 비슷한 축, 혹은 결을 가졌다면 스스로 글을 시각화할 생각도 해 보아야 한다. 시각 자료를 활용하기 위한 가장 기본적인 마음가짐은 시각 자료를 두려워하지 않는 것이다. 물론 어렵겠지만, 시각 자료만 보면 두려워 뒤로 물러났던 마음을, 어떤 시각 자료를 어떤 방식으로 해석할 수 있을까 하는 기대와 설렘으로 채워나가는 것이다. 두려움이 기대와 설렘으로 바뀌기까지는 무수한 반복이 필요하다. 많이 해석하고, 자신의 해석의 깊이를 가늠하고, 해석과 필기를 발판 삼아 문제의 정답을 짚어 보는 연습이 필요하다.

이 연습을 위해 시각 자료를 어떻게 읽어내야 하는지, 자주 활용되는 시각 자료인 그래프, 표, 그림에 대해 알아보자.

①그래프

그래프는 가장 까다롭게 낼 수 있는 시각 자료 유형이다. 그만큼 변형할 수 있는 여지가 많다. 그럼에도 불구하고 자주 나오거나 글에서 뽑아낼 수 있는 그래프 유형은 어느 정도 정해져 있다.

다음 지문을 읽고, 그래프를 보자.

> ✎ 2022학년도 수능 예비시행
>
> 충전과 방전을 통해 반복적으로 사용할 수 있는 충전지는 충전기를 통해 충전하는데, 충전기는 적절한 전류와 전압을 제어하기 위한 충전 회로를 가지고 있다. 충전지는 양극에 사용 되는 금속 산화 물질에 따라 납 충전지, 니켈 충전지, 리튬 충전 지로 나눌 수 있다. 충전지가 방전될 때 양극 단자와 음극 단자 간에 전위차, 즉 전압이 발생하는데, 방전이 진행되면서 전압이 감소한다. 이렇게 변화하는 단자 전압의 평균을 공칭 전압이라 한다. 충전지를 크게 만들면 충전 용량과 방전 전류 세기를 증가 시킬 수 있으나 전극의 물질을 바꾸지 않는 한 공칭 전압은 변하 지 않는다. 납 충

전지의 공칭 전압은 2V, 니켈 충전지는 1.2V, 리튬 충전지는 3.6V이다.

충전지는 최대 용량까지 충전하는 것이 효율적이며 이러한 상태를 만충전이라 한다. 최대 용량을 넘어서 충전하는 과충전 이나 방전 하한 전압 이하까지 방전시키는 과방전으로 인해 충전지의 수명이 줄어들기 때문에 충전 양을 측정·관리하는 것이 중요하다. 특히 과충전 시에는 발열로 인해 누액이나 폭발 의 위험이 있다. 니켈 충전지의 일종인 니켈카드뮴 충전지는 다른 충전지와 달리 메모리 효과가 있어서 일부만 방전한 후 충전하는 것을 반복하면 충/방전할 수 있는 용량이 줄어든다.

충전에 사용하는 충전기의 전원 전압은 충전지의 공칭 전압보다 높은 전압을 사용하고 충전지로 유입되는 전류를 저항으로 제한한다. 그러나 충전이 이루어지면서 충전지의 단자 전압이 상승하여 유입되는 전류의 세기가 점점 줄어들게 된다. 그러므로 이를 막기 위해 충전기에는 충전 전류의 세기가 일정하도록 하는 정전류 회로가 사용된다. 또한 정전압 회로를 사용하기도 하는데, 이는 회로에 입력되는 전압이 변해도 출력되는 전압이 일정하도록 해준다. 리튬 충전지를 충전할 경우, 정전류 회로를 사용하여 충전하다가 만충전 전압에 이르면 정전압 회로로 전환하여 정해진 시간 동안 충전지에 공급하는 전압을 일정하게 유지함으로써 충전지 내부에 리튬 이온이 고르게 분포될 수 있게 한다.

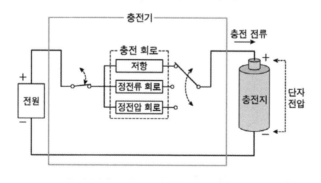

충전지의 ⊙만충전 상태를 추정하여 충전을 중단하는 방식에는 몇 가지가 있다. 최대 충전 시간 방식에서는, 충전이 시작 된 후 완전 방전에서 만충전될 때까지 소요될 것으로 추정되는 시간이 경과하면 무조건 충전 전원을 차단한다. 전류 적산 방식에서는 일정한 시간 간격으로 충전 전류의 세기를 측정하여, 각각의 값에 측정 시간 간격을 곱한 것을 모두 더한 값이 충전지의 충전 용량에 이르면 충전 전원을 차단한다. 충전 상태 검출 방식에서는 충전지의 단자 전압과 충전지 표면의 온도를 측정 하여 만충전 여부를 판정한다. 충전지에 충전 전류가 유입되면 충전이 시작되어 단자 전압과 온도가 서서히 올라간다. 충전 양이 만충전 용량의 약 80%에 이르면 발열량이 많아져 단자 전압과 온도가 급격히 올라간다. 만충전 상태에 가까워지면 단자 전압이 다소 감소하는데 일정 수준으로 감소한 시점을 만충전에 도달했다고 추정하여 충전 전원을 차단한다. 니켈 카드뮴 충전지의 경우는 단자 전압의 강하를 검출할 수 있으나 다른 충전지들의 경우는 이러한 전압 강하가 검출이 가능할 만큼 크게 나타나지 않기 때문에 최대 단자 전압, 최대 온도, 온도 상승률 등의 기준을 정하고 측정된 값이 그 기준들을 넘어서지 않도록 하여 과충전을 방지한다.

33. 다음은 어떤 충전지를 충전할 때의 단자 전압과 충전 전류를 나타낸 그래프이다. 윗글을 참고할 때, ㉮~㉺에 대한 이해로 적절하지 않은 것은? [3점] (2022 예비시행)

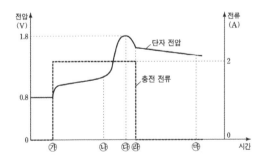

① ㉮ : 전압이 공칭 전압 이하인 상태에서 충전이 시작되는군.

② ㉯ : 충전 전류에 의해 온도가 상승하고 정전류 회로가 작동하고 있군.

③ ㉰ : 단자 전압이 최대에 도달했으므로 만충전에 이르렀군.

④ ㉱ : 정전류 회로가 작동을 멈추고 전원이 차단되었군.

⑤ ㉲ : 충전 전류가 흐르지 않는 상태에서 방전이 되고 있군.

1단계. 축 읽기

그래프를 읽을 때 가장 먼저 확인해야 할 것은 축이다. 축을 읽고, 축에 적힌 두 변수 간의 관계가 지문 내에서 어떻게 그려졌는지 확인한다. 관계를 한마디로 정의할 수 없어도 괜찮다. 오히려 단순한 비례, 반비례 관계의 경우에는 그래프로 나올 일이 적다.

가급적 축을 보기 전에 문제의 발문을 읽기를 권한다. 발문은 생각보다 많은 정보를 담고 있다. 어떤 충전지를 충전할 때의 단자 전압과 충전 전류에 관한 그래프라고 발문이 이야기하고 있는데, 그래프로 내려와서 보니 x축이 시간축, y축이 전압과 전류이다. 그렇다면 이 문제를 풀기 위해서는 시간에 따른 전압과 전류의 변화를 지문에서 어떻게 설명하고 있었는지를 확인해야 한다. 두 개의 축이 한 그래프에 함께 그려져 있을 때는 욕심내어 두 개의 변수를 같이 확인하려고 하지 말고, 하나하나씩 따로 떼어 본다.

우선, 충전 전류부터 보자. 충전 전류가 0이었다가, 갑자기 치솟아 수평을 유지하다가, 다시 0으로 떨어진다. 전류의 크기가 점진적으로 증가하거나 감소하지 않는 것으로 보아 정전류 회로 등의 문제는 아닐 테고, 단순히 충전 시작과 충전 끝을 의미하는 것 같다. 그렇다면 충전 시작부터 충전 끝까지의 단자 전압이 어떻게 변화하는지를 확인해야 하는데, 이것은 마지막 문단에 세 가지-최대 충전 시간 방식, 전류 적산 방식, 충전 상태 검출 방식-로 나누어져 있다. 따라서, 우리는 이 세 가지 중 어떤 방식을 채택하여 그래프로 옮겨 됐는지를 확인해야 할 것이다.

x축과 y축을 확인하였으면 어떤 변수를 기준으로 삼을지를 택해야 한다. 그 전에, 독립변수와 종속변수에 대하여 간단하게 짚고 넘어가자. 엄밀한 기준으로는 독립변수는 다른 변수의 변화와 관계없이 독립적으로 변화하는 변수이고 종속변수는 독립변수에 의해 결정되는 변수이지만, 더 쉽게 말하자면 독립변수는 원인, 종속변수는 결과이다. 독립변수가 움직여서 종속변수가 따라 움직이는 것이다.

이제 확인한 x축과 y축의 변수를 이 문형에 대입하여 보자.

"A가 ~하게 움직이면, B는 ~하게 움직인다."

여기에서 A가 독립변수이고, B가 종속변수이다. A에 따라 B가 움직이는 꼴의 문형이기 때문이다. 대부분의 시계열 그래프에서는 독립변수가 시간이고, 대부분의 그래프에서는 독립변수가 x축일 것이다. 그러나 특히 경제 지문에서는 독립변수가 y축인 경우가 잦고, 가끔 x축이 독립변수가 아닌 그래프도 출제되니 반드시 확인하자.

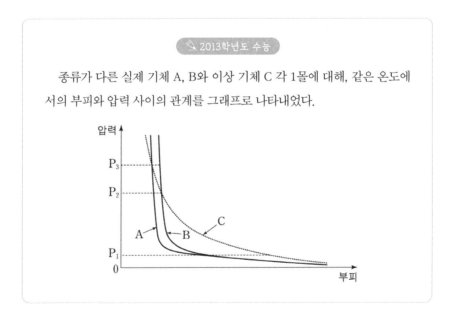

≫ 2013학년도 수능

종류가 다른 실제 기체 A, B와 이상 기체 C 각 1몰에 대해, 같은 온도에서의 부피와 압력 사이의 관계를 그래프로 나타내었다.

① 압력이 P_1에서 0에 가까워질수록 A와 B 모두 분자 간 상호작용이 증가되고 있음을 알 수 있군.

② 압력이 P_1과 P_2 사이일 때, A가 B에 비해 반발력보다 인력의 영향을 더 크게 받는다고 볼 수 있군.

③ 압력이 P_2와 P_3 사이일 때, A와 B 모두 반발력보다 인력의 영향을 더 크게 받는다고 볼 수 있군.

④ 압력이 P_3보다 높을 때, A가 B에 비해 인력보다 반발력의 영향을 더 크게 받는다고 볼 수 있군.

⑤ 압력을 P_3 이상에서 계속 높이면 A, B, C 모두 부피가 0이 되겠군.

→ 이 문제는 시계열 문제가 아니다. 따라서 독립변수와 종속변수의 구분이 조금 더 중요한 문제라고 할 수 있다. 그런데 그래프만 보고서는 무엇을 독립변수로 해야 할지 감이 잡히지 않는다. 압력이라고 해도 될 것 같고, 부피라고 해도 될 것 같다. 이럴 때는 선지를 본다. 선지를 읽고 푸는 것이 아니라, 선지 구조를 분석한다. 선지들이 모두 압력의 위치를 기준으로 묻고 있다. 따라서 독립변수를 압력으로 두고, 종속변수를 부피로 두는 것이 타당하다.

3단계. 크기, 방향, 시간으로 그래프 읽기

그래프는 x축이 시간일 경우가 많다. 그럼에도 불구하고 반드시 축을 확인해야 하는 이유는, 과학/기술 지문에서 다른 변수를 x축에 일부러 할당하는 경우가 있기 때문이다. 경제 등의 제재에 따라서 시간이 아닌 다른 변수 간의 관계를 묻는 경우도 있기 때문이다.

하지만 시간을 x축으로 삼는 그래프일 경우 이렇게 접근할 필요가 있다. 시간을 x축으로 삼는다는 것은 시간의 흐름에 따른 변화를 확인하겠다는 의미이다. 변화는 언제나 어떠한 사건으로 말미암아 발생한다. 그 사건은 힘이다. 다시 말하여, 힘이 있어야만 변화가 발생할 수 있다. 그래프로 따질 수 있는 변화는 정량적인 변화이다. 그렇다면 '힘'이란 무엇인가? 지금은 교육필수과정에서 빠져 일부 기하 선택자들만 알고 있겠지만, 힘은 벡터이다. 벡터는 크기에 방향을 더한 양이다. 즉 벡터는 크기와 방향으로 이루어져 있다. 그렇다면 우리는 x축을 시간으로 하는 그래프를 읽을 때 크기, 방향, 시간, 이 세 가지를 생각할 수 있어야 한다.

크기

잠시 문학 시간을 가져 보자. 원경과 근경을 어떻게 구분하는가? 가까이 있으면 근경, 멀리 있으면 원경이다. 그것이 다인가? 그렇다면 가깝고 먼 것은 어떻게 구분하는가? 내 앞에 자동차가 지나간다. 이것은 원경인가, 근경인가? 사실 일부 특수한 케이스를 제외하고, '원경에서 근경으로 이동한다.'와 같은 선지들은 모두 둘 이상의 사물들을 대조하여 판단하여야 한다. 내앞에 자동차가 지나가고, 그 후에 저 하늘의 구름을 봤다면, 자동차가 구름보다 분명히 내게 가까이 있으므로 이 시점의 자동차는 근경이고, 구름은 원경이다. 그러나 내 앞에 자동차가 지나가고, 내가 쪼그려 앉아 민들레 한 송이를 보았다면, 민들레가 자동차보다 분명히 내게 가까이 있으므로 이 시점의 자동차는 원경이고, 민들레가 근경이다.

다시 비문학으로 빠져나오자. 크기도 마찬가지이다. 내 앞에 30cm 정도되어 보이는 펜 하나가 놓여 있다. 그 펜이 크냐고 물으면 크다고 말할 것이다. 그 근거를 대어 보라고 하면 일반 펜들은 그 정도로 크지 않다고 답할 것이다. 일반 펜? 다시 말하여, 우리는 무언가를 일반적인 것들과 비교하는 경향이 있다. 하지만 수능 비문학은 종종 상식과 반하는 기술이 나오는 경향을 보인다. 또는 우리가 알고 있는 분야가 아니라서 상식을 사용할 수 없다. 그 말은, 크기는 지문 내에서 결정된다는 것이다. 크기는 편의상 '절대 크기'

와 '상대 크기'로 나누어 생각할 수 있다.

크기를 절대 크기라고 지칭하는 것은 잘못된 표기일지도 모른다. 그러나 절대적인 크기라는 사실은 변함없기에 편의상 절대 크기라고 명명하겠다. 절대 크기는 지문에서 '크다', 혹은 '작다'고 확실하게 수식된 대상, 혹은 힘이 이에 속한다.

> ✎ 2019학년도 6월 모의고사
>
> 직접 방식은 세균이나 분자량이 큰 단백질 등을 검출할 때 이용하고, 경쟁 방식은 항생 물질처럼 목표 성분의 크기가 작은 경우에 이용한다.
>
> → 경쟁 방식은 목표 성분의 크기가 작은 경우에 이용하므로, 직접 방식은 목표 성분의 크기가 큰 경우일 것이다. 여기에서는 세균이나 분자량이 큰 단백질의 크기가 크고, 항생 물질은 크기가 작다는 사실에 반발하면 안 된다. 자신의 생각과 다르다면 자신의 생각을 접어 두고 이 지문에서 명시된 바대로 읽어야 한다. 그것이 올바른 읽기이다.

절대 크기가 아닌 모든 대상, 혹은 힘의 크기는 상대 크기로 비교한다. 절대량이 나와 있지 않는 이상, 우리는 절대량을 생각할 필요가 없다. 어떤 힘이 다른 힘과 어떤 관계에 있는지만 생각하면 되는 것이다. 이 경우 크기는 대개 그래프에서 위아래로 움직이는 간격으로 확인할 수 있다.

방향

앞에서 언급한 것과 같은 원리로, 방향 또한 절대 방향과 상대 방향으로 나눌 수 있다. 두 명의 사람이 마주 보고 서 있다고 하자. 그 둘에게 자신의 오른쪽을 가리켜 보라고 하면 반대 방향을 가리킬 것이다. 반면, 같은 위치에 서 있는 둘에게 북쪽을 가리켜 보라고 하면 방위를 정확하게 알고 있는 한, 같은 방향을 가리킬 것이다. 전자의 오른쪽/왼쪽과 같은 위치 표시가 상대 방향이고, 후자의 북쪽/시계 방향과 같은 위치 표시가 절대 방향이다.

대개 그래프 문제에서의 방향은 상승과 하락에 제한되어 있다. 이때에도 무엇에 대한, 다시 말하여 종속적인 상승과 하락인지, 혹은 독립적인 상승과 하락인지를 구분할 필요가 있다.

다음은 절대 방향에 대한 예시 지문이다.

✎ 2014학년도 수능 B형

적도 상의 특정 지점에서 동일한 경도 상에 있는 북위 30도 지점을 목표로 어떤 물체를 발사한다고 하자. 이때 물체에 영향을 주는 마찰력이나 다른 힘은 없다고 가정한다. 적도 상의 발사 지점은 약 1,600km/h의 속력으로 자전하고 있다. 북쪽으로 발사된 물체는 발사 속력 외에 약 1,600km/h로 동쪽으로 진행하는 속력을 동시에 갖게 된다.

→ 어떤 그림을 그리든 적도에서 북위 30도 지점이라는 사실은 변하지 않는다. 굳이 힘든 길을 택할 사람은 없겠지만, 남반구와 북반구를 뒤집어 그린다 한들 적도에서 북위 30도 지점까지의 관계는 같다.

상대 방향에 대한 예시를 보자.

✎ ebs 2020 수능완성

그런데 영희는 다르다. 상식적으로는 영희가 볼 때 두 광선이 동시에 양 끝에 닿으려면 오른쪽으로 가는 빛의 속력이 왼쪽으로 가는 빛의 속력보다 빨라야 한다. 오른쪽으로 가는 광선은 기차 앞쪽이 자꾸 멀어지므로

먼 거리를 이동하게 되지만 왼쪽으로 가는 광선은 기차 뒤쪽이 다가오므로 더 가까운 거리를 이동하게 되기 때문이다. 하지만 아인슈타인의 가정에 의해 오른쪽으로 가는 광선은 같은 속력으로 먼 거리를 가므로 시간이 더 오래 걸리고, 왼쪽으로 가는 광선은 같은 속력으로 가까운 거리를 가므로 시간이 더 짧게 걸린다. 따라서 영희는 두 깃발이 동시에 올라오는 모습을 볼 수가 없다.

→ 왼쪽, 오른쪽 모두 영희의 입장에서 쓰였다는 것을 인지하여야 한다. 영희와 마주 보고 있는 사람 A가 있다면, 그 사람의 왼쪽과 오른쪽은 영희와 반대일 것이다.

만일 방향에 속도까지 더해졌을 때, 이를 그래프로 나타내야 한다면 기울기를 생각하면 된다. 빠르게 변화한다면 기울기가 가파를 것이고, 느리게 변화한다면 기울기가 완만할 것이다.

여기까지 배운 크기와 방향의 개념을 가지고 다음 지문을 정리해 보자.

✎ 2016학년도 수능 B형

어떤 물체가 물이나 공기와 같은 유체 속에서 자유 낙하할 때 물체에는 중력, 부력, 항력이 작용한다. 중력은 물체의 질량에 중력 가속도를 곱한 값으로 물체가 낙하하는 동안 일정하다. 부력은 어떤 물체에 의해서 배제된 부피만큼의 유체의 무게에 해당하는 힘으로, 항상 중력의 반대 방향으로 작용한다. 빗방울에 작용하는 부력의 크기는 빗방울의 부피에 해당하는 공기의 무게이다. (중략) 물체가 유체 내에 정지해 있을 때와는 달리, 유체 속에서 운동하는 경우에는 물체의 운동에 저항하는 힘인 항력이 발생하는데, 이 힘은 물체의 운동 방향과 반대로 작용한다. 항력은 유체 속에서 운동하는 물체의 속도가 커질수록 이에 상응하여 커진다.

→ 힘을 세로축으로, 크기와 방향을 가로축으로 하는 표로 만들 수 있다.

	크기	방향
중력	물체의 질량 × 중력 가속도	지구 중심 방향 (아래쪽)
부력	물체의 배제 부피만큼의 유체의 무게 = 유체 부피만큼의 질량 × 중력 가속도	중력의 반대 방향
항력	물체의 속도에 비례	물체의 운동과 반대 방향

→ 상대 방향에 주목하자. 부력은 '중력의' 반대 방향이고, 항력은 '물체의 운동'과 반대 방향이다. 반대 방향이라고 해서 모두 다 같은 반대가 아니라는 뜻이다.

→ 부력 칸을 유심히 보자. '무게 = 질량 × 중력 가속도'의 공식을 써 뒀다. 이렇게 정리한 이유는 위쪽에서 중력 가속도 개념을 사용하였고, 아무런 부연 설명이 없었기 때문이다. 실제로 무게와 질량의 관계는 중학교 1학년 과학에서 다루고, 고등학교 통합과학에서도 다룬다. 고득점을 하기 위해서는 평가원이 요구하는 어느 정도의 배경지식의 선을 맞출 필요가 있다. 이 지문은 맨 앞에서도 소개했던 지문이다. 다시 한 번 상기하자면, 당시 선택과학을 배우지 않은 문과 학생들만이 접해야 했던 지문이다.

시간

시간축을 x축으로 삼지 않는다면 중요도가 낮지만, 시간축을 x축으로 삼거나 다른 x축을 가지고 있음에도 불구하고 시간에 따라 변화하는 그래프 여러 개가 제시되었다면 반드시 확인할 사항이 있다.

우선, x축이 시간이 아닌 경우에는 두 그래프 사이의 변화를 확인해야 한다. 이 변화의 경우, 특정 점을 찍어서 확인하는 편이 편하다. 독립변수에 수직으로 선을 그은 후 수직선과의 교점이 위로 향했는지, 아래로 향했는지를 확인한다.

x축이 시간인 경우, 다시 말하여 시계열 그래프인 경우에는 지문에 시계

열을 암시하는 단어가 존재한다. 상대성이 존재해야만 의미를 지니는 단어들의 출현은 그 반대의 단어가 나올 것임을 암시한다. 이를테면, '단기'라는 단어가 나왔다면, '장기'는 어디에 있는지 반사적으로 확인하거나, 이후에 '장기'의 변화가 나올 것이므로 언제든 대처할 수 있게끔 예상하고 읽어나가야 한다.

🖊 2018학년도 수능

정책 수단 선택의 사례로 환율과 관련된 경제 현상을 살펴보자. 외국 통화에 대한 자국 통화의 교환 비율을 의미하는 환율은 장기적으로 한 국가의 생산성과 물가 등 기초 경제 여건을 반영하는 수준으로 수렴된다. 그러나 단기적으로 환율은 이와 괴리되어 움직이는 경우가 있다.

→ 앞서 한 번 소개했던 지문의 일부이다. 이전에는 단어 뭉갬에 초점을 맞추었었는데, 이번에는 상대성이 존재하는 단어를 기준으로 독해해보자. 장기가 나왔으므로, 당연히 단기가 나올 것으로 생각하고 읽어나가야 한다. 그런데 이때 단기가 장기와 괴리되어 움직인다고 하였으므로, 어떻게 괴리되는지를 생각해야 하겠다. 이제 우리는 어떤 것을 중심축으로 삼아 읽어야 하는지 안다. 이 지문은 현재 환율의 움직임에 대하여 말하고 있고, 움직임은 변화이며, 변화는 곧 힘과 같으므로, 방향과 크기를 축으로 두어 읽어야 한다. 이를 표의 축으로 표현하면 다음과 같다.

	방향	크기
장기		
단기		

→ 단기가 장기와 괴리되었다고 하였다. 괴리된다는 것은 다르다는 뜻이다. 우리는 초점을 안다. 환율은 정량적이고, 움직일 수 있다. 따라서, 향후 독해에서는 방향이 다른 것인지 혹은 크기가 다른 것인지를 확인하여야 한다. 날을 세워서 읽어 나가는 독해

방식은 독해의 전체적인 틀을 잡는 데에도 도움이 된다. 조금 더 읽어 보자.

만약 환율이 예상과는 다른 방향으로 움직이거나 또는 비록 예상과 같은 방향으로 움직이더라도 변동 폭이 예상보다 크게 나타날 경우 경제 주체들은 과도한 위험에 노출될 수 있다. 환율이나 주가 등 경제 변수가 단기에 지나치게 상승 또는 하락하는 현상을 오버슈팅(overshooting)이라고 한다.

→ 이제 우리는 어느 정도 표를 채울 수 있다.

	방향	크기
장기	A	기준 크기
단기	1) ~A 2) A	1) 무관 2) 장기보다 큰 폭

→ 이렇게 채운 표는 독해의 표지가 된다. 문제가 두 개로 갈라졌으니 앞으로 나오는 것이 어떤 문제에 더 부합하는지를 확인해야 할 것이다. 오버슈팅의 정의문이 "환율이나 주가 등 경제 변수가 단기에 지나치게 상승 또는 하락하는 현상"이라고 하였고, 우리가 여기에서 '지나치게'라는 크기의 변화를 잡는다면, 1)이 아닌 2)가 오버슈팅임을 알 수 있게 된다. 끝난 것이 아니다. 우리는 아직 환율이 어떤 상황일 때 어떤 방향으로 이동하는지를 모른다. 따라서, 오버슈팅을 이해하기 위해서는 장기/단기에 상관없이 상황에 따른 환율의 이동 방향만 알면 되는 것이고, 이는 우리의 독해에 있어 다음 목표가 되겠다.

이제 이 장기와 단기가 그래프에서 어떻게 시각화되는지 확인해 보자.

30. 다음 그래프들은 [가]에서 국내 통화량이 t 시점에서 증가하여 유지된 경우 예상 되는 ㉠~㉢의 시간에 따른 변화를 순서 없이 나열한 것이다.

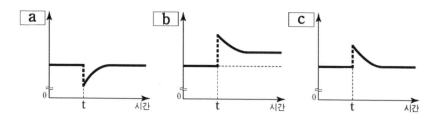

(단, t 시점 근처에서 그래프의 형태는 개략적으로 표현하였으며, t 시점 이전에는 모든 경제 변 수들의 값이 일정한 수준에서 유지되어 왔다고 가정한다. 장기 균형으로 수렴되는 기간은 변수 마다 상이하다.)

(1) 단기: 어떤 사건의 발생지점 이후 근방

발문에 '국내 통화량이 t 시점에서 증가하여 유지된 경우'라는 조건이 있으 므로, 단기는 t 시점 직후의 구간일 것이다. 가운데 그래프를 보면, (b)가 t 시 점에서 상승한 것을 알 수 있고, 왼쪽 그래프를 보면, (a)가 t 시점에서 하락 한 것을 알 수 있다.

(2) 장기: 점근선

수학에서, 어떤 한 지점에 무한히 다가간다는 것을 다른 말로 표현하면 어 떤 값을 향하여 점근한다고 한다. 그래프에서도 마찬가지이다. 어떤 한 지점 으로 무한히 다가가는 것, 그것이 점근선이다. 점근선으로 수렴하는 것이 곧 장기의 변화이다. 다만 장기의 변화는 단기의 변화와도 비교해야 하지만, y 축에 대한 수직선을 그어 사건 발생 전의 값과도 비교하는 것이 필요하다.

이를테면, (b)에 대한 그래프와 (c)에 대한 그래프는 장기의 변화, 즉 점근선의 위치만이 다른데, 장기의 변화를 단기의 변화와 비교하면 (b)와 (c)는 둘 다 하락한다. 그러나 사건 발생 전, 즉 초기값과 비교하면 (b)는 상승, (c)는 동일함을 알 수 있다. 문제처럼 보조선이 그어져 있다면 다행이지만, 그렇지 않다면 스스로 보조선을 그리는 연습을 하는 것이 좋다.

② 표

위에서는 그래프의 개형이 문제로 나오거나, 지문에서 중요하게 다루어지는 경우를 다루었다. 그런데 그래프의 좌푯값을 직접 찍어 그 값을 문제에 활용하여야 하는 경우도 있다. 이렇게 값을 직접 다루어야 할 경우에는 그래프보다 표가 한눈에 보기 편하다.

그런데 다시 한 번 생각해 보자. 표를 보고 바로 풀 수 있는 문제였다면, 과연 표라는 시각 자료를 줬을까? 시각 자료를 해석하여야 하는 문제는 시각 자료의 해석 자체가 문제의 난이도를 결정한다. 표만을 멀뚱히 바라보는 것으로 문제가 풀렸다면, 그 수많은 표 문제들이 높은 오답률을 기록하지도 않았을 것이다. 그렇다면 평가원은 우리에게 무엇을 바라고 표 문제를 냈을까? 이를 이해하기 위해서는 표의 핵심이 무엇인지를 파악할 수 있어야 한다.

우리가 표를 만들 때, 표의 안쪽 값들부터 써 넣는 경우는 없다. 표의 행과 열의 수를 결정할 때, 우리는 행과 열에 각각 무엇이 들어갈지를 정하는 것부터 시작한다. 표의 가장 왼쪽에 세로로 정렬되는 행에는 대개 대상이 할당되고, 표의 가장 위쪽에 가로로 정렬되는 열에는 대개 특성이 할당된다.

그런데 평가원은 모든 특성들을 내어주지 않는다. 그렇게 된다면 소수의 겁먹은 학생들을 제외한 모든 학생들은 표 문제를 쉽게 맞힐 것이기 때문이다. 평가원은 그 표를 보고 우리가 데이터를 정리함과 동시에 지문의 핵심

이 되는 다른 데이터를 산출해 주기를 바란다. 나는 표에 명시적으로 기재되어 있는 데이터를 1차 데이터, 1차 데이터들로부터 파생될 수 있는 데이터를 2차 데이터라고 부르겠다. 우리가 해야 할 일은 1차 데이터에서 2차 데이터를 뽑아내는 것이다. 사안에 따라 그보다 더 많은 데이터를 확인해야 할 수도 있겠지만, 기본 원리는 같다.

1단계: 축 읽기

우선, 그래프와 마찬가지로 축을 읽는다. 행과 열에 어떤 대상과 어떤 특성들이 나타나 있는지 파악한다.

2단계: 2차 데이터 특성 파악

반드시 지문에는 나타나 있지만 〈보기〉의 표에는 나타나 있지 않은 특성이 있을 것이다. 그것을 찾기 위해 우리는 특성들을 살피고, 그 특성들이 산술적인 연산이나 대수적인 비교를 통해 찾아낼 수 있는 다른 정보를 지문 내에서 찾는다. 대표적인 예시가 변화량이다. 지문에서 변화량에 대해 이야기하였다면, 선지에는 반드시 단일 데이터들만이 남아 있다. A와 B의 변화량에 대한 글이었거나 그 변화량으로 인한 유의미한 결과를 지문 안에서 서술하였다면, 반드시 A와 B 각각에 대한 데이터만 표 안에 존재할 것이다.

3단계: 2차 데이터 채워 넣기

그렇다면 우리는 가로축을 연장하여 '2차 데이터 특성'을 특성에 추가한 후, 각각의 대상에 대한 2차 데이터를 산출해 내야 할 것이다. 본인이 할 수 있는 만큼 2차 데이터를 채워 넣고 나서야 선지로 내려갈 자격이 생긴 것이다.

아래 지문과 〈보기〉를 보면서 확인해 보자.

경제학에서는 증거에 근거한 정책 논의를 위해 사건의 효과를 평가해야 할 경우가 많다. 어떤 사건의 효과를 평가한다는 것은 사건 후의 결과와 사건이 없었을 경우에 나타났을 결과를 비교하는 일이다. 그런데 가상의 결과는 관측할 수 없으므로 실제로는 사건을 경험한 표본들로 구성된 시행집단의 결과와, 사건을 경험하지 않은 표본들로 구성된 비교집단의 결과를 비교하여 사건의 효과를 평가한다. 따라서 이 작업의 관건은 그 사건 외에는 결과에 차이가 날 이유가 없는 두 집단을 구성하는 일이다. 가령 어떤 사건이 임금에 미친 효과를 평가할 때, 그 사건이 없었다면 시행집단과 비교집단의 평균 임금이 같을 수밖에 없도록 두 집단을 구성하는 것이다. 이를 위해서는 두 집단에 표본이 임의로 배정되도록 사건을 설계하는 실험적 방법이 이상적이다. 그러나 사람을 표본으로 하거나 사회 문제를 다룰 때에는 이 방법을 적용할 수 없는 경우가 많다.

이중차분법은 시행집단에서 일어난 변화에서 비교집단에서 일어난 변화를 뺀 값을 사건의 효과라고 평가하는 방법이다. 이는 사건이 없었더라도 비교집단에서 일어난 변화와 같은 크기의 변화가 시행집단에서도 일어났을 것이라는 평행추세 가정에 근거해 사건의 효과를 평가한 것이다. 이 가정이 충족되면 사건 전의 상태가 평균적으로 같도록 두 집단을 구성하지 않아도 된다.

이중차분법은 1854년에 스노가 처음 사용했다고 알려져 있다. 그는 두 수도 회사로부터 물을 공급받는 런던의 동일 지역 주민들에 주목했다. 같은 수원을 사용하던 두 회사 중 한 회사만 수원을 바꿨는데 주민들은 자신의 수원을 몰랐다. 스노는 수원이 바뀐 주민들과 바뀌지 않은 주민들의 수원 교체 전후 콜레라로 인한 사망률의 변화들을 비교함으로써 콜레라가 공기가 아닌 물을 통해 전염된다는 결론을 내렸다. 경제학에서는 1910년대에 최저임금제 도입 효과를 파악하는 데 이 방법이 처음 이용되었다.

평행추세 가정이 충족되지 않는 경우에 이중차분법을 적용하면 사건의 효과를 잘못 평가하게 된다. 예컨대 어떤 노동자 교육 프로그램의 고용 증가 효과를 평가할 때, 일자리가 급격히 줄어드는 산업에 종사하는 노동자의 비중이 비교집단에 비해 시행 집단에서 더 큰 경우에는 평행추세 가정이 충족되지 않을 것이다. 그렇다고 해서 집단 간 표본의 통계적 유사성을 높이려고 사건 이전 시기의 시행집단을 비교집단으로 설정하는 것이 평행추세 가정의 충족을 보장하는 것은 아니다. 예컨대 고용처럼 경기변동에 민감한 변화라면 집단 간 표본의 통계적 유사성보다 변화 발생의 동시성이 이 가정의 충족에서 더 중요할 수 있기 때문이다.

여러 비교집단을 구성하여 각각에 이중차분법을 적용한 평가 결과가 같음을 확인하면 평행추세 가정이 충족된다는 신뢰를 줄 수 있다. 또한 시행집단과 여러 특성에서 표본의 통계적 유사성이 높은 비교집단을 구성하면 평행추세 가정이 위협받을 가능성을 줄일 수 있다. 이러한 방법들을 통해 이중차분법을 적용한 평가에 대한 신뢰도를 높일 수 있다.

<보기>

아래의 표는 S 국가의 P주와 그에 인접한 Q주에 위치한 식당들을 1992년 1월 초와 12월 말에 조사한 결과의 일부이다. P주는 1992년 4월에 최저임금을 시간당 4달러에서 5달러로 올렸고, Q주는 1992년에 최저임금을 올리지 않았다. P주 저임금 식당들은, 최저임금 인상 전에 시간당 4달러의 임금을 지급했고 최저임금 인상 후에 임금이 상승했다. P주 고임금 식당들은, 최저임금 인상 전에 이미 시간당 5달러보다 더 높은 임금을 지급했고 최저임금 인상 후에도 임금이 상승하지 않았다. 이때 최저임금 인상에 따른 임금 상승이 고용에 미친 효과를 평가한다고 하자.

집단	평균 피고용인 수(단위 : 명)		
	사건 전(A)	사건 후(B)	변화(B-A)
P주 저임금 식당	19.6	20.9	1.3
P주 고임금 식당	22.3	20.2	-2.1
Q주 식당	23.3	21.2	-2.1

표를 분석해 보자. 대상으로는 집단이, 특성으로는 평균 피고용인 수가 지정되었다. 집단에는 P주 저임금 식당, P주 고임금 식당, Q주 식당이 존재한다. 이 글은 사건의 효과 평가에 대한 글이므로 집단을 시행집단과 비교집단으로 나누는 작업을 먼저 진행한다. 사건을 경험한 집단이 시행집단, 사건을 경험하지 않은 집단이 비교집단이므로 P주 저임금 식당은 시행집단, Q주 식당은 비교집단이다. 이때, P주 고임금 식당은 이미 최저임금보다 높은 임금을 받고 있었으며 최저임금 인상 후에도 임금이 상승하지 않았으므로 사건을 경험하지 않은 비교집단이다.

특성을 확인해 보자. 사건 전후, 그리고 변화가 나와 있다. 언뜻 보면 변화량이 특성으로 나와서 2차 데이터를 분석할 필요가 없는 것처럼 보인다. 이쯤에서 글의 전체 얼개를 더듬어 보자. 글은 기본적인 사건의 효과를 평가하는 방식(1문단)과 실험적 방법의 한계를 극복한 이중차분법으로의 사건 효과 평가 방식에 대하여 이야기한다(2문단~). 그런데 1문단에서의 사건 효과 평가에 사용되는 실험적 방법은 이 표에 적용할 수 없다. 시행집단과 비교집단의 상태가 평균적으로 같지 않기 때문이다. 그렇다면 이 표는 이중차분법을 적용하여 분석하라는 말이 된다.

이중차분법의 정의는 시행집단에서 일어난 변화에서 비교집단에서 일어난 변화를 뺀 값을 사건의 효과라고 평가하는 방법이다. 따라서, 우리가 언뜻 보기에는 줄어든 것 같았던 변화조차도 효과를 위한 1차 데이터에 불과하다. 그렇다면 여기서, 우리는 두 가지를 생각해야 한다.

첫 번째로, 사건의 효과를 확인해야 한다. 시행집단에서 일어난 변화에서 비교집단에서 일어난 변화를 빼야 하므로, P주 저임금 식당과 P주 고임금 식당 간의 효과는 3.4이고, P주 저임금 식당과 Q주 식당 간의 효과 또한 3.4 이다.

집단	평균 피고용인 수(단위 : 명)			효과
	사건 전(A)	사건 후(B)	변화(B-A)	
시행집단	19.6	20.9	1.3	
비교집단	22.3	20.2	-2.1	3.4
비교집단	23.3	21.2	-2.1	3.4

두 번째로, 이중차분법이 어떤 가정에 근거하였는지에 대하여 생각해야 한다. 이중차분법은 평행추세 가정을 만족해야만 신뢰 가능한 결과를 낸다. 따라서 우리는 이 데이터들이 평행추세 가정을 만족했는지 확인해 볼 필요가 있다. "여러 비교집단을 구성하여 각각에 이중차분법을 적용한 평가 결과가 같음을 확인하면 평행추세 가정이 충족된다는 신뢰를 줄 수 있다."라는 말에 의거하여, 각각에 이중차분법을 적용한 평가 결과가 3.4로 같으므로 평행추세 가정을 만족하며, 효과가 3.4라는 것은 신뢰할 수 있다.

사실 엄밀히 따지자면 첫 번째와 두 번째 방법은 바뀌는 것이 더 나은 풀이 방식이다. 데이터를 보고 평행추세 가정을 만족했는지를 생각한 후, 가정을 만족하였을 때 사건의 효과를 확인하는 것이 논리적으로나 보편적으로나 옳을 것이다. 독해 시 별다른 생각을 하지 않았다면, 직관적으로 "이중차분법을 적용한 평가 결과가 같음을 확인"이라는 설명에 따라 위의 해설처럼 푸는 것이 가장 쉬웠을 것이다.

그러나 독해 시 "여러 비교집단을 구성하여 각각에 이중차분법을 적용한 평가 결과가 같음을 확인하면 평행추세 가정이 충족된다는 신뢰를 줄 수 있다."라는 문장을 읽으며 시행집단은 하나인데 비교집단은 여러 개일 때, 이 중차분법을 적용한 평가 결과가 같으려면 비교집단 간의 변화만 같으면 되겠다는 생각까지 도달했다면 먼저 평행추세 가정의 만족을 확인한 후, 사건의 효과를 계산하는 조금 더 나은 방식으로 풀 수 있었을 것이다.

물론 특성이 행과 열에 존재하지 않는 경우도 있다. 표에 들어갈 값의 종류를 미리 정해 두고 두 대상 사이의 관계에서 산출되는 값을 기록하는 방식도 존재하지만, 이 또한 비슷한 방식으로 접근하면 된다. 2차 데이터가 필요하다면 2차 특성을 찾고, 데이터를 채워 넣거나 기록한다. 이 과정에서 다른 표를 그려야 할 수도 있지만 익숙해지면 어렵지 않다.

'뺀 값'과 '차이'의 차이에 대해 알기

직접 표를 그리다 보면 어떤 특성에서 다른 특성을 빼야 할 때도 있고, 혹은 그 둘을 빼서 절댓값을 취해야 할 때도 있다. 평소에는 괜찮다가도 시험을 볼 때 절 댓값을 붙여야 하나, 빼야 하나 고민하게 될 가능성을 차단하기 위해 먼저 정확하게 알고 가자.

다음 지문은 전체 지문이 아니라, 〈보기〉를 분석하는 데 필요한 정도의 지문을 일부 발췌하여 가져왔음을 밝힌다.

✎ **2019년 3월 서울시교육청 모의고사**

지구는 태양과의 거리가 가장 가까운 근일점에서 공전 속도가 가장 빠르다. 그러므로 북반구에서 관측한 태양은 동지 즈음에 가장 빠르게 운행하는 것으로 보이고, 하지 즈음에 가장 느리게 운행하는 것으로 보인다. 그래서 『칠정산 내편』은 근일점과 동지가 일치한다고 보았다. 즉 동지와 하지에서 태양의 실제 위치가 평균 속도로 운행한 태양의 위치와 일치한다고 설정한 것이다. 그리고 동지부터 하지 사이를 영, 하지부터 동지 사이를 축이라 했다. '영축차'는 태양의 실제 위치에서 평균 위치를 뺀 값이다.

그러므로 영에서의 값인 '영차'는 양의 값이고, 축에서의 값인 '축차'는 음의 값이다. 달 역시 지구와 가까울수록 빠르게 움직인다. 그래서 달이 지구와 가장 가까이 위치할 때인 근지점에서 '지질차'의 값을 0으로 간주했다. '지질차'란 달의 실제 위치에서 평균 위치를 뺀 값인데, 근지점부터 달이 지구와 가장 멀리 떨어져 있는 원지점까지는 달의 실제 위치가 평균 위치보다 앞선다. 그리고 원지점부터 근지점까지는 그 반대이다. 달의 실제 위치가 평균 위치보다 앞서면 '질차', 뒤처지면 '지차'라 했다.

달이 태양과 지구 사이에 놓여 태양을 가릴 때를 삭(朔), 지구가 태양과 달 사이에 놓여 달을 가릴 때를 망(望)이라 한다. 정삭과 정망은 지구와 달이 태양과 정확히 일직선 위에 놓이게 될 때의 시각이다. 『칠정산 내편 정묘년 교식 가령』과 『교식 추보법 가령』 모두 정삭, 정망은 태양과 달의 평균 위치로 계산된 경삭과 경망에 실제 태양과 달의 빠르고 느린 정도를 가하거나 감하여 구했다. 이를 가감차 방식이라 한다. 가감차 값은 영축차에서 지질차를 뺀 값을 속도항 값으로 나누어 구했다. 즉 가감차 값이 양일 때에는 그 값을 경삭, 경망에 더하는 가차로 삼았고, 음일 때에는 그 값을 경삭, 경망에서 빼는 감차로 삼았다. 앞에서 언급한 두 가령 모두 영축차에서 지질차를 뺀 값에는 거의 차이가 없다. 하지만 『칠정산 내편 정묘년 교식 가령』은 속도항 값으로 달의 이동 속도를 활용했지만, 『교식 추보법 가령』은 달의 이동 속도에서 태양의 이동 속도를 뺀 값을 활용했다. 이는 태양이 달에 비해 느린 속도로 달과 같은 방향으로 이동하는 것처럼 보이는 현상을 고려한 것이다.

19. <보기>를 참고하여 윗글을 이해한 내용으로 적절한 것은?

<보기>

정묘년(1447년) 8월은 하지를 지나 동지로 가는 시점으로, 경삭이 일어날 때 달은 원지점에서 근지점으로 이동하고 있었다. 『칠정산 내편 정묘년 교식 가령』과 『교식 추보법 가령』의 추보법에 의하면 경삭이 일어날 때 태양의 실제 위치와 평균 위치의 차는 약 2.39였고, 달의 실제 위치와 평균 위치의 차는 약 4.99였다.

① 정묘년 8월 경삭 때 달의 실제 위치가 평균 위치보다 앞서 있었을 것이다.

② 정묘년 8월 정삭 추보에서 가감차 값은 『칠정산 내편 정묘년 교식 가령』이 『교식 추보법 가령』보다 더 컸을 것이다.

③ 정묘년 8월 정삭 추보에서 두 가령 모두 경삭에 가감차 값을 더하는 가차로 삼았을 것이다.

④ 정묘년 8월 정삭 추보에서 두 가령 모두 가감차 계산에 영차를 사용했을 것이다.

⑤ 정묘년 8월 정삭 때 지구가 태양과 달 사이에 있었을 것이다.

    <보기>에서 숫자들은 2.39, 4.99로 모두 양수이다. 따라서 보기를 주의 깊게 읽지 않았다면, 실제 위치와 평균 위치의 차이므로 영축차/지질차 = 실제 위치 - 평균 위치라고 생각하여 쉽게 2.39는 영차이고, 4.99는 질차라고 생각하고 문제를 풀어 나갔을 수 있다.

    그러나 여기에서 주의 깊게 눈여겨보아야 할 부분은 '차'라는 단어이다. '차'는 차이를 뜻한다. 차이는 큰 수에서 작은 수를 뺀 값이다. 다시 말해서, 두 수의 순서에 상관없이 절댓값, 즉 양수가 값으로 도출된다는 소리이다. 우리는 절댓값만 알고 있을 뿐, 그 수의 부호는 모르므로 영차와 축차, 지차와 질차를 먼저 구분한 후 부호를 부여할 수 있어야만 한다.

이를 위하여 〈보기〉의 시작 부분을 보자. "정묘년(1447년) 8월은 하지를 지나 동지로 가는 시점으로, 경삭이 일어날 때 달은 원지점에서 근지점으로 이동하고 있었다." 하지에서 동지 사이는 축에 해당하고, 축차는 음수이므로 (-)값을 띤다. 달의 경우, 원지점에서 근지점 사이의 경우 달의 평균 위치가 실제 위치보다 앞서므로, 지차이며 (-)값을 띤다. 따라서 가감차 값의 경우, 가감차 = (영축차-지질차)/속도항이고, 속도항은 언제나 양수이므로 부호에 영향을 주지 않고, -2.39-(-4.99) = 2.60이고, 이 값이 양이므로 가차임을 알 수 있다.

만일 숫자 계산이 필요한 문제이고, 무엇인가를 빼야만 하는데 A에서 B를 뺐다는 것과 같이 명시적으로 표현되지 않고 차, 혹은 차이로 뭉개져 있다면, 반드시 부호를 확인하자. 절댓값으로 학생들을 헷갈리게 하려는 시도일지도 모른다.

③그림

그림은 표와 그래프를 해석할 때와는 달리 직관적이다. 표처럼 2차 특성을 생각할 필요도 없고, 그래프처럼 고려해야 할 사항이 많지도 않다. 단지 그림에 자신이 읽은 것들을 옮겨 적으면 된다. 특정한 구조 내에서 여러 단계를 거치는 과정의 전개 방식을 채택한 지문에서 주로 나오는데, 특히 기술 지문이나 생물 지문에서 이 특징이 두드러진다.

사실 그래프나 표는 독해하면서 그려 보라는 솔루션을 제시하기에는 현실적으로 다소 어렵다. 만일 숙달된다면 누가 말하지 않아도 그 편이 더 글을 한눈에 볼 수 있는 장치이므로 그리지는 않더라도 머릿속으로 한 번쯤 스쳐지나갈 것이고, 중요하다고 생각된다면 어딘가에 메모해 둘 것이다. 공부를 할 때는 시간을 넉넉하게 잡고 그려 보는 연습을 하는 것도 좋다. 그것으로 말미암아 실전에서 그래프와 표를 그릴 수 있는 수준까지 끌어올리는 것이 목표이지만, 그것이 안 될 수도 있다. 괜찮다. 그렇게 하지 않아도 충분히 국어를 잘 풀 수 있다.

그러나 그림은 아니다. 반드시 과정이 두드러지는 제재들을 만났을 때, 그림이 존재하는지부터 확인해야 한다. 그림이 존재한다면, 독해 시 그림을 옆에 끼고 그림이 시작되는 시점부터 그림에 지문을 일대일 대응시키며 필기할 부분은 필기해야 하고, 흐름은 화살표로 표시해야 한다. 그런데 그림이 존재하지 않는다면 우리는 반드시 그림을 그려야 한다.

그림을 그리면 시간이 모자라지 않냐는 질문을 수도 없이 많이 받았다. 나는 역으로 묻고 싶다. 그림을 그리지 않으면 시간이 모자라지 않은가?

과학/기술의 과정에서 문제가 나왔을 때, 그 문제를 막힘없이 편하게 풀 수 있는가? 사실상 불가능에 가깝다. 그것을 한 번에 머리에 정리할 수 있는 것은, 배경지식이 있었거나 이 책이 필요하지 않을 정도의 독해 체력을 이미 지니고 있기 때문이다. 우리는 대부분 과학/기술 지문을 읽을 때 내가 제대로 이해했는지 여부도 모르는 채, 그저 압도적인 정보량에 깔려 허우적대면서도 어쨌거나 읽어야 하니까, 라는 말로 합리화하면서 눈만 굴러가게 놓아둔다. 사고는 감각을 따라가지 못하는데도 계속해서 감각만 앞서나간다. 그러고서 과정에 대하여 묻는 문제가 나오면 그 부분으로 다시 돌아간다. 돌아가서 또 읽는다. 읽는데도 제대로 읽고 있는지 알 수 없다. 흐름을 놓치기라도 하면 다시 읽어야 한다. 그러면서 시간을 날린다. 독해를 제대로 안 했으니 문제에서 시간이 날아가는 것이다.

그렇다면, 차라리 독해를 제대로 하고 문제를 빠르게 풀어내는 것이 낫지 않을까?

✒ 2023학년도 6월 모의고사

비타민 K는 혈액이 응고되도록 돕는다. 지방을 뺀 사료를 먹인 병아리의 경우, 지방에 녹는 어떤 물질이 결핍되어 혈액 응고가 지연된다는 사실을 발견하고 그 물질을 비타민 K로 명명했다. 혈액 응고는 단백질로 이루어진 다양한 인자들이 관여하는 연쇄 반응에 의해 일어난다. 우선 여러 혈액 응고 인자들이 활성화된 이후 프로트롬빈이 활성화되어 트롬빈으로 전환되고, 트롬빈은 혈액에 녹아 있는 피브리노겐을 불용성인 피브린으로 바꾼다. 비타민 K는 프로트롬빈을 비롯한 혈액 응고 인자들이 간세포에서 합성될 때 이들의 활성화에 관여한다. 활성화는 칼슘 이온과의 결합을 통해 이루어지는데, 이들 혈액 단백질이 칼슘 이온과 결합하려면 카르복실화되어 있어야 한다. 카르복실화는 단백질을 구성하는 아미노산 중 글루탐산이 감마-카르복시글루탐산으로 전환되는 것을 말한다. 이처럼 비타민 K에 의해 카르복실화되어야 활성화가 가능한 표적 단백질을 비타민 K-의존성 단백질이라 한다.

13. 윗글을 참고할 때 <보기>의 (가)~(다)를 투여함에 따라 체내에서 일어나는 반응을 예상한 내용으로 적절하지 않은 것은?

<보기>

다음은 혈전으로 인한 질환을 예방 또는 치료하는 약물이다.

(가) 와파린: 트롬빈에는 작용하지 않고 비타민 K의 작용을 방해함.

(나) 플라스미노겐 활성제: 피브리노겐에는 작용하지 않고 피브린을 분해함.

(다) 헤파린: 비타민 K-의존성 단백질에는 작용하지 않고 트롬빈의 작용을 억제함.

① (가)의 지나친 투여는 혈관 석회화를 유발할 수 있겠군.

② (나)는 이미 뭉쳐 있던 혈전이 풀어지도록 할 수 있겠군.

③ (다)는 혈액 응고 인자와 칼슘 이온의 결합을 억제하겠군.

④ (가)와 (다)는 모두 피브리노겐이 전환되는 것을 억제하겠군.

⑤ (나)와 (다)는 모두 피브린 섬유소 그물의 형성을 억제하겠군.

그림은 꼭 환상적으로 잘 그릴 필요는 없다. 혹은 온전한 현실과 맞아떨어져야 할 필요도 없다. 완벽하지 않아도 된다는 소리다. 단지 지문이 그림으로 일목요연하게 표현되기만 하면 된다.

이 문항은 이후 문제 풀이 편에서 한 번 더 다룬다. 그 전에, 그림을 그리지 않고 풀어 본 것과 그림을 그리고 풀어 본 것, 본인이 푼 두 가지 방법을 비교해 보자. 압도적으로 후자가 훨씬 깔끔하게 풀릴 것이다. 다시 말하지만, 독해에 시간을 쏟는 것과 문제에 시간을 쏟는 것 중 고민하고 있다면, 전

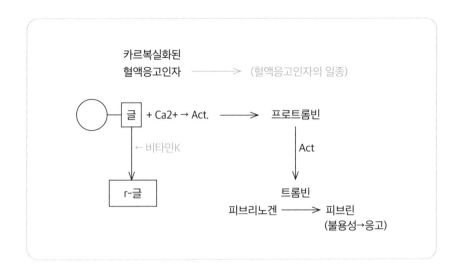

자가 반드시 낫다.

그림을 그려야 하는 것은 과학/기술 지문뿐만이 아니다. 그것이 무엇이 되었든 구조가 존재하거나 대상과 대상 사이에 위치 관계가 존재한다면 그려 두는 것이 좋다. 완벽을 기하려고 노력하지 말자. 완벽한 그림을 그릴 수 있다면 우리는 여기 앉아 문제를 푸는 것이 아니라, 그 분야의 전문가가 되었을 것이다. 불완전한 도식으로도 충분히 국어라는 과목과 승부를 볼 수 있다.

어려운 문장과 중요한 문장 구별하며 읽기

독해를 하다 보면 필연적으로 어려운 문장을 만난다. 어려운 문장이 언제나 중요한 문장인가? 당연히 아니다. 어려운 문장과 중요한 문장은 반드시 구분되어야 한다. 그러나 학생들의 독해를 되짚다 보면, 이런 말들을 많이 듣는다. "문장이 어려워서 이걸 이해하지 않으면 뒤를 이해하지 못할 것 같았어요.", "어려운 문장에서 잡혀서 그 문장이 자꾸 머리를 맴돌았어요."

물론 어려운 문장을 이해할 수 있다면 좋다. 그리고 평가원은 반드시 지문

내에서 모든 것을 이해할 수 있게끔 아름답게 지문을 구성하기 때문에, 이것을 목표로 공부하는 것은 나쁘지 않다. 그러나 어려운 문장과 중요한 문장을 구별하여 중요하지 않은 어려운 문장에 현혹되지 않는 것이 효율적이다.

2017학년도 수능

논리실증주의자와 포퍼는 수학적 지식이나 논리학 지식처럼 경험과 무관하게 참으로 판별되는 분석 명제와, 과학적 지식처럼 경험을 통해 참으로 판별되는 종합 명제를 서로 다른 종류라고 구분한다. 그러나 콰인은 총체주의를 정당화하기 위해 이 구분을 부정하는 논증을 다음과 같이 제시한다. 논리실증주의자와 포퍼의 구분에 따르면 "총각은 총각이다."와 같은 동어 반복 명제와, "총각은 미혼의 성인 남성이다."처럼 동어 반복 명제로 환원할 수 있는 것은 모두 분석 명제이다. 그런데 후자가 분석 명제인 까닭은 전자로 환원할 수 있기 때문이다. 이러한 환원이 가능한 것은 '총각'과 '미혼의 성인 남성'이 동의적 표현이기 때문인데 그게 왜 동의적 표현인지 물어보면, 이 둘을 서로 대체하더라도 명제의 참 또는 거짓이 바뀌지 않기 때문이라고 할 것이다. 하지만 이것만으로는 두 표현의 의미가 같다는 것을 보장하지 못해서, 동의적 표현은 언제나 반드시 대체 가능해야 한다는 필연성 개념에 다시 의존하게 된다. 이렇게 되면 동의적 표현이 동어 반복 명제로 환원 가능하게 하는 것이 되어, 필연성 개념은 다시 분석 명제 개념에 의존하게 되는 순환론에 빠진다. 따라서 콰인은 종합 명제와 구분되는 분석 명제가 존재한다는 주장은 근거가 없다는 결론에 도달한다.

순환론을 설명한 부분이 이해가 되는가? 이 지문은 워낙 유명한 지문이므로 여러 번 본 학생들도 있을 것이다.

우선, 이 부분의 독해를 어떻게 해야 하는지 살펴보자. 먼저, 순환론을 설명한 부분을 도식화하여 이어보면 다음과 같다.

여기에서 어려운 부분은 단연, "하지만 이것만으로는 두 표현의 의미가 같다는 것을 보장하지 못해서, 동의적 표현은 언제나 반드시 대체 가능해야 한다는 필연성 개념에 다시 의존하게 된다. 이렇게 되면 동의적 표현이 동어 반복 명제로 환원 가능하게 하는 것이 되어, 필연성 개념은 다시 분석 명제 개념에 의존하게 되는 순환론에 빠진다."일 것이다.

'② 필연성 개념' 부분부터는 대부분의 학생들이 논리가 비약된 것 아니냐고 느낄 만큼 껑충 건너뛰었다. 그러나 늘 그러했듯, 평가원은 논리를 준다. 생각해 보자. 우선, 동의적 표현 상호 대체 시 진리치가 변화한다는 사실은 문제가 되지 않는다. 문제는 "그러나"로 시작되는데, 이것만으로 보장이 불가능하기 때문에 들여온 "필연성" 개념이다. 이것은 마지막에서 두 번째 문장에서 "필연성 개념은 다시 분석 명제 개념에 의존하게 되는 순환론에 빠진다."라는 말로도 확인할 수 있다.

그렇다면 우리가 해야 하는 것은 필연성 개념이 왜 다시 분석 명제 개념에 의존하는지를 밝히는 것이다. 그것을 위해서는 분석 명제의 정의문을 다시 한 번 찾아갈 필요성이 있다. 분석 명제는 무엇인가? "경험과 무관하게 참으로 판별되는" 명제이다. 그렇다면 필연성 개념에 "경험과 무관하게 참으로 판별되는" 부분이 존재하는가? 필연성 개념의 정의문을 다시 한 번 보자. "언제나 반드시 대체 가능해야 한다는 필연성 개념"이다. 이제 보이면 된다. "경험과 무관하게 참으로 판별되는" 것은, "언제나 반드시 대체 가능해야 한다"는 것과 같다. 그래서 필연성 개념이 분석 명제인 것이다. 여기까지 이해하였다면 순환론이라는 것도 자연스럽게 사이클이 돈다는 것을 받아들일 수 있다.

다시 한 번 강조한다. 아무 생각도 하지 않고 왜 필연성 개념이 분석 명제 개념에 의존하지? 라는 의문만 가지면 이해가 불가능하다. 왜 이 문장을 이해하기 어려운지를 먼저 파악하고, 필연성 개념과 분석 명제의 관계 파악이 어렵다는 것을 인지하면, 결국 둘의 정의문을 비교하여 생각할 수 있다. 지문이 준 정보를 받아들이고, 확실하게 나와 있는 결론에 도달하기 위한 논리가 무엇일지에 대한 생각의 과정이다

그러나 이러한 접근은 이상적일지인정 몇 가지의 전제조건이 필요하다. 첫째로 이러한 논리적 사고를 스스로 여러 번 해 본 경험이 있어야 하고, 둘째로 시험장에서 시간이 모자라지 않아 이 지문의 이 부분에 시간을 쏟을 수 있는 여유가 있어야 하며, 셋째로 평가원의 지문과 논리구조에 대한 믿음이 있어야 한다. 우리는 언제나 최악을 생각해야 한다. 독해 체력을 최고의 상태까지 수능 때까지 끌어올릴 수 있을지도 미지수일뿐더러, 끌어올린다 치더라도 한 문단이 통째로 머릿속에 들어오지 않는데 평정심을 유지할 수 있겠는가?

최악을 대비하는 방식이 중요한 문장과 어려운 문장을 분리하는 방식이다. 표를 하나 그려 보자.

	어려운 문장	어렵지 않은 문장
중요한 문장	A	B
중요하지 않은 문장	C	D

우선, D는 우리가 생각할 부분이 아니다. 어렵지도 않고 중요하지도 않은 문장은 가볍게 터치만 하고 들어가면 된다. 중요하지만 쉬운 문장인 B는, 난이도에 속아 중요한 문장임을 잊지만 않으면 된다. B는 역설적으로 쉽기 때문에 놓치기 쉬우므로, 표지 문장이나 정의문, 보조사 등의 독해 방식을 이용하여 인지만 하면 된다.

이제 우리의 관건은 A와 C에 있다. 어려운 문장의 중요도 판단이다. 이를 위하여 생각해 보자. 평가원은 중요한 문장을 외따로 떨어뜨려 둘까? 분명히 아니다. 주제에 관련되어 있고, 글의 큰 줄기를 차지해야 하는 중요한 문장이라면, 분명 그 중요한 문장에서 꼬리를 물고 나오는 부연설명이 존재해야만 할 것이다. 그래야 그것을 가지고 계속해서 글을 이어나갈 테니까. 그렇다면 이러한 명제가 하나 탄생한다.

만약 해당 문장이 중요한 문장이라면, 부연설명이 존재한다.
이 명제에 대우를 취해 보자.
만약 부연설명이 존재하지 않는다면, 해당 문장은 중요한 문장이 아니다.

따라서 부연설명이 존재하는지를 보는 것이 우선이다. 부연설명이 존재하지 않는다면, 어렵지만 중요하지 않은 문장으로 판단하여 이해를 잠시 유보해 두어도 좋다. 그러나 부연설명이 존재한다면, 그 문장들은 분명 어려운 문장보다는 쉬울 테니 그것을 이용하여 독해하면 된다.

	어려운 문장	어렵지 않은 문장
중요한 문장	부연설명이 존재 → 부연설명에 따라 독해	중요한 문장임을 인지하는 것에 초점을 둘 것
중요하지 않은 문장	부연설명이 미존재 → 이해 유보, 메인 문장 따라 읽기	해당 없음

여기에서 방금 보았던 지문을 다시 확인하자.

✎ 2017학년도 수능

논리실증주의자와 포퍼는 수학적 지식이나 논리학 지식처럼 경험과 무관하게 참으로 판별되는 분석 명제와, 과학적 지식처럼 경험을 통해 참으로 판별되는 종합 명제를 서로 다른 종류라고 구분한다. 그러나 콰인은 총체주의를 정당화하기 위해 이 구분을 부정하는 논증을 다음과 같이 제시한다.

→ 콰인은 이 구분을 부정한다고만 나와 있고, 어떻게 부정하는지는 나와 있지 않다. 구분을 부정하는 것에는 여러 가지 종류가 있다. 이를테면, 분석 명제는 없다고 할 수도 있고, 종합 명제는 없다고 할 수도 있다. 둘 다 아니고 다른 지식의 정의를 가져올 수도 있고, 혹은 가능하다면 둘 모두를 포용할 수도 있다. 그러니 우리의 다음 목표는 콰인이 이 구분을 어떻게 부정하는지를 찾는 것이다. 또한, 다음 논증은 부정하는 과정을 설명하는 것으로 하겠다.

논리실증주의자와 포퍼의 구분에 따르면 "총각은 총각이다."와 같은 동어 반복 명제와, "총각은 미혼의 성인 남성이다."처럼 동어 반복 명제로 환원할 수 있는 것은 모두 분석 명제이다. 그런데 후자가 분석 명제인 까닭은 전자로 환원할 수 있기 때문이다. 이러한 환원이 가능한 것은 '총각'과 '미혼의 성인 남성'이 동의적 표현이기 때문인데 그게 왜 동의적 표현인지 물어보면, 이 둘을 서로 대체하더라도 명제의 참 또는 거짓이 바뀌지 않기 때

문이라고 할 것이다. 하지만 이것만으로는 두 표현의 의미가 같다는 것을 보장하지 못해서, 동의적 표현은 언제나 반드시 대체 가능해야 한다는 필연성 개념에 다시 의존하게 된다. 이렇게 되면 동의적 표현이 동어 반복 명제로 환원 가능하게 하는 것이 되어, 필연성 개념은 다시 분석 명제 개념에 의존하게 되는 순환론에 빠진다.

→ 어렵다. 그런데 필연성 개념에 대한 정의문은 있는데, 부연 설명이 없다. 하다못해 예시라도 없다. 그렇다면 넘어가 보자. 우리의 목표는 이 구분을 어떻게 구분하는가이지, 부정의 과정이 아니다.

따라서 콰인은 종합 명제와 구분되는 분석 명제가 존재한다는 주장은 근거가 없다는 결론에 도달한다.

→ 목표를 찾았다. 분석 명제가 존재한다는 주장은 근거가 없다고 한다. 그러니까 콰인은 종합 명제를 부정하고, 분석 명제만 살려 둔 것이다. 그렇다면 목표는 달성했으니, 위의 순환론 과정은 인덱스를 붙여 놓고 만일 문제가 출제된다면 다시 돌아와서 한 번 더 읽어 보자.

한편, 이런 생각도 들 수 있다. 이론적으로는 저렇게 하는 것이 본인의 역량에 따른 최선이라는 것을 알겠는데, 실전에서 어려운 문장을 넘어가려고 하면 불안해서 어쩔 줄을 모르겠다. 충분히 그럴 수 있다. 사실 수능의 특성상 그럴 수밖에 없다. 짧으면 일 년, 길면 몇 년의 공부가 한순간에 평가받는다고 생각하면 누구나 몸이 얼어붙을 수밖에 없고, 누구나 수능을 망치면 모든 것이 무너진다는 생각을 할 수밖에 없다.

이것을 극복하는 방법은 고루하겠지만, 연습뿐이다. 정확히는, 기출을 읽고 수십 번 확인하는 것이다. '어려운 문장인데 뒤에 부연 설명이 있네', '이걸 보면 이해가 되네?', '어려운 문장인데 부연 설명도 없고, 잘 모르겠어서 넘겼는데 문제는 이 부분을 깊게 파고들지 않았네?'와 같이 스스로에게 말을 건네면서 불안을 떨치는 가장 좋은 방법은 성공의 경험을 수백 번, 수천 번 쌓는 것이다. '지금까지 그래 왔으니까 당연히 뒤에 부연 설명이 나오겠지. 안 나왔네? 그러면 별로 안 중요한가 보다.'라고 실전에서도 확신할 수 있을 만한 굳은 경험을 쌓는 것이다.

노파심에 사족을 덧붙이자면, 이러한 부분들을 아에 이해하지 말고 생략해 버리라는 소리가 아니다. 이 부분을 수능에 지금 시기에 다시 낸다면, 이해하라는 목적으로 낼 것이라고 생각한다. 평가원과 수능이 요구하는 독해 능력치는 점점 높아져 왔다.

이 지문은 2017년 지문이고, 행간을 읽고 미시독해를 요구하는 국어는 2019학년도 수능이었다. 정보량으로 승부하던 수능의 시대가 저물었다. 이제는 단순히 문제를 지문과 선지를 왔다갔다 하면서 푸는 것이 아니라, 정말로 독해와 이해의 영역을 넓히는 것을 목표로 공부해야 한다는 것이다. 문제를 풀 때 어려운 문장이기 때문에 넘긴 문장들도, 시간과 공을 들여 분석할 때는 반드시 자기 자신이 납득할 만한 논리로 이해하려고 노력해야 한다. 그래야 실력이 는다.

📖 점수를 챙기는 문제 풀이의 기술

문제의 발문 읽기

모의고사를 푼다. 지문을 열심히 읽는다. 독해의 중요성을 아는 것과는 별개로, 글을 읽어야만 문제를 풀 수 있기 때문이다. 시간의 압박 때문에 조급해진 나머지, 문제의 발문은 대강 빠르게 읽고 긍정발문인지, 부정발문인지만 파악한다. 열심히 읽으면 긍정발문에는 동그라미, 부정발문에는 엑스를 친다. 그대로 선지를 읽으면서 판단하고 다음 문제로 넘어간다. 이것이 내가 국어 공부를 제대로 하지 않았을 때 문제를 풀어 온 방식이다. 그리고 대부분의 학생들이, 이렇게 풀어 나갈 것이다. 그러나 생각해 보자. 정말 발문은 그렇게 읽으라고 존재하는 것인가?

다음 글을 읽고, 문제를 풀어 보자.

✎ 2021학년도 수능

(가)

18세기 북학파들은 청에 다녀온 경험을 연행록으로 기록하여 청의 문물제도를 수용하자는 북학론을 구체화하였다. 이들은 개인적인 학문 성향과 관심에 따라 주목한 영역이 서로 달랐기 때문에 이들의 북학론도 차이를 보였다. 이들에게는 동아시아에서 문명의 척도로 여겨진 중화 관념이 청의 현실에 대한 인식에 각각 다르게 반영된 것이다. 1778년 함께 연행길에 올라 동일한 일정을 소화했던 박제가와 이덕무의 연행록에서도 이러한 차이가 확인된다.

[A] [북학이라는 목적의식이 강했던 박제가가 인식한 청의 현실은 단순한 현실이 아니라 조선이 지향할 가치 기준이었다. 그가 쓴 『북학의』에 묘사된 청의 현실은 특정 관점에 따라 선택 및 추상화된 것이었으며, 그런 청의 현실은 그에게 중화가 손상 없이 보존된 것이자 조선의 발전 방향이기도 하였다. 중화 관념의 절대성을 인정하였기 때문에 당시 조선은 나름의 독자성을 유지하기보다 중화와 합치되는 방향으로 나아가야 한다는 생각이 그의 북학론의 밑바탕이 되었다. 명에 대한 의리를 중시

하는 당시 주류의 견해에 대해 그는 의리 문제는 청이 천하를 차지한 지 백여 년이 지나며 자연스럽게 소멸된 것으로 여기고, 청 문물제도의 수용이 가져다주는 이익을 논하며 북학론의 당위성을 설파하였다. 대체로 이익 추구에 대해 부정적이었던 주자학자들과 달리, 이익 추구를 인간의 자연스러운 욕망으로 긍정하고 양반도 이익을 추구하자는 등 실용적인 입장을 보였다.]

이덕무는 「입연기」를 저술하면서 청의 현실을 객관적 태도로 기록하고자 하였다. 잘 정비된 마을의 모습을 기술하며 그는 황제의 행차에 대비하여 이루어진 일련의 조치가 민생과 무관하다고 지적하였다. 하지만 청 문물의 효용을 도외시하지 않고 박제가와 마찬가지로 물질적 삶을 중시하는 이용후생에 관심을 보였다. 스스로 평등견이라 불렀던 인식 태도를 바탕으로 그는 당시 청에 대한 찬반의 이분법에서 벗어나 청과 조선의 현실적 차이뿐만 아니라 양쪽 모두의 가치를 인정하였다. 이런 시각에서 그는 청과 조선은 구분되지만 서로 배타적이지 않다고 보았다. 즉 청을 배우는 것과 조선 사람이 조선 풍토에 맞게 살아가는 것은 서로 모순되지 않는다는 것이다. 하지만 그는 중국인들의 외양이 만주족처럼 변화된 것을 보고 비통한 감정을 토로하며 중화의 중심이라 여겼던 명에 대한 의리를 중시하는 등 자신이 제시한 인식 태도에서 벗어나는 모습을 보이기도 하였다.

(나)

18세기 후반의 중국은 명대 이래의 경제 발전이 정점에 달해 있었다. 대부분의 주민들이 접근할 수 있는 향촌의 정기 시장부터 인구 100만의 대도시의 시장에 이르는 여러 단계의 시장들이 그물처럼 연결되어 국내 교역이 활발하게 이루어지고 있었다. 장거리 교역의 상품이 사치품에 한정되지 않고 일상적 물건으로까지 확대되었다. 상인 조직의 발전과 신용 기관의 확대는 교역의 질과 양이 급변하고 있었음을 보여 준다. 대외 무역의 발전과 은의 유입은 중국의 경제적 번영에 영향을 미친 외부적 요인이었다. 은의 유입, 그리고 이를 통해 가능해진 은을 매개로 한 과세는 상품 경제의 발전을 자극하였다. 은과 상품의 세계적 순환으로 중국 경제가 세계 경제와 긴밀하게 연결되었다.

그러나 청의 번영은 지속되지 않았고, 19세기에 접어들 무렵부터는 심각한 내외의 위기에 직면해 급속한 하락의 시대를 겪게 된다. 북학파들이 연행을 했던 18세기 후반에도 이미 위기의 징후들이 나타나고 있었다. 급격한 인구 증가로 인한 여러 문제는 새로운 작물 재배, 개간, 이주, 농경 집약화 등 민간의 노력에도 불구하고 해결되지 않았다. 인구 증가로 이주 및 도시화가 진행되는 가운데 전통적인 사회적 유대가 약화되거나 단절된 사람들이 상호 부조 관계를 맺는 결사 조직이 성행하였다. 이런 결사 조직은 불법적인 활동으로 연결되곤 했고 위기 상황에서는 반란의 조직적 기반이 되었다. 인맥에 기초한 관료 사회의 부정부패가 심화된 것 역시 인구 증가와 무관하지 않았다. 교육받은 지식인들이 늘어났지만 이들을 흡수할 수 있는 관료 조직의 규모는 정체되어 있었고, 경쟁의 심화가 종종 불법적인 행위로 연결되었다. 이와 같이 18세기 후반 청의 화려한 번영의 그늘에는 심각한 위기의 씨앗들이 뿌려지고 있었다.

통치자들도 번영 속에서 불안을 느끼고 있었다. 조정에는 외국과의 접촉으로부터 백성들을 차단하려는 경향이 있었으며, 서양 선교사들의 선교 활동 확대로 인해 이런 경향이 강화되기도 하였다. 이 때문에 18세기 후반에 청 조정은 서양에 대한 무역 개방을 축소하는 모습을 보였다. 그러나 그때까지는 위기가 본격화되지는 않았고, 소수의 지식인들만이 사회 변화의 부정적 측면을 염려하거나 개혁 방안을 모색하였다.

20. <보기>는 (가)에 제시된 『북학의』의 일부이다. [A]와 (나)를 참고하여 <보기>에 대해 비판적 읽기를 수행한 학생의 반응으로 적절하지 않은 것은? [3점]

<보기>

우리나라에서는 자기가 사는 지역에서 많이 나는 산물을 다른 데서 산출되는 필요한 물건과 교환하여 풍족하게 살려는 백성이 많으나 힘이 미치지 못한다. … 중국 사람은 가난하면 장사를 한다. 그렇더라도 정말 사람만 현명하면 원래 가진 풍류와 명망은 그대로다. 그래서 유생이 거리낌 없이 서점을 출입하고, 재상조차도 직접 융복사 앞 시장에 가서 골동품을 산다. … 우리나라는 해마다 은 수만 냥을 연경에 실어 보내 약재와 비단을 사 오는 반면, 우리나라 물건을 팔아 저들의 은으로 바꿔 오는 일은 없다. 은이란 천년이 지나도 없어지지 않는 물건이지만, 약은 사람에게 먹여 반나절이면 사라져 버리고 비단은 시신을 감싸서 묻으면 반년 만에 썩어 없어진다.

① <보기>에 제시된 중국인들의 상업에 대한 인식은 [A]에서 제시한 실용적인 입장에 부합하는 것이라 볼 수 있어.

② <보기>에 제시된 조선의 산물 유통에 대한 서술은 [A]에서 제시한 북학론의 당위성을 뒷받침하는 근거라 볼 수 있어.

③ <보기>에 제시된 중국인들의 상행위에 대한 서술은 (나)에 제시된 중국 국내 교역의 양상과 상충되지 않는다고 볼 수 있어.

④ <보기>에 제시된 은에 대한 평가는 (나)에 제시된 중국의 경제적 번영에 기여한 요소를 참고할 때, 은의 효용적 측면을 간과한 평가라 볼 수 있어.

⑤ <보기>에 제시된 중국의 관료에 대한 묘사는 (나)에 제시된 관료 사회의 모습을 참고할 때, 지배층의 전체 면모가 드러나지 않는 진술이라 볼 수 있어.

　〈보기〉와 지문을 왔다 갔다 하면서 풀어도 문제 자체는 풀린다. 그러나 그 방식을 채택하면, 선지의 전반부의 내용과 [A], 그리고 (나)를 새로 연결시켜야 한다. 시간은 시간대로 쓰고, 지문은 지문대로 다시 읽어야 한다는 뜻이다. 우리는 앞서 독해를 어떻게 해야 하는지에 대하여 알아본 바 있다. 깔끔하게 읽은 지문은 반드시 문제 풀이에서 보답받아야 하고, 보답받을 것이다. 그것을 위한 첫 번째 발걸음이 발문 읽기다. 발문을 읽어 보자.

<보기>는 (가)에 제시된 『북학의』의 일부이다. [A]와 (나)를 참고하여 <보기>에 대해 비판적 읽기를 수행한 학생의 반응으로 적절하지 않은 것은?

<보기>에 대한 결정적인 내용이 나와 있는 것을 읽어낼 수 있다. (가)에 제시된 『북학의』의 일부라면, 『북학의』가 어떤 맥락에서 나왔는지 확인해야 한다. 『북학의』는 박제가가 저술하였으므로, 그렇다면 <보기>는 박제가의 입장이다. 그렇다면 <보기>에서 애매했던 입장을 따로 정리하는 것이 아닌, 글에 나왔던 박제가의 입장에 맞추어 읽을 수 있다. 게다가, [A]는 박제가의 입장이기 때문에, ①과 ②는 눈을 감고도 제낄 수 있어야 하고, (가)(나) 지문을 읽는다는 것은 (가)와 (나) 사이의 관계를 파악하겠다는 말이기 때문에, (가)의 박제가와 (나)의 관계에 의거하여 ③~⑤를 판단할 수 있다. 결국 이 보기가 무엇을 말하는 것인지 정확하게 알게 되는 것만으로도 시간이 줄어들고, 난도가 낮아지는 것이다.

tip - (가), (나) 지문 유형 읽기

정보량이 많기 때문에 (가), (나) 지문을 한 번에 읽기보다는 (가)를 읽고 문제 중 (가)를 모두 풀고, (나)를 읽고 문제 중 (나)를 푸는 방식의 독해법을 많이 적용한다. 그러나 (가)와 (나)는 단순히 짧은 지문 두 개를 붙여 둔 것이 아니다. 반드시 그 둘을 포괄하는 상위 층위의 무언가가 존재한다. 어중간

한 점수가 아닌 고득점을 최종 목표로 삼고 있다면 반드시 (가)와 (나)를 붙여 읽는 것이 좋다. (가)를 읽고, 주제를 잡고, 그 주제와 (나)를 연관지어 읽는다. 그렇게 읽어야 자신이 읽은 것에서 문제가 출제된다.

다른 글에서도 발문의 중요성을 확인해 보자.

2021학년도 9월 모의고사

(가)

미학은 예술과 미적 경험에 관한 개념과 이론에 대해 논의하는 철학의 한 분야로서, 미학의 문제들 가운데 하나가 바로 예술의 정의에 대한 문제이다. 예술이 자연에 대한 모방이라는 아리스토텔레스의 말에서 비롯된 모방론은, 대상과 그 대상의 재현이 닮은꼴이어야 한다는 재현의 투명성 이론을 전제한다. 그러나 예술가의 독창적인 감정 표현을 중시하는 한편 외부 세계에 대한 왜곡된 표현을 허용하는 낭만주의 사조가 18세기 말에 등장하면서, 모방론은 많이 쇠퇴했다. 이제 모방을 필수 조건으로 삼지 않는 낭만주의 예술가의 작품을 예술로 인정해 줄 수 있는 새로운 이론이 필요했다.

20세기 초에 콜링우드는 진지한 관념이나 감정과 같은 예술가의 마음을 예술의 조건으로 규정하는 표현론을 제시하여 이 문제를 해결하였다. 그에 따르면, 진정한 예술 작품은 물리적 소재를 통해 구성될 필요가 없는 정신적 대상이다. 또한 이와 비슷한 시기에 외부 세계나 작가의 내면보다 작품 자체의 고유 형식을 중시하는 형식론도 발전했다. 벨의 형식론은 예술 감각이 있는 비평가들만이 직관적으로 식별할 수 있고 정의는 불가능한 어떤 성질을 일컫는 '의미 있는 형식'을 통해 그 비평가들에게 미적 정서를 유발하는 작품을 예술 작품이라고 보았다.

20세기 중반에, 뒤샹이 변기를 가져다 전시한 샘 이라는 작품은 예술 작품으로 인정되지만 그것과 형식적인 면에서 차이가 없는 일반적인 변기는 예술 작품으로 인정되지 않는 이유를 설명하지 못하게 되자 두 가지 대응 이론이 나타났다. 하나는 우리가 흔히 예술 작품으로 분류하는 미술, 연극, 문학, 음악 등이 서로 이질적이어서 그것들 전체를 아울러 예술이라 정의할 수 있는 공통된 요소를 갖지 않는다는 웨이츠의 예술 정의 불가론이다. 그의 이론은 예술의 정의에 대한 기존의 이론들이 겉보기에는 명제의 형태를 취하고 있으나 사실은 참과 거짓을 판정할 수 없는 사이비 명제이므로, 예술의 정의에 대한 논의 자체가 불필요하다는 견해를 대변한다.

다른 하나는 예술계라는 어떤 사회 제도에 속하는 한 사람 또는 여러 사람에 의해 감상의 후보 자격을 수여받은 인공물을 예술 작품으로 규정하는 디키의 제도론이다. 하나의 작품이 어떤 특정한 기준에서 훌륭하므로 예술 작품이라고 부를 수 있다는 평가적 이론들과 달리, 디키의 견해는 일정한 절차와 관례를 거치기만 하면 모두 예술 작품으로 볼 수 있다는 분류적 이론이다. 예술의 정의와 관련된 이 논의들은 예술로 분류할 수 있는 작품들의 공통된 본질을 찾는 시도이자 예술의 필요충분조건을 찾는 시도이다.

(나)

예술 작품을 어떻게 감상하고 비평해야 하는지에 대해 다양한 논의들이 있다. 예술 작품의 의미와 가치에 대한 해석과 판단은 작품을 비평하는 목적과 태도에 따라 달라진다. 예술 작품에 대한 주요 비평 방법으로는 ㉠맥락주의 비평, 형식주의 비평, 인상주의 비평이 있다.

맥락주의 비평은 주로 예술 작품이 창작된 사회적·역사적 배경에 관심을 갖는다. 비평가 텐은 예술 작품이 창작된 당시 예술가가 살던 시대의 환경, 정치·경제·문화적 상황, 작품이 사회에 미치는 효과 등을 예술 작품 비평의 중요한 근거로 삼는다. 그 이유는 예술 작품이 예술가가 속해 있는 문화의 상징과 믿음을 구체화하며, 예술가가 속한 사회의 특성들을 반영한다고 보기 때문이다. 또한 맥락주의 비평에서는 작품이 창작된 시대적 상황 외에 작가의 심리적 상태와 이념을 포함하여 가급적 많은 자료를 바탕으로 작품을 분석하고 해석한다.

그러나 객관적 자료를 중심으로 작품을 비평하려는 맥락주의는 자칫 작품 외적인 요소에 치중하여 작품의 핵심적 본질을 훼손할 우려가 있다는 비판을 받는다. 이러한 맥락주의 비평의 문제점을 극복하기 위한 방법으로는 형식주의 비평과 인상주의 비평이 있다. 형식주의 비평은 예술 작품의 외적 요인 대신 작품의 형식적 요소와 그 요소들 간 구조적 유기성의 분석을 중요하게 생각한다. 프리드와 같은 형식주의 비평가들은 작품 속에 표현된 사물, 인간, 풍경 같은 내용보다는 선, 색, 형태 등의 조형 요소와 비례, 율동, 강조 등과 같은 조형 원리를 예술 작품의 우수성을 판단하는 기준이라고 주장한다.

ⓒ인상주의 비평은 모든 분석적 비평에 대해 회의적인 시각을 가지고 있어 예술을 어떤 규칙이나 객관적 자료로 판단할 수 없다고 본다. "훌륭한 비평가는 대작들과 자기 자신의 영혼의 모험들을 관련시킨다."라는 비평가 프랑스의 말처럼, 인상주의 비평은 비평가가 다른 저명한 비평가의 관점과 상관없이 자신의 생각과 느낌에 대하여 자율성과 창의성을 가지고 비평하는 것이다. 즉, 인상주의 비평가는 작가의 의도나 그 밖의 외적인 요인들을 고려할 필요 없이 비평가의 자유 의지로 무한대의 상상력을 가지고 작품을 해석하고 판단한다.

24. 피카소의 게르니카에 대해 <보기>의 A는 ㉠의 관점, B는 ㉡의 관점에서 비평한 내용이다. (나)를 바탕으로 A, B를 이해한 내용으로 적절하지 않은 것은?

< 보 기 >

피카소, 「게르니카」

A : 1937년 히틀러가 바스크 산악 마을인 '게르니카'에 30여 톤의 폭탄을 퍼부어 수많은 인명을 살상한 비극적 사건의 참상을, 울부짖는 말과 부러진 칼 등의 상징적 이미지를 사용하여 전 세계에 고발한 기념비적인 작품이다.

B : 뿔 달린 동물은 슬퍼 보이고, 아이는 양팔을 뻗어 고통을 호소하고 있다. 우울한 색과 기괴한 형태들이 나를 그 속으로 끌어들이는 듯하다. 그러나 빛이 보인다. 고통과 좌절감이 느껴지지만 희망을 갈구하는 훌륭한 작품이다.

① A에서 '1937년'에 '게르니카'에서 발생한 사건을 언급한 것은 역사적 정보를 바탕으로 작품을 해석하기 위한 것이겠군.

② A에서 비극적 참상을 '전 세계에 고발'하였다고 서술한 것은 작품이 사회에 미치는 효과를 드러내고자 한 것이겠군.

③ B에서 '슬퍼 보이고'와 '고통을 호소하고'라고 서술한 것은 작가의 심리적 상태를 표현하려는 것이겠군.

④ B에서 '우울한 색과 기괴한 형태'를 언급한 것은 비평가의 주관적 인상을 반영하기 위한 것이겠군.

⑤ B에서 '희망을 갈구하는'이라고 서술한 것은 비평가의 자유로운 상상력이 반영된 것이겠군.

발문이 길다. "따라서 적절하지 않은 것은?"만 읽고, <보기>만 보아도 A에서 예술 작품이 창작된 배경과 연관지은 비평임을 알 수 있기 때문에 이것은 맥락주의 비평이고, B에서는 규칙이나 객관적 자료보다는 비평가 중심으로부터의 주체적 해석을 시도하고 있기 때문에 이것은 인상주의 비평이라는 것을 알 수는 있다. 그리고 실제로 문제를 더 어렵게 내기 위해서는 이러한 부분들을 수험생들 스스로 찾아 맞히게 하는 방안을 채택하기도 한다. 그러나 쉬운 문제는 쉽게 풀어야 한다. 어떤 문제를 어려운 방법으로 풀어내었다고 해서 가산점을 주는 것도 아니며, 시험 시간은 한정되어 있기 때문이다.

피카소의 게르니카에 대해 <보기>의 A는 ㉠의 관점, B는 ㉡의 관점에서 비평한 내용이다. (나)를 바탕으로 A, B를 이해한 내용으로 적절하지 않은 것은?

아예 발문에 A가 맥락주의, B가 인상주의의 입장에서 쓰인 비평이라는 것을 명시해 주고 있다. 이렇게 되면 우리는 선지의 형태인 'X한 것은 Y겠군.'에서의 X를 단순하게 A와 B에 그 사실이 존재하는지, 다시 말하여 단순한 사실 여부만 판단하고, Y가 A의 입장인지, B의 입장인지만 확인하면 된다. 다시 말해, 시간 낭비를 하지 않아도 된다는 것이다. 만일 시간이 남아돈다면 그렇게 풀어도 된다. 그러나 이 문제에서 이렇게 모든 것을 주었다는 것은 난도를 낮추었다는 뜻이고, 다시 말해 고난도의 문제가 어딘가에는 배치되어 있다는 것이다. 각 문제에 그 문제를 푸는 데 요구되는 것 이상의 체력을 쏟지 말자.

혈액은 세포에 필요한 물질을 공급하고 노폐물을 제거한다. 만약 혈관 벽이 손상되어 출혈이 생기면 손상 부위의 혈액이 응고되어 혈액 손실을 막아야 한다. 혈액 응고는 섬유소 단백질인 피브린이 모여 형성된 섬유소 그물이 혈소판이 응집된 혈소판 마개와 뭉쳐 혈병이라는 덩어리를 만드는 현상이다. 혈액 응고는 혈관 속에서도 일어나는데, 이때의 혈병을 혈전이라 한다. 이물질이 쌓여 동맥 내벽이 두꺼워지는 동맥 경화가 일어나면 그 부위에 혈전 침착, 혈류 감소 등이 일어나 혈관 질환이 발생하기도 한다. 이러한 혈액의 응고 및 원활한 순환에 비타민 K가 중요한 역할을 한다.

비타민 K는 혈액이 응고되도록 돕는다. 지방을 뺀 사료를 먹인 병아리의 경우, 지방에 녹는 어떤 물질이 결핍되어 혈액 응고가 지연된다는 사실을 발견하고 그 물질을 비타민 K로 명명했다. 혈액 응고는 단백질로 이루어진 다양한 인자들이 관여하는 연쇄 반응에 의해 일어난다. 우선 여러 혈액 응고 인자들이 활성화된 이후 프로트롬빈이 활성화되어 트롬빈으로 전환되고, 트롬빈은 혈액에 녹아 있는 피브리노겐을 불용성인 피브린으로 바꾼다. 비타민 K는 프로트롬빈을 비롯한 혈액 응고 인자들이 간세포에서 합성될 때 이들의 활성화에 관여한다. 활성화는 칼슘 이온과의 결합을 통해 이루어지는데, 이들 혈액 단백질이 칼슘 이온과 결합하려면 카르복실화되어 있어야 한다. 카르복실화는 단백질을 구성하는 아미노산 중 글루탐산이 감마-카르복시글루탐산으로 전환되는 것을 말한다. 이처럼 비타민 K에 의해 카르복실화되어야 활성화가 가능한 표적 단백질을 비타민 K-의존성 단백질이라 한다.

비타민 K는 식물에서 합성되는 ㉠비타민 K1과 동물 세포에서 합성되거나 미생물 발효로 생성되는 ㉡비타민 K2로 나뉜다. 녹색 채소 등은 비타민 K1을 충분히 함유하므로 일반적인 권장 식단을 따르면 혈액 응고에 차질이 생기지 않는다.

그런데 혈관 건강과 관련된 비타민 K의 또 다른 중요한 기능이 발견되었고, 이는 칼슘의 역설과도 관련이 있다. 나이가 들면 뼈 조직의 칼슘 밀도가 낮아져 골다공증이 생기기 쉬운데, 이를 방지하고자 칼슘 보충제를 섭취한다. 하지만 칼슘 보충제를 섭취해서 혈액 내 칼슘 농도는 높아지나 골밀도는 높아지지 않고, 혈관 벽에 칼슘염이 침착되는 혈관 석회화가 진행되어 동맥 경화 및 혈관 질환이 발생하는 경우가 생긴다. 혈관 석회화는 혈관 근육 세포 등에서 생성되는 MGP라는 단백질에 의해 억제되는데, 이 단백질이 비타민 K-의존성 단백질이다. 비타민 K가 부족하면 MGP 단백질이 활성화되지 못해 혈관 석회화가 유발된다는 것이다.

비타민 K1과 K2는 모두 비타민 K-의존성 단백질의 활성화를 유도하지만 K1은 간세포에서, K2는 그 외의 세포에서 활성이 높다. 그러므로 혈액 응고 인자의 활성화는 주로 K1이, 그 외의 세포에서 합성되는 단백질의 활성화는 주로 K2가 담당한다. 이에 따라 일부 연구자들은 비타민 K의 권장량을 K1과 K2로 구분하여 설정해야 하며, K2가 함유된 치즈, 버터 등의 동물성 식품과 발효 식품의 섭취를 늘려야 한다고 권고한다.

13. 윗글을 참고할 때 <보기>의 (가)~(다)를 투여함에 따라 체내에서 일어나는 반응을 예상한 내용으로 적절하지 않은 것은? [3점]

<보 기>

다음은 혈전으로 인한 질환을 예방 또는 치료하는 약물이다.
(가) 와파린: 트롬빈에는 작용하지 않고 비타민 K의 작용을 방해함.
(나) 플라스미노겐 활성제: 피브리노겐에는 작용하지 않고 피브린을 분해함.
(다) 헤파린: 비타민 K-의존성 단백질에는 작용하지 않고 트롬빈의 작용을 억제함.

① (가)의 지나친 투여는 혈관 석회화를 유발할 수 있겠군.

② (나)는 이미 뭉쳐 있던 혈전이 풀어지도록 할 수 있겠군.

③ (다)는 혈액 응고 인자와 칼슘 이온의 결합을 억제하겠군.

④ (가)와 (다)는 모두 피브리노겐이 전환되는 것을 억제하겠군.

⑤ (나)와 (다)는 모두 피브린 섬유소 그물의 형성을 억제하겠군.

〈보기〉 문제의 발문은 〈보기〉까지 확장한다고 생각해야 한다. 이것을 굳이 언급하는 이유는 〈보기〉에서도 주요하게 눈이 가는 부분이 있고, 그렇지 않은 부분이 있기 때문이다. 이 문제에서는 보통 (가)~(다)의 분석에 집중하고, 그 외의 〈보기〉의 내용에는 집중하지 않는다. 때문에 〈보기〉의 몇몇 문장들은 버려진다. 안타까운 일이다. 최근의 평가원 모의고사에서 버려야 할 문장이란 결코 존재하지 않기 때문이다.

윗글을 참고할 때 <보기>의 (가)~(다)를 투여함에 따라 체내에서 일어나는 반응을 예상한 내용으로 적절하지 않은 것은?

이 지문의 제재는 생명과학이다. 따라서 구조가 존재하고, 그 구조 안에서 과정이 발생한다. 그렇기 때문에 우리는 이 지문을 읽을 때 어느 정도는 구조를 그리고, 화살표와 도형들을 이용하여 내가 알아볼 수 있을 정도로 요약해 두었어야 한다.

발문을 읽고, (가)~(다)에서 체내에서 일어나는 반응이라고 하였으니 구조의 어느 부분에서, 과정의 어떤 단계에서 어떤 작용이 일어나는지, 그리고 그 결과는 어떠한지를 전체 과정의 목적이었던 "혈액의 응고"와 연관지어 분석할 생각을 해야 하는 것이 일단 기본 전제이다.

여기에서 중요한 문장은, "다음은 혈전으로 인한 질환을 예방 또는 치료하는 약물이다."이다. 미시독해를 여러 번 했으면 눈치챌 수 있겠지만, '또는'이라는 말은 유사해 보이지만 완전히 같지는 않기 때문에 사용되는 부사이다. 그렇다면 '또는'의 앞뒤는 다르다는 의미가 되고, (가)~(다)를 이 다른 두 개념, "예방"과 "치료"로 나누어 분석해야겠다는 생각을 해야 한다. 예방은 아예 혈전 덩어리가 만들어지지도 않는 것이고, 치료는 이미 만들어진 혈전 덩어리가 분해되는 것이다.

> **(가) 와파린: 트롬빈에는 작용하지 않고 비타민 K의 작용을 방해함.**
>
> → 비타민 K의 작용만을 방해하므로, 프로트롬빈이 활성화되기 위한 전제조건인 비타민 K에 의한 프로트롬빈의 카르복실화 과정을 불가능하게 할 것이고, 따라서 프로트롬빈이 트롬빈으로 변화하지 않게 되어, 혈전 생성을 사전에 차단한다. 즉 "예방"한다.
>
> **(나) 플라스미노겐 활성제: 피브리노겐에는 작용하지 않고 피브린을 분해함.**
>
> → 피브린은 섬유소 그물로, 혈선이 만들어지기 위한 마지막 단계이다. 이때 '분해'한다는 것으로 보아, 이미 만들어진 혈전의 피브린에 작용하여 응고되었던 혈전을 풀어 주는 것이므로, "치료"의 단계이자 "예방"의 단계라고 생각할 수 있다.
>
> **(다) 헤파린: 비타민 K-의존성 단백질에는 작용하지 않고 트롬빈의 작용을 억제함.**
>
> → 트롬빈의 작용을 억제하므로, 피브리노겐이 피브린으로 전환되지 않아 혈전 생성을 사전에 차단한다. 즉 "예방"한다.

따라서, (가)와 (다)는 "예방" 이고, (나)는 "치료"이다.

선지를 보자.

② (나)는 이미 뭉쳐 있던 혈전이 풀어지도록 할 수 있겠군.

→ "치료"의 영역이다.

③ (다)는 혈액 응고 인자와 칼슘 이온의 결합을 억제하겠군.

→ "예방"의 영역이다.

④ (가)와 (다)는 모두 피브리노겐이 전환되는 것을 억제하겠군.

→ "예방"의 영역이다.

⑤ (나)와 (다)는 모두 피브린 섬유소 그물의 형성을 억제하겠군.

→ "예방"의 영역이다.

이렇게 먼저 라벨을 달아 분류해 두고, 라벨이 맞지 않다면 그 다음의 깊은 층위로 가 따져 보는 것이다.

아래는 2022년 수능의 인문 지문에서 출제되었던 문제의 발문만 열거한 것이다. 이 발문을 보고 어떤 생각을 해야 하는가? 적어도 지금은 긍정 발문과 부정 발문만 구별하고 넘어가지는 않아야 한다는 것을 알 수 있을 것이다. 하나하나의 발문에 대한 분석은 문제 풀이 기획에서 다뤄 보자.

- (가)와 (나)에 대한 설명으로 가장 적절한 것은?
- (가)에서 알 수 있는 헤겔의 생각으로 적절하지 않은 것은?
- (가)에 따라 직관, 표상, 사유의 개념을 적용한 것으로 적절하지 않은 것은?
- (나)의 글쓴이의 관점에서 ㉠과 ㉡에 대한 헤겔의 이론을 분석한 것으로 적절하지 않은 것은? (㉠: 정립-반정립-종합, ㉡: 예술-종교-철학)
- <보기>는 헤겔과 (나)의 글쓴이가 나누는 가상의 대화의 일부이다. ㉮에 들어갈 내용으로 가장 적절한 것은?

- 문맥상 ⓐ~ⓔ와 바꾸어 쓰기에 가장 적절한 것은?

선지 판단 전 주관식 답 내기

내신 시험을 생각해 보자. 난이도가 같다는 가정하에 객관식과 주관식 중 무엇이 더 까다로운가? 객관식은 찍을 수라도 있는데, 주관식은 찍을 수도 없기 때문에 모르면 틀려야 한다. 게다가 조금 생각을 잘못해도 객관식에서는 알아서 어느 정도 보정해주고 걸러주지만, 주관식에서는 처음부터 끝까지 자신의 생각이 개입되어야만 하기 때문에 그것이 불가능하다.

그러나 뒤집어서 생각해 보면 주관식으로 답을 낼 수 있다면 그것은 내가 그 문제에 대해 완벽하게 잘 알고, 이해하였다는 뜻이다. 만일 이것이 가능하다면, 더 이상 객관식에서 두 보기를 가지고 고민하지 않아도 된다. 주관식 답과 객관식 답이 일치하는지만 생각하면 되기 때문이다.

따라서 나는 시간 단축을 위해, 가능한 문제에 한하여 발문에 대한 주관식 답을 내기를 권한다. 그리고 주관식 답과 객관식 정답의 거리가 어느 정도 되는지를 가늠해 보기를 권한다. 주관식 답을 위해서는, 발문에 대한 주의 깊은 독해가 반드시 필요하다.

[A] 　　사무실의 방충망이 낡아서 파손되었다면 세입자와 사무실을 빌려 준 건물주 중 누가 고쳐야 할까? 이 경우, 민법전의 법조문에 의하면 임대인인 건물주가 수선할 의무를 진다. 그러나 사무실을 빌릴 때, 간단한 파손은 세입자가 스스로 해결한다는 내용을 계약서에 포함하는 경우도 있다. 이처럼 법률의 규정과 계약의 내용이 어긋날 때 어떤 것이 우선 적용되어야 하는가, 법적 불이익은 없는가 등의 문제가 발생한다.

　　사법(私法)은 개인과 개인 사이의 재산, 가족 관계 등에 적용되는 법으로서 이 법의 영역에서는 '계약 자유의 원칙'이 적용된다. 계약의 구체적인 내용 결정 등은 당사자들 스스로 정할 수 있다는 것이다. 따라서 당사자들이 사법에 속하는 법률의 규정과 어긋난 내용으로 계약을 체결한 경우에 계약 내용이 우선 적용된다. 이처럼 법률상으로 규정되어 있더라도 당사자가 자유롭게 계약 내용을 정할 수 있는 법률 규정을 '임의 법규'라고 한다. 사법은 원칙적으로 임의 법규이므로, 사법으로 규정한 내용에 대해 당사자들이 계약으로 달리 정하지 않았다면 원칙적으로 법률의 규정이 적용된다. 위에서 본 임대인의 수선 의무 조항이 이에 해당한다.

　　그러나 법률로 정해진 내용과 어긋나게 계약을 하면 당사자들에게 벌금이나 과태료 같은 법적 불이익이 있거나 계약의 효력이 부정되는 예외적인 경우도 있다. 우선, 체결된 계약 내용이 법률에 정해진 내용과 어긋날 때 법적 불이익이 있지만 계약의 효력 자체는 그대로 두는 경우가 있다. 이에 해당하는 법조문을 '단속 법규'라고 한다. 공인 중개사가 자신이 소유한 부동산을 고객에게 직접 파는 것을 금지하는 규정은 단속 법규에 해당한다. 따라서 이 규정을 위반하여 공인 중개사와 고객이 체결한 매매 계약의 경우 공인 중개사에게 벌금은 부과되지만 계약 자체는 유효이다. 이 경우 계약 내용에 따른 행동인 급부(給付)를 할 의무가 인정되어, 공인 중개사는 매물의 소유권을 넘겨주고 고객은 대금을 지급해야 하는 것이다.

한편 체결된 계약 내용이 법률에 정해진 내용과 어긋날 때 법적 불이익이 있을 뿐 아니라 체결된 계약의 효력 자체도 인정되지 않아 급부 의무가 부정되는 경우가 있다. 이에 해당하는 법조문을 '강행 법규'라고 한다. 이 경우 계약 당사자들은 상대에게 급부를 하라고 요구할 수는 없다. 이미 급부를 이행하여 재산적 이익을 넘겨주었다면 이 이익은 '부당 이득'에 해당하기 때문에 반환을 요구할 수 있다. 즉 '부당 이득 반환 청구권'이 인정된다. 의사와 의사 아닌 사람의 의료 기관 동업을 금지하는 법률 규정은 강행 법규이다. 따라서 의사와 의사 아닌 사람이 체결한 동업 계약은 계약의 효력이 부정된다. 다만 계약에 따라 이미 동업 자금을 건넸다면 이 돈을 반환하라고 요구하는 것은 가능하다.

그러나 강행 법규에 의해 계약의 효력이 부정되었을 때 부당 이득 반환 청구권이 인정되지 않는 경우도 있다. 급부의 내용이 위조지폐 제작처럼 비도덕적이거나 반사회적인 행동이라면, 계약의 효력이 인정되지 않을 뿐 아니라 이미 넘겨준 이익을 돌려받을 권리도 부정되는 것이 원칙이다.

국가가 개인 간의 계약에 개입하는 것은 국가 안보, 사회 질서, 공공복리 등의 정당한 입법 목적을 달성하기 위해서이다. 이 경우 계약의 자유를 제한하려면 필요한 만큼만 최소로 제한해야 한다는 '비례 원칙'이 적용된다. 이로 인해 국가가 계약 당사자 들에게 미치는 영향이 다양하게 나타나는 것이다.

23. 윗글을 참고할 때, [A]에 제시된 물음에 대한 답으로 맞는 것을 <보기>에서 고른 것은?

< 보 기 >

ㄱ. 계약서에 방충망 수선에 관한 내용이 없으면 건물주가 수선 의무를 지고, 수선 의

무를 계약에 포함하지 않은 것에 대한 법적 불이익은 누구에게도 없다.

ㄴ. 계약서에 방충망 수선에 관한 내용이 없으면 세입자가 수선 의무를 지고, 건물주는 수선 의무를 계약에 포함하지 않은 것에 대해 법적 불이익을 받는다.

ㄷ. 계약서에 세입자가 방충망을 수선한다는 내용이 있으면 세입자가 수선 의무를 지고, 법률 내용과 다르게 계약한 것에 대한 법적 불이익은 누구에게도 없다.

ㄹ. 계약서에 세입자가 방충망을 수선한다는 내용이 있으면 세입자가 수선 의무를 지고, 건물주는 법률 내용과 다르게 계약한 것에 대해 법적 불이익을 받는다.

① ㄱ, ㄴ

② ㄱ, ㄷ

③ ㄱ, ㄹ

④ ㄴ, ㄷ

⑤ ㄴ, ㄹ

발문을 확인해 보자.

윗글을 참고할 때, [A]에 제시된 물음에 대한 답으로 맞는 것을 <보기>에서 고른 것은?

아래는 발문에 대한 주관식 답을 내는 생각의 과정이다.

1. [A]는 무엇인가? → 맨 처음에 나왔던 질문이다. 사무실의 방충망이 낡아서 파손되었다면 세입자와 사무실을 빌려 준 건물주 중 누가 고쳐야 할까?

2. 글을 읽어 보니 이 질문은 임의 법규에 해당한다.

3. 나는 이 글을 읽을 때 1문단의 마지막 문장 "이처럼 법률의 규정과 계약의 내용이 어긋날 때 어떤 것이 우선 적용되어야 하는가, 법적 불이익은 없는가 등의 문제가 발

생한다."에서, 글의 큰 흐름을 1) 법률의 규정과 계약의 내용 중 우선 적용, 2) 법적 불이익 여부로 나누어 가면서 읽었다.

4. 이 큰 흐름에 맞추어 보면, 임의 법규에서는 1) 계약의 내용 우선 적용, 2) 법적 불이익 X이다.

5. 그런데 [A]의 물음은 법률의 규정과 계약의 내용이 일치하는지 여부를 제시하지 않았으므로, 케이스는 두 개가 있을 것이다.

5-1. 법률의 규정 = 계약의 내용일 경우, 법률의 규정인 "임대인" + 법적 불이익 X

5-2. 법률의 규정 ≠ 계약의 내용일 경우, 계약의 내용인 "임차인" + 법적 불이익 X

여기까지 생각해 놓고, 5-1과 5-2는 적어 놓고 문제로 내려간다. 주관식 답을 내고, 그것에 맞는 선지만 고르면 된다.

그럼 또 다른 예시를 살펴보자.

🖋 2019학년도 수능

사람은 살아가는 동안 여러 약속을 한다. 계약도 하나의 약속이다. 하지만 이것은 친구와 뜻이 맞아 주말에 영화 보러 가자는 약속과는 다르다. 일반적인 다른 약속처럼 계약도 서로의 의사 표시가 합치하여 성립하지만, 이때의 의사는 일정한 법률 효과의 발생을 목적으로 한다는 점에서 차이가 있다. 한 예로 매매 계약은 '팔겠다'는 일방의 의사 표시와 '사겠다'는 상대방의 의사 표시가 합치함으로써 성립하며, 매도인은 매수인에게 매매 목적물의 소유권을 이전하여야 할 의무를 짐과 동시에 매매 대금의 지급을 청구할 권리를 갖는다. 반대로 매수인은 매도인에게 매매 대금을 지급할 의무가 있고 소유권의 이전을 청구할 권리를 갖는다. 양 당사자는 서로 권리를 행사하고 서로 의무를 이행하는 관계에 놓이는 것이다.

이처럼 의사 표시를 필수적 요소로 하여 법률 효과를 발생시키는 행위들을 법률 행위라 한다. 계약은 법률 행위의 일종으로서, 당사자에게 일정한 청구권과 이행 의무를 발생시킨다. 청구권을 내용으로 하는 권리가 채권이고, 그에 따라 이행을 해야 할 의무가 채무이다. 따라서 채권과 채무는 발생한 법률효과가 동전의 양면처럼 서로 다른 방향에서 파악되는 것이라 할 수 있다. 채무자가 채무의 내용대로 이행하여 채권을 소멸시키는 것을 변제라 한다.

갑과 을은 을이 소유한 그림 A를 갑에게 매도하는 것을 내용으로 하는 매매 계약을 체결하였다. ㉠을의 채무는 그림 A의 소유권을 갑에게 이전하는 것이다. 동산인 물건의 소유권을 이전하는 방식은 그 물건을 인도하는 것이다. 갑은 그림 A가 너무나 마음에 들었기 때문에 그것을 인도받기 전에 대금 전액을 금전으로 지급하였다. 그런데 갑이 아무리 그림 A를 넘겨달라고 청구하여도 을은 인도해 주지 않았다. 이런 경우 갑이 사적으로 물리력을 행사하여 해결하는 것은 엄격히 금지된다.

채권의 내용은 민법과 같은 실체법에서 규정하고 있고, 그것을 강제적으로 실현할 수 있도록 민사 소송법이나 민사 집행법 같은 절차법이 갖추어져 있다. 갑은 소를 제기하여 판결로써 자기가 가진 채권의 존재와 내용을 공적으로 확정받을 수 있고, 나아가 법원에 강제 집행을 신청할 수도 있다. 강제 집행은 국가가 물리적 실력을 행사하여 채무자의 의사에 구애받지 않고 채무의 내용을 실행시켜 채권이 실현되도록 하는 제도이다. 을이 그림 A를 넘겨주지 않은 까닭은 갑으로부터 매매 대금을 받은 뒤에 을의 과실로 불이 나 그림 A가 타 없어졌기 때문이다. ㉡결국 채무는 이행 불능이 되었다. 소송을 하더라도 불능의 내용을 이행하라는 판결은 나올 수 없다. 그림 A의 소실이 계약 체결 전이었다면, 그 계약은 실현 불가능한 내용을 담고 있기 때문에 체결할 때부터 계약 자체가 무효이다. 이행 불능이 채무자의 과실 때문에 일어난 것이라면 채무자가 채무 불이행에 대한 책임을 져야 한다.

이때 채무 불이행은 갑이나 을의 의사 표시가 작용한 것이 아니라, 매매 목적물의 소실에 따른 이행 불능으로 말미암은 것이다. 이러한 사건을 통해서도 법률 효과가 발생한다. 채무 불이행에 대한 책임은 갑으로 하여금 계약을 해제할 수 있는 권리를 갖게 한다. 갑이 계약 해제권을 행사하면 그때까지 유효했던 계약이 처음부터 효력이 없는 것으로 된다. 이때의 계약 해제는 일방의 의사 표시만으로 성립한다. 따라서 갑이 해제권을 행사하는 데에 을의 승낙은 요건이 되지 않는다. 이러한 법률 행위를 단독 행위라 한다.

갑은 계약을 해제하였다. 이로써 그 계약으로 발생한 채권과 채무는 없던 것이 된다. 당연히 계약의 양 당사자는 자신의 채무를 이행할 필요가 없다. 이미 이행된 것이 있다면 계약이 체결되기 전의 상태로 돌려놓아야 한다. 이를 청구할 수 있는 권리가 원상회복 청구권이다. 계약의 해제로 갑은 원상회복 청구권을 행사할 수 있으며, 이러한 ⓒ갑의 채권은 결국 을에게 매매 대금을 반환해 달라고 청구할 수 있는 권리가 된다.

17. ⑦, ⓒ에 대한 이해로 가장 적절한 것은?

① ⑦은 매도인의 청구와 매수인의 이행으로 소멸한다.

② ⓒ은 채권자와 채무자의 의사 표시가 작용하여 성립한 것이다.

③ ⑦과 ⓒ은 ⑦이 이행되면 그 결과로 ⓒ이 소멸하는 관계이다.

④ ⑦과 ⓒ은 동일한 계약의 효과를 서로 다른 측면에서 바라본 것이다.

⑤ ⑦에는 물건을 인도할 의무가 있고, ⓒ에는 금전의 지급을 청구할 권리가 있다.

⑦, ⓒ에 라벨링이 되어 있다.

보통 라벨링이 되어 있는 경우에는, 발문의 라벨에 연결하여 그 라벨이 무엇을 의미하는지를 적고 가는 것을 권한다. 그런데 이 '적는다는 것'은, 그대로 적는다는 것이 아니라, '뜻을 밝혀 적는다'는 것을 의미한다.

이를테면, 문학에서 많이 발생하는 상황인데, 전체 글의 세 부분에 라벨링이 되어 있고, ㉠은 꽃, ㉡도 꽃, ㉢도 꽃이라고 해 보자. 그렇다면 발문 위에 꽃이라고 세 번 적는 것이 무슨 의미가 있는가? 그 꽃들이 라벨링된 이유는, 각각의 의미에 차이점과 공통점이 분명하게 존재하기 때문이다. 따라서 라벨링된 꽃들이 각각 어떤 의미의 꽃인지, 정확히는 아니더라도 가늠하여 긍정어와 부정어, 혹은 연관된 정서나 사실을 적어야 하는 것이다.

비문학에서도 마찬가지이다. 이 글에서 ㉠을의 채무 ㉡갑의 채권이라고 나와 있는 대로 써 버리면, 이런 상황이 발생한다. 머릿속에서 '채무와 채권 사이는 동전의 양면'이라고 했단 말이다. '같은 법률효과에 대한 서로 다른 두 관점이라고 했단 말이다.'와 같은 생각들이 떠오른다. 비유는 강력하기 때문에, 다른 것들보다 먼저 생각날 수밖에 없다. 괜히 강조의 역할을 하는 것이 아니다. 그렇다면 ③과 ④ 사이에서 고민하다가 시간은 시간대로 쓰고, 모르겠어서 하나를 찍고 넘어가는 상황이 발생하는 것이다. 그 둘은 완벽하게 같은 말을 하고 있기 때문이다.

㉠과 ㉡을 밝혀 적어 보자. 우선, 글을 잘 읽었다면 ㉠과 ㉡은 같은 사건에 대한 채무와 채권의 관계가 아니다. ㉠은 매매 계약에 대하여, 그림 A 소유권 이전의 의무 = 목적물인도의무이고, ㉡은 계약 해제에 대하여, 원상회복청구권 = 매매대금반환청구권이다. 따라서, 우리는 그 위에 ㉠: 목적물인도의무, ㉡: 매매대금반환청구권이라고 써 놓고 들어가는 것이다. 그리고 그것을 그대로 적어 둔 것이 ⑤번이다.

18. ㉮의 상황에 대한 설명으로 적절한 것은?

① '을'의 과실로 이행 불능이 되어 '갑'의 계약 해제권이 발생한다.

② '갑'은 소를 제기하여야 매매의 목적이 된 재산권을 이전받을 수 있다.

③ '갑'은 원상회복 청구권을 행사하여야 '그림 A'의 소유권을 회복할 수 있다.

④ '갑'과 '을'은 애초부터 실현 불가능한 내용의 계약을 체결하였기 때문에 이행 불능이 되었다.

⑤ '을'이 '갑'에게 '그림 A'를 인도하는 것은 불가능해졌지만 '을'은 채무 불이행에 대한 책임을 지지 않는다.

같은 지문에 대한 다른 문제이다.

㉮의 상황은 채무의 이행 불능이다. 그렇다면 이와 관련된 것들을 생각하거나, 머리에 넣어 두기 힘들다면 적어 두고 가면 된다. 결국 '을'이 채무 불이행에 대한 책임을 져야 하고, 목적물은 불타버려 전달될 수 없으며, 책임은 갑의 채권인 '원상회복청구권', 다시 말해 '매매대금반환청구권'을 행사함으로써 이행된다. 이 정도만 정리하고 내려가도, 정답이 ①인 것은 확실하게 보인다.

주관식 답을 내는 것은 시간 단축뿐 아니라 글의 전체 내용을 파악하고, 문제에서 무엇을 원하는지를 정확히 파악한 후 그것을 자신만의 언어로 변환해내는 일련의 과정이기 때문에, 국어 자체의 실력을 높이는 데에도 도움이 된다. 이 습관을 바탕으로 하여, 궁극적으로 지향해야 할 문제 풀이 방식이 '기획'이다.

문제 풀이 기획하기

수학 문제를 풀 때, 우리는 먼저 문제를 읽는다. 문제를 읽고, 문제에서 원하는 것이 무엇인지를 파악하고, 원하는 것을 도출해낼 수 있는 과정을 생각하고, 어떤 방식으로 풀면 길이 보이겠다는 것을 먼저 정해 두고 문제를 푼다. 무작정 이것도 해 보고 저것도 해 보는 것이 아닌, 문제에서 어떤 개념을 묻고 있을 때 무엇을 할 수 있는지를 생각해서, 주어진 조건 중 어떤 것을 먼저 활용하고, 어디에서 어떤 정보를 찾고, 그것을 어떤 순서로 조립할지를 기획하는 것이다. 국어도 다를 것이 없다. 지문의 어느 부분에서 어떤 정보를 찾고, 그 정보들을 어떤 식으로 가공하고, 선지는 무엇부터 보고 무엇부터 판단할 것인지를 기획하는 일련의 과정이 필요하다. 이 과정을 관통하는 단 하나의 대원칙은 글의 주제이다. 평가원은 글을 잘 읽어낸 사람이 문제도 잘 풀 수 있게끔 선지를 구성한다. 그렇다면, 우리가 글을 잘 읽었다는 가정 하에, 우리는 글의 주제를 즉 큰 줄기를 알고 있다. 그 큰 줄기부터 보는 것이 우리의 기억에도, 평가원에 의도에도 부합하는 문제 풀이 방식이다.

① 선지 읽는 순서 결정하기

> ✎ 2021학년도 9월 모의고사
>
> 국가, 지방 자치 단체와 같은 행정 주체가 행정 목적을 실현하기 위해 국민의 권리를 제한하거나 국민에게 의무를 부과하는 '행정 규제'는 국회가 제정한 법률에 근거해야 한다. 그러나 국회가 아니라, 대통령을 수반으로 하는 행정부나 지방 자치 단체와 같은 행정 기관이 제정한 법령인 행정입법에 의한 행정 규제의 비중이 커지고 있다. 드론과 관련된 행정 규제 사항들처럼, 첨단 기술과 관련되거나, 상황 변화에 즉각 대처해야 하거나, 개별적 상황을 반영하여 규제를 달리해야 하는 행정규제 사항들이 늘어나고 있기 때문이다. 행정 기관은 국회에 비해 이러한 사항들을 다루기에 적합하다.
>
> 행정입법의 유형에는 위임명령, 행정규칙, 조례 등이 있다. 헌법에 따르면, 국회는 행정 규제 사항에 관한 법률을 제정할 때 특정한 내용에 관한 입법을 행정부에 위임할 수 있다. 이에 따라 제정된 행정입법을 위임명령

이라고 한다. 위임명령은 제정 주체에 따라 대통령령, 총리령, 부령으로 나누어진다. 이들은 모두 국민에게 적용되기 때문에 입법예고, 공포 등의 절차를 거쳐야 한다. 위임명령은 입법부인 국회가 자신의 권한의 일부를 행정부에 맡겼기 때문에 정당화될 수 있다. 그래서 특정한 행정 규제의 근거 법률이 위임명령으로 제정할 사항의 범위를 정하지 않은 채 위임하는 포괄적 위임은 헌법상 삼권 분립 원칙에 저촉된다. 위임된 행정 규제 사항의 대강을 위임 근거 법률의 내용으로부터 예측할 수 있어야 한다는 것이다. 다만 행정 규제 사항의 첨단 기술 관련성이 클수록 위임 근거 법률이 위임할 수 있는 사항의 범위가 넓어진다. 한편, 위임명령이 법률로부터 위임받은 범위를 벗어나서 제정되거나, 위임 근거 법률이 사용한 어구의 의미를 확대하거나 축소하여 제정되어서는 안 된다. 위임 명령이 이러한 제한을 위반하여 제정되면 효력이 없다.

　행정규칙은 원래 행정부의 직제나 사무 처리 절차에 관한 행정입법으로서 고시(告示), 예규 등이 여기에 속한다. 일반 국민에게는 직접 적용되지 않기 때문에, 법률로부터 위임받지 않아도 유효하게 제정될 수 있고 위임명령 제정 시와 동일한 절차를 거칠 필요가 없다. 그러나 행정 규제 사항에 관하여 행정규칙이 제정되는 예외적인 경우도 있다. 위임된 사항이 첨단 기술과의 관련성이 매우 커서 위임명령으로는 대응하기 어려워 불가피한 경우, 위임 근거 법률이 행정입법의 제정 주체만 지정하고 행정입법의 유형을 지정하지 않았다면 위임된 사항이 고시나 예규로 제정될 수 있다. 이런 경우의 행정규칙은 위임명령과 달리, 입법예고, 공포 등을 거치지 않고 제정된다.

　조례는 지방 의회가 제정하는 행정입법으로 지역의 특수성을 반영하여 제정되고 지역에서 발생하는 사안에 대해 적용된다. 제정 주체가 지방 자치 단체의 기관인 지방 의회라는 점에서 행정부에서 제정하는 위임명령, 행정규칙과 구별된다. 조례도 행정 규제 사항을 규정하려면 법률의 위임에 근거해야 한다. 또한 법률로부터 포괄적 위임을 받을 수 있지만 위임 근거 법률이 사용한 어구의 의미를 다르게 사용할 수 없다. 조례는 입법예고, 공포 등의 절차를 거쳐 제정된다.

26. 윗글의 내용과 일치하는 것은?

① 행정입법에 속하는 법령들은 제정 주체가 동일하다.

② 행정입법에 속하는 법령들은 모두 개별적 상황과 지역의 특수성을 반영한다.

③ 행정입법에 속하는 법령들은 모두 정당성을 확보하기 위하여 국회의 위임에 근거한다.

④ 행정 규제 사항에 적용되는 행정입법은 모두 포괄적 위임이 금지되어 있다.

⑤ 행정부가 국회보다 신속히 대응할 수 있는 행정 규제 사항은 행정입법의 대상으로 적합하다.

윗글은 무엇에 관하여 이야기하고 있는가? 행정입법에 따른 행정 규제이다. 이 큰 주제 안에서 위임명령, 행정규칙(원칙: 행정규제X, 예외: 행정규제O), 조례가 나열되어 있었던 것이다. 따라서, 우리는 ③과 ④ 사이에 줄을 긋고, 아래쪽부터 보는 것이 바람직하다. ③번 위쪽으로는 행정입법 전체에 관하여, ④번 아래쪽으로는 행정규제에 관여하는 행정입법만에 관하여 묻고 있기 때문이다.

28. 행정규칙에 관한 설명 중 적절하지 않은 것은?

① 행정부의 직제나 사무 처리 절차를 규정하는 경우, 법률의 위임이 요구되지 않는다.

② 행정부의 직제나 사무 처리 절차를 규정하는 경우, 일반 국민에게 직접 적용되지

않는다.

③ 행정 규제 사항을 규정하는 경우, 위임명령의 제정 절차를 따르지 않는다.

④ 행정 규제 사항을 규정하는 경우, 위임 근거 법률의 위임을 받은 제정 주체에 의해 제정된다.

⑤ 행정 규제 사항을 규정하는 경우, 위임 근거 법률로부터 위임받을 수 있는 사항의 범위가 위임명령과 같다.

마찬가지이다. ②번을 포함한 위 두 선지는 행정규제에 관련이 없는 행정입법인 행정규칙의 원칙에 대하여 논하고 있고, ③번을 포함한 아래의 세 선지는 행정규제 사항을 규정하는 행정규칙의 예외에 대하여 논하고 있다. 그렇다면 우리가 집중하여 읽어낸 부분인 행정규제 사항에 대한 예외부터 확인하는 것이 좋다.

물론 백 퍼센트 그 안에서 정답이 나오는 것은 아니다. 그러나 ①번부터 차례로 읽거나, 본인이 끌리는 번호부터 우당탕탕 읽는 깃보다는 주제에 집중하는 편이 훨씬 명중률도 높고, 정보 처리도 최대한 적게 왔다 갔다 하는 방향으로, 효율적으로 풀어낼 수 있다.

② 선지의 모양 확인하기

역사가 신채호는 역사를 아(我)와 비아(非我)의 투쟁 과정이라고 정의한 바 있다. 그가 무장 투쟁의 필요성을 역설한 독립운동가이기도 했다는 사실 때문에, 그의 이러한 생각은 그를 투쟁만을 강조한 강경론자처럼 비쳐지게 하곤 한다. 하지만 그는 식민지 민중과 제국주의 국가에서 제국주의를 반대하는 민중 간의 연대를 지향하기도 했다. 그의 사상에서 투쟁과 연대는 모순되지 않는 요소였던 것이다. 이를 바르게 이해하기 위해서는 그의 사상의 핵심 개념인 '아'를 정확하게 이해할 필요가 있다.

신채호의 사상에서 아란 자기 본위에서 자신을 자각하는 주체인 동시에 항상 나와 상대하고 있는 존재인 비아와 마주 선 주체를 의미한다. 자신을 자각하는 누구나 아가 될 수 있다는 상대성을 지니면서 또한 비아와의 관계 속에서 비로소 아가 생성된다는 상대성도 지닌다. 신채호는 조선 민족의 생존과 발전의 길을 모색하기 위해 『조선 상고사』를 저술하여 아의 이러한 특성을 규정했다. 그는 아의 자성(自性), 곧 '나의 나됨'은 스스로의 고유성을 유지하려는 항성(恒性)과 환경의 변화에 대응하여 적응하려는 변성(變性)이라는 두 요소로 이루어져 있다고 하였다. 아는 항성을 통해 아 자신에 대해 자각하며, 변성을 통해 비아와의 관계 속에서 자기의식을 갖게 되는 것으로 설정하였다. 그리고 자성이 시대와 환경에 따라 변화한다고 하였다.

신채호는 아를 소아와 대아로 구별하였다. 그에 따르면, 소아는 개별화된 개인적 아이며, 대아는 국가와 사회 차원의 아이다. 소아는 자성은 갖지만 상속성(相續性)과 보편성(普遍性)을 갖지 못하는 반면, 대아는 자성을 갖고 상속성과 보편성을 가질 수 있다. 여기서 상속성이란 시간적 차원에서 아의 생명력이 지속되는 것을 뜻하며, 보편성이란 공간적 차원에서 아의 영향력이 파급되는 것을 뜻한다. 상속성과 보편성은 긴밀한 관계를 가지는데, 보편성의 확보를 통해 상속성이 실현되며 상속성의 유지를 통해 보편성이 실현된다. 대아가 자성을 자각한 이후, 항성과 변성의 조화를 통해 상속성과 보편성을 실현할 수 있다. 만약 대아의 항성이 크고 변성이 작으면 환경에 순응하지 못하여 멸절(滅絶)할 것이며, 항성이 작고 변성이 크면 환경에 주체적으로 대응하지 못하여 우월한 비아에게 정복당한다고 하였다.

이러한 아의 개념을 통해 우리는 투쟁과 연대에 관한 신채호의 인식을 정확히 이해할 수 있다. 일본의 제국주의 침략에 직면하여 그는 신국민이라는 새로운 개념을 제시하고 조선민족이 신국민이 될 때 민족 생존이 가능하다고 보았다. 신국민은 상속성과 보편성을 지닌 대아로서, 역사적 주체 의식이라는 항성과 제국주의 국가에 대응하여 생긴 국가 정신이라는 변성을 갖춘 조선 민족의 근대적 대아에 해당한다. 또한 그는 일본을 중심으로 서구 열강에 대항하자는 동양주의에 반대했다. 동양주의는 비아인 일본이 아가 되어 동양을 통합하는 길이기에, 조선 민족인 아의 생존이 위협받는다고 보았기 때문이다.

식민 지배가 심화될수록 일본에 동화되는 세력이 증가하면서 신채호는 아 개념을 더욱 명료화할 필요가 있었다. 이에 그는 조선 민중을 아의 중심에 놓으면서, 아에도 일본에 동화된'아 속의 비아'가 있고, 일본이라는 비아에도 아와 연대할 수 있는 '비아 속의 아가 있음을 밝혔다. 민중은 비아에 동화된 자들을 제외한 조선 민족을 의미한 것이었다. 그는 조선 민중을, 민족 내부의 압제와 위선을 제기힘으로써 참된 민족 생존과 번영을 낼성할 수 있는 주체이자 제국주의 국가에서 제국주의를 반대하는 민중과의 연대를 통하여 부당한 폭력과 억압을 강제하는 제국주의에 함께 저항할 수 있는 주체로 보았다. 이러한 민중 연대를 통해 '인류로서 인류를 억압하지 않는' 자유를 지향했다.

18. 윗글의 자성(自性)에 관한 이해로 가장 적절한 것은?

① 자성을 갖춘 모든 아는 상속성과 보편성을 갖는다.

② 소아의 항성과 변성이 조화를 이루면, 상속성과 보편성이 모두 실현된다.

③ 대아의 항성이 작고 변성이 크면, 상속성은 실현되어도 보편성은 실현되지 않는다.

④ 항성과 변성이 조화를 이루지 못하면, 대아의 상속성과 보편성은 실현되지 않는다.

⑤ 소아의 항성이 크고 변성이 작으면, 상속성은 실현되어도 보편성은 실현되지 않는다.

윗글의 자성에 관한 이해로 가장 적절한 것은?

물론 숙련된 수험생들이라면 자성에 관한 이해를 보고, 자성에는 항성과 변성이 있는데, 이 두 성질의 조화에 따라 대아에서 상속성과 보편성이 실현될 수 있다는 것을 머릿속으로 정리하여 주관식 답을 내고 문제를 풀 수 있을 것이다. 그러나 실전에서 주관식 답을 낼 수가 없다면? 그렇다면 차선 또한 필요하다. 우리는 언제나 모든 최악의 수를 생각해야 한다.

문제를 보고 주관식 답이 나올 것 같지 않을 때는 선지를 본다. 단순 내용 일치·불일치를 가려내는 문제의 경우, 높은 확률로 선지가 통일되지 않고 파편화되어 있다. 이때는 문제에서 시간을 쓰게끔 고의적으로 붙잡아 두었다는 것을 파악하고 더 이상의 시간 낭비 없이 왔다 갔다 하는 것이 상책이다. 그러나 만일 선지가 통일된 경우, 평가원은 분명히 무엇인가를 원하고 선지를 비슷하게 만들어 둔 것이기 때문에, 평가원의 의도를 먼저 파악해야 한다.

① 자성을 갖춘 모든 아는 상속성과 보편성을 갖는다.
② 소아의 항성과 변성이 조화를 이루면, 상속성과 보편성이 모두 실현된다.
③ 대아의 항성이 작고 변성이 크면, 상속성은 실현되어도 보편성은 실현되지 않는다.
④ 항성과 변성이 조화를 이루지 못하면, 대아의 상속성과 보편성은 실현되지 않는다.
⑤ 소아의 항성이 크고 변성이 작으면, 상속성은 실현되어도 보편성은 실현되지 않는다.

먼저 문장의 핵심이 되는 서술어를 확인하면, 상속성과 보편성의 실현 여부를 묻고 있다.

여기까지만 확인하고 나서, "상속성과 보편성은 대아에서 항성과 변성이 조화를 이룰 때"라는 주관식 답을 내도 좋다. 그러나 만약 그렇게 하지 못한다면, 선지의 구조를 분석하는 것이다. 아래는 선지구조 분석의 예시이다.

① 자성을 갖춘 / ⊙ 모든 아는 / © 상속성과 보편성을 갖는다.

② ⊙ 소아의 / © 항성과 변성이 조화를 이루면, / © 상속성과 보편성이 모두 실현된다.

③ ⊙ 대아의 / © 항성이 작고 변성이 크면, / © 상속성은 실현되어도 보편성은 실현되지 않는다.

④ © 항성과 변성이 조화를 이루지 못하면, / 대아의 / © 상속성과 보편성은 실현되지 않는다.

⑤ ⊙ 소아의 / © 항성이 크고 변성이 작으면, / © 상속성은 실현되어도 보편성은 실현되지 않는다.

우리는 선지를 '⊙ 어떤 아는, © 항성과 변성의 어떤 조건에서, © 상속성과 보편성이 실현된다/실현되지 않는다.' 의 세 부분으로 나눌 수 있다. 그렇다면, 서술어인 ©을 중심으로 ⊙과 ©을 판단하는 것이다.

⊙) 상속성과 보편성은 어디에서 실현될 수 있나?

대아에서만 가질 수 있으므로, 대아에서만 실현될 수 있다. 그렇다면 주어가 소아를 포함하면서 실현 가능성이 있는 모든 선지는 지울 수 있다. 그렇다면 ①, ②, ⑤번이 지워지고 ③, ④만 남는다.

©) 항성과 변성이 어떤 조건에서 상속성과 보편성이 실현되나?

항성과 변성이 조화를 이뤘을 때, 상속성과 보편성은 모두 실현된다. 이

때, 상속성과 보편성은 반드시 함께 실현되거나 함께 실현되지 않으므로, 둘 중 하나만 실현될 수는 없다. 사실 ③의 ⓛ은 ④의 ⓛ의 일부이다. 항성이 작고 변성이 크다는 것도 결국 항성과 변성이 조화를 이루지 못한 것이다. 그렇다면 둘 다 상속성과 보편성이 실현되지 않아야 한다. 따라서 정답은 ③이다.

다시 말하지만, 선지의 내용 자체에 천착하는 것이 아니라, 구조에 따른 큰 내용의 범주에 집중해야 한다. 상속성과 보편성이 어느 선지에서 실현되고, 무엇이 실현되지 않고가 중요한 것이 아니라, 상속성과 보편성의 실현가능성을 묻는 선지라는 것을 파악하는 것이 중요한 것이다.

③ 조건 설정하기

문제를 읽고, 선지가 어떤 조건에 부합해야 정답일지에 대하여 미리 조건을 만들어 두는 과정이 조건 설정이다.

다음 지문을 보자.

2010학년도 LEET

화학과 물리학은 어떤 관계에 있고, 양자의 관계는 두 학문의 발전에 어떤 영향을 미치나? 두 학문은 오랫동안 따로따로 발달했지만 100년 전쯤부터 급속히 서로 가까워졌다. 첫 접촉 지점은 분광 스펙트럼이었다. 스펙트럼 분석법은 1870년대부터 화학자들에게 유용한 도구였다. 미량의 시료만 있어도 분광 스펙트럼에 나타나는 색 띠들의 패턴이 거기 어떤 물질들이 포함되어 있는지 어김없이 알려주었기 때문이다. 그러나 왜 그런 색 띠들이 나타나고 그 패턴이 원소마다 고유한지 화학자들은 설명하지 못했다. 그런데 원자의 구조와 씨름하던 물리학자들이 이 선들이 원자 안의 전자들이 방

출하는 전자기파에 의한 것임을 알아냈고, 원소마다 고유한 전자 배치가 스펙트럼의 고유한 패턴의 근거라는 설명을 제공해 주었다. 1913년 물리학자 보어는 원자 이론을 토대로 수소 원자의 스펙트럼을 거의 정확히 설명해 냈다. 그의 이론은 수소 이외에 다른 원소의 스펙트럼에 대해서는 눈감아 줄 수 없는 오차를 낳았지만, 그런 이유로 인해 폐기된 것이 아니라 오히려 더 많은 원소들의 스펙트럼을 설명할 수 있는 세련된 이론의 형성을 촉발하여 현대 물리학의 중심 이론인 양자역학의 발달에 초석이 되었다.

이처럼 한 분야가 필요로 하는 이론이나 방법론을 다른 분야가 제공할 때 두 분야 간에는 일종의 비대칭적 의존 관계가 형성되는데, 화학과 물리학 사이에는 광범위하게 이런 의존의 관계가 있는 것처럼 보인다. 이 때문에 적지 않은 이들이 화학은 물리학으로 환원 가능하다고 주장한다. 전자의 설명력을 후자로 흡수 통합시킬 수 있다는 얘기다. 이런 주장이 정당화되려면 화학적 문제가 요구하는 설명과 예측을 물리학이 빠짐없이 제공할 수 있어야 할 것이다.

최근 화학에는 양자화학이라는 분야가 발달해 화학적 현상을 현대 물리학의 핵심 이론인 양자역학의 기반으로 환원시켜 나루는 프로그램을 실행하고 있다. 양자화학은 양자역학의 도구인 슈뢰딩거 방정식을 써서 분자 내 전자들의 정밀한 배치 구조를 계산한다. 양자화학에서 '순이론적 방법'은 주어진 계(system)에 대한 슈뢰딩거 방정식을 세우고 그 해를 구한 뒤에 그것을 화학적 문제에 적용하려 한다. 예컨대 수소 원자의 경우 슈뢰딩거 방정식 $\hat{H}\Psi = E\Psi$은 다음과 같은 형태를 띤다.

$$(- \frac{\hbar^2}{2m} \nabla^2 - \frac{Ze^2}{r})\Psi = E\Psi$$

다른 경우에도 그 계의 퍼텐셜 에너지를 고려하여 슈뢰딩거 방정식을 세우고 그 방정식을 풀어 파동함수 를 구하면 그것을 가지고 과학자는 계의 상태에 대한 여러 가지 계산을 해낼 수 있다.

그러나 슈뢰딩거 방정식을 풀어 해를 구할 수 있는 것은 기껏해야 원자핵과 전자 한 개로 구성된 수소 원자의 경우뿐이다. 헬륨 원자나 수소 분자까지 포함해서 화학자들이 관심을 갖는 사실상 모든 경우에 슈뢰딩거 방정식의 정확한 해는 구할 수 없다. 이런 경우 해의 근사적 형태를 구하지만, 아주 비슷한 것이라도 '진짜 그것'은 아니다. 환원의 장애물은 이뿐만이 아니다. 수소 원자의 경우라도 외부 자기장의 영향이 있으면 정확한 해를 구할 수 없다. 이 때문에 양자화학에서는 근사와 보정의 기법을 적극 활용하는 '보정된 방법'이 많이 쓰인다. 이러한 근사의 기법은 양자역학의 수학적 기법의 발달에도 영향을 미쳤다. '보정된 방법'에서는 실험에서 옳다고 판명된 해를 문제 상황의 이론적 접근에 활용한다. 파동함수가 취할 수 있는 여러 형태 가운데 하나를 택할 때나 근사의 세부 방식을 정할 때, 화학자들은 이미 확보된 경험적 자료의 관점에서 가장 그럴 듯한 것을 택한다. 또 그러한 시도 끝에 얻은 화학 실험의 결과는 다시 이론 쪽에 투입되어 처음에 놓았던 이론적 가정을 수정하는 데 쓰인다. 화학자들은 이 과정을 반복하면서 출발점에 놓을 이론을 수정해간다. 이는 환원하는 이론이 환원될 대상인 화학의 방식으로 산출된 자료에 의지할 수밖에 없음을 뜻하고, 이로써 양자화학에서 의도된 환원은 성립하지 않는다는 사실이 다시 한 번 드러난다.

그러나 분광 스펙트럼과 원자 이론의 관계에서와 마찬가지로 이 경우에도 현재의 환원 가능성만이 의미 있는 것은 아니다. 오히려 불완전한 환원을 완성하려고 애쓰는 과정에서 환원의 토대가 되는 이론과 그것으로부터 설명을 제공받는 이론이 모두 발전의 계기를 얻는다. 분야 간의 환원 가능성을 둘러싼 토론은 현재 상태에서 환원이 성공하는가의 여부가 아니라 두 분야의 발전 방향을 지시한다는 역동성의 관점에서 중요하다.

3. 위 글에 나타난 '양자화학에서 물리학과 화학의 관계'에 대응시켜 DNA 연구에서 화학과 생물학의 관계를 파악할 때 가장 적절한 것은?

① 현재로서는 유기체의 생활상 같은 거시적 차원을 화학적 탐구 대상인 DNA의 수준으로 환원시켜 설명할 수 없는 것이 사실이지만, 환경 역시 분자로 구성된 체계일 뿐이므로 생물학은 결국 DNA 연구를 통해 화학으로 환원될 것이다.

② DNA 연구는 생명 현상 전부를 설명하지는 못하지만 광범위한 현상에 대해 DNA 기반의 일관성 있는 설명을 가능케 하는 한편, DNA 수준의 복잡한 분자 구조를 분석하는 화학적 기법의 발달을 촉진하고 있다.

③ 이제는 유전학에서 발달생물학에 이르기까지 생명과학의 전 영역이 DNA의 분자적 구조라는 기반 위에서 설명 가능하게 되었다. 생물학의 탐구에서 화학적 방법론은 필수 불가결의 요소라고 보아야 한다.

④ 유기체의 생활상은 다양한 환경적 요인에 의해 좌우되기 때문에 DNA 구조를 화학적으로 아무리 면밀히 분석해도 충분히 설명할 수가 없다. 화학적 탐구로는 생명 현상을 포괄적으로 설명할 수 없다.

⑤ DNA 연구는 불완전하게나마 생명 현상을 화학적인 수준에서 일관성 있게 설명할 수 있는 틀을 만들어 냈으며, 장차 학문 융합을 통해 생물학과 화학을 대체할 수 있는 새 분야를 탄생시킬 것이다.

　　치환에서 다루었던 지문이다. 발문을 읽어 보자.

위 글에 나타난 '양자화학에서 물리학과 화학의 관계'에 대응시켜 DNA 연구에서 화학과 생물학의 관계를 파악할 때 가장 적절한 것은?

　　이때, 우리가 아무 생각 없이 물리학과 화학의 관계와 화학과 생물학의 관계를 일대일로 대응시키려고 하면 문제는 모호해지고, 선지는 애매해진다.

따라서, 이런 문제들을 만났을 때는 먼저 자신만의 조건을 세우는 것이 중요하다. 이 글은 무엇에 관한 글이었나? 우리는 이 글을 읽을 때 첫 문장인 "화학과 물리학은 어떤 관계에 있고, 양자의 관계는 두 학문의 발전에 어떤 영향을 미치나?"에 의거하여, 1) 관계, 2) 영향에 초점을 두고 읽었다. 이 둘의 관계는 1) 환원 불가능한 관계, 2) 상호 발전적 영향에 있다. 따라서, ①~⑤까지 읽으면서 이 조건에 부합하는 선지를 찾으면 된다.

1) 환원 불가능한 관계를 먼저 찾아보면, ①, ③은 환원 가능하다는 입장이므로 먼저 제외시킬 수 있다.

2) 상호 발전적 영향을 찾아보면, ④에는 발전에 관한 언급이 아예 없고, ⑤는 '상호' 발전이 아니라, 새로운 무언가를 창출했다는 면에서 부합한다고 보기 어렵다. 따라서, 1)과 2)를 모두 만족하는 ②가 정답이다.

④ 판단 순서와 범위 결정하기

질병을 유발하는 병원체에는 세균, 진균, 바이러스 등이 있다. 생명체의 기본 구조에 속하는 세포막은 지질을 주성분으로 하는 이중층이다. 세균과 진균은 일반적으로 세포막 바깥 부분에 세포벽이 있고, 바이러스의 표면은 세포막 대신 캡시드라고 부르는 단백질로 이루어져 있다. 바이러스의 종류에 따라 캡시드 외부가 지질을 주성분으로 하는 피막으로 덮인 경우도 있다. 한편 진균과 일부 세균은 다른 병원체에 비해 건조, 열, 화학 물질에 저항성이 강한 포자를 만든다.

생활 환경에서 병원체의 수를 억제하고 전염병을 예방하기 위한 목적으로 사용하는 방역용 화학 물질을 '항(抗)미생물 화학제'라 한다. 항미생물 화학제는 다양한 병원체가 공통으로 갖는 구조를 구성하는 성분들에 화학 작용을 일으키므로 광범위한 살균 효과가 있다. 그러나 병원체의 구조와 성분은 병원체의 종류에 따라 완전히 같지는 않으므로, 동일한 항미생물 화학제라도 그 살균 효과는 다를 수 있다.

항미생물 화학제 중 멸균제는 포자를 포함한 모든 병원체를 파괴한다. 감염방지제는 포자를 제외한 병원체를 사멸시키는 화합물로 병원, 공공시설, 가정의 방역에 사용된다. 감염방지제 중 독성이 약해 사람의 피부나 상처 소독에도 사용이 가능한 항미생물 화학제를 소독제라 한다. 사람의 세포막도 지질 성분으로 이루어져 있어 소독제라 하더라도 사람의 세포를 죽일 수 있으므로, 눈이나 호흡기 등의 점막에 접촉하지 않도록 주의해야 한다. 따라서 항미생물 화학제는 병원체에 대한 최대의 방역 효과와 인체 및 환경에 대한 최고의 안전성을 확보할 수 있도록 종류별 사용법을 지켜야 한다.

항미생물 화학제의 작용기제는 크게 병원체의 표면을 손상시키는 방식과 병원체 내부에서 대사 기능을 저해하는 방식으로 나눌 수 있지만, 많은 경우 두 기제가 함께 작용한다. 고농도 에탄올 등의 알코올 화합물은 세포막의 기본 성분인 지질을 용해시키고 단백질을 변성시키며, 병원성 세균에서는 세포벽을 약화시킨다. 또한 알코올 화합물은 지질 피막이 없는 바이러스 보다 지질 피막이 있는 병원성 바이러스에서 방역 효과가 크다. 지질 피막은 병원성 바이러스가 사람을 감염시키는 과정에서 중요한 역할을 하기 때문에, 지질을 손상시키는 기능을 가진 항미생물 화학제만으로도 병원성 바이러스에 대한 방역 효과가 있다. 지질 피막의 유무와 관계없이 다양한 바이러스의 감염 예방을 위해서는 하이포염소산 소듐 등의 산화제가 널리 사용된다. 병원성 바이러스의 방역에 사용되는 산화제는 바이러스의 공통적인 표면 구조를 이루는 캡시드를 손상시키는 기능이 있어 바이러스를 파괴하거나 바이러스의 감염력을 잃게 한다.

병원체의 표면에 생긴 약간의 손상이 병원체를 사멸시키는 데 충분하지 않더라도, 항미생물 화학제가 내부로 침투하면 살균 효과가 증가한다. 알킬화제와 산화제는 병원체의 내부로 침투하면 필수적인 물질 대사를 정지시킨다. 글루타르 알데하이드와 같은 알킬화제가 알킬 작용기를 단백질에 결합시키면 단백질을 변성시켜 기능을 상실하게 하고, 핵산의 염기에 결합시키면 핵산을 비정상 구조로 변화시켜 유전자 복제와 발현을 교란한다. 산화제인 하이포염소산 소듐은 병원체 내에서 불특정한 단백질들을 산화시켜 단백질로 이루어진 효소들의 기능을 비활성화하고 병원체를 사멸에 이르게 한다.

37. <보기>는 윗글을 읽은 학생이 '가상의 실험 결과'를 보고 추론한 내용이다. [가]에 들어갈 말로 적절하지 않은 것은? [3점]

< 보 기 >

ㅇ 가상의 실험 결과

항미생물 화학제로 사용되는 알코올 화합물 A를 변환시켜 다음과 같은 결과를 얻었다.

[결과 1] A에서 지질을 손상시키는 기능만을 약화시켜 B를 얻었다.

[결과 2] A에서 캡시드를 손상시키는 기능만을 강화시켜 C를 얻었다.

[결과 3] B에서 캡시드를 손상시키는 기능만을 강화시켜 D를 얻었다.

ㅇ 학생의 추론 : 화합물들의 방역 효과와 안전성을 비교해 보면,

　　　　　　　　　　[가]　　　　　　　　　　고 추론할 수 있어.

(단, 지질 손상 기능과 캡시드 손상 기능은 서로 독립적이며, 화합물 A, B, C, D의 비교 조건은 모두 동일하다고 가정함.)

① B는 A에 비해 지질 피막이 있는 바이러스에 대한 방역 효과는 작고, 인체에 대한 안전성은 높다

② C는 A에 비해 지질 피막이 없는 바이러스에 대한 방역 효과는 크고, 인체에 대한 안전성은 같다

③ C는 B에 비해 지질 피막이 있는 바이러스에 대한 방역 효과는 크고, 인체에 대한 안전성은 같다

④ D는 A에 비해 지질 피막이 없는 바이러스에 대한 방역 효과는 크고, 인체에 대한 안전성은 높다

⑤ D는 B에 비해 지질 피막이 없는 바이러스에 대한 방역 효과는 크고, 인체에 대한 안전성은 같다

우선, 발문부터 읽어 보자.

<보기>는 윗글을 읽은 학생이 '가상의 실험 결과'를 보고 추론한 내용이다. [가]에 들어갈 말로 적절하지 않은 것은?

빈칸 채우기 문제다. 빈칸 채우기의 경우, 빈칸이 무엇을 의미하는지 확인하는 것이 가장 중요하다는 것을 머리에 새겨 두고 나머지를 읽어 보자. 가상의 실험 결과에서, 알코올 화합물 A라고 말했으니, 그에 대한 특성을 인덱스화해 둔 곳을 떠올리고 필요하면 왔다 갔다 하겠다고 생각한다. 바로 직후 실험 세 개가 연달아 나온 다음 빈칸이 나온다.

"학생의 추론 : 화합물들의 방역 효과와 안전성을 비교해 보면,

             [가]   고 추론할 수 있어."에서, 보통은 학생의 추론 부분을 제대로 읽지 않는다. 그러나 [가]에 대한 정보는 학생의 추

론에 있다. 학생은 '방역 효과'와 '안전성'을 기반으로 '가상의 실험 결과'에 대한 추론을 한 것이다.

그런데 생각해 보자. 과연 이 추론을 하나하나 전부 하는 것이 맞을까? '방역 효과'를 논하기 위해서는, 병원체의 종류에 대해서도 논해야 한다. "그러나 병원체의 구조와 성분은 병원체의 종류에 따라 완전히 같지는 않으므로, 동일한 항미생물 화학제라도 그 살균 효과는 다를 수 있다."에서 확인할 수 있다. 그렇다면 진균, 세균, 지질 피막이 있는 바이러스, 지질 피막이 없는 바이러스를 전부 생각해야 한다는 뜻이다. 너무 경우의 수가 많다.

이런 경우에는 내가 먼저 쉽게 할 수 있는 것부터 분석하고, 선지를 통해 정보를 얻어내는 것이 합리적이다.

먼저 〈보기〉의 실험을 부등식으로 나타내어 보자.

지질 손상 기능: A = C > B = D
캡시드 손상 기능: C > A, D > B, A = B

그렇다면 '방역 효과'와 '안전성' 중 더 쉬운 것은 무엇인가? '방역 효과'는 병원체의 종류에 따라 고려해야 할 것이 다르다. 따라서, '안전성'을 먼저 확인하겠다. 안전성은 지질 손상 기능에 반비례하기 때문에, 부등호 방향을 바꾼 B = D 〉 A = C로 처리할 수 있다. 이제 선지를 보고, 안전성에 대한 선지를 먼저 판단해 보자. 선지의 개수를 줄여 판단해야 할 방역 효과의 범위를 줄이는 것이다. 그런데 여기까지만 판단해도 ③번에서 안전성이 같을 수 없음을 근거로 정답을 찾아낼 수 있다. 이렇게 되면, 시간을 아주 많이 줄였다고 생각하고 다음 문제로 넘어가면 되는 것이다.

그러나 만약 안전성에서 결론이 나지 않았다면, 이제 선지를 파악할 차례이다. 선지의 주어를 확인하였더니 지질 피막이 있는 바이러스와 없는 바이러스만이 제시되어 있다. 그렇다면, 세균이나 진균에 대해서는 생각할 필요가 없다는 뜻이 된다. 이제 지질 피막이 있는 바이러스와 없는 바이러스를 나누어, 있는 바이러스는 지질과 캡시드를, 없는 바이러스는 캡시드만을 확인하여 각각 처리하면 된다.

기획을 위해서는 지문을 잘 읽는 것도 중요하지만, 빈출 발문에 대한 자신만의 생각과 대처 방법도 중요하다. '이해'가 나오면 글의 전체적인 주제를 한 번 확인하고 간다거나, '전개 방식'이 나오면 글의 부분이 아닌 전체를 한마디로 압축할 수 있는 것을 찾는다거나 하는 자신만의 대처법을 만드는 것이다. 기출로 먼저 틀을 잡고, 사설 등의 문제로 훈련하는 편이 좋다. 이 대처법은 자신만의 것이면서, 눈 감고도 할 수 있을 정도로 체화가 되어야 한다. 그래야 수능 시험장에서 문제를 풀 때, 긴장감 속에서도 같은 방식으로 풀어나갈 수 있다.

그러면 이제 2022 수능에서 출제되었던 발문들을 보고, 해야 하는 생각을 간단하게 정리해 보자. 이 생각들은 나의 기준이므로, 사람마다 상이할 수 있다.

- (가)와 (나)에 대한 설명으로 가장 적절한 것은?
  → '설명'이므로 주제와 곁가지를 둘 다 잡아야 하는데, '적절한 것'의 긍정 발문이므로 (가), (나)를 한마디로 요약한 후 주제에 맞는 것들만 뽑아다가 일치-불일치로 판단해야겠다.
- (가)에서 알 수 있는 헤겔의 생각으로 적절하지 않은 것은?
  → '헤겔'의 생각을 자신의 언어로 바꾸어서 정리하고 들어간다. '적절하지 않

은 것'의 부정 발문이고, (나)에서 '헤겔'을 비판하였으니 (가) vs. (나) 구도로

접근해도 좋겠다.

- (가)에 따라 직관, 표상, 사유의 개념을 적용한 것으로 적절하지 않은 것은?

→ 직관과 표상, 사유의 정의-예시를 한 번씩 더 확인하고 들어간다.

  - (나)의 글쓴이의 관점에서 ㉠과 ㉡에 대한 헤겔의 이론을 분석한 것으로
  적절하지 않은 것은? (㉠: 정립-반정립-종합, ㉡: 예술-종교-철학)→ ㉠과
  ㉡은 일대일 대응이므로 먼저 일대일 대응을 시켜 주고, (나)가 어디를 비
  판할지에 대하여 미리 주관식 답을 내어 놓고 들어간다.

- <보기>는 헤겔과 (나)의 글쓴이가 나누는 가상의 대화의 일부이다. ㉮에 들어갈

내용으로 가장 적절한 것은?

→ 결국 (가)-(나)의 공통점과 차이점에 대한 물음이므로, 정확하게 어느 부분

을 지적했는지 머리에 넣고 <보기>를 분석하자.

4장

개연과 필연의 문학

체크메이트 04

문학의 정답이 개연적이라면,
오답은 반드시 필연적이라는 것을 일라.

📖 문학의 개연성과 시험의 필연성

우리가 독서 클럽에 와 있다고 가정해 보자. 우리는 모두 그 주에 할당된 한 권의 책을 읽고 작은 카페의 구석에 모여 있다. 이윽고 발제자가 운을 떼고 모두가 돌아가면서 책의 감상을 말하기 시작한다. 이때 제시된 감상이 완벽하게 일치할 확률은 얼마나 될까?

사실 이 물음의 답은 0에 가깝다. 문학은 교과서를 위해 쓰이지 않았다. 작가들은 각자의 목적을 지니고 쓴다. 독자들은 각자의 목적을 지니고 읽는다. 그 목적들은 정해져 있지 않다. 누군가는 무엇인가를 전하기 위해, 누군가는 어떤 감정을 풀어버리기 위해, 누군가는 기억을 오래 보관하기 위해 글을 쓰고 읽는다. 작가의 목적을 알 수 없는 상황에서, 독자들은 각자의 목적을 지니고 글을 읽는다. 게다가 독자들이 거쳐 온 경험들은 천차만별이다. 한 작품에서 보이는 폭이, 깊이가, 색채가 다른 까닭은 그래서이다. 그럴 수밖에 없다. 문학은 애당초 정답이 없는 학문이다. 작품이 세상에 나온 순간, 어떻게 받아들이느냐는 순전히 독자에게 달렸다. 작가가 그 작품의 주인이라고 해서 독자들의 감상을 왜곡하고 훼손할 권리가 있는 것이 아니다. 문학이 원래 그런 것이기 때문이다.

그러나 우리는 문학을 시험을 위해 읽는다. 시험은 타당해 왔고, 타당하고, 타당해야만 한다. 모두가 자신의 점수에 납득할 수 있게끔 하는, 시험이 표면적으로라도 '공정'을 유지할 수 있게끔 하는, 최소한의 장치. 보편타당한 문제와 보편타당한 정답이다. 이 말은 문학의 개연성이 시험과 양립하기 어렵다는 뜻이다. 좋은 문학 문제를 내기 힘든 이유도 여기에 있다. 문학은 여러 해석의 여지가 있고, 이 해석의 여지를 훼손하지 않으면서 틀린 선지를 내기가 어려운 것이다. 문학 선지는 개연성을 해치지 않아야 한다. 그러면서도 동시에 누구나 납득할 수 있을 만하게 명료하고 필연적이어야만 한다. 그럴 수 있는 방법은 두 가지다. 첫째, 개연성과 필연성의 분리. 둘째, <보기>를 통한 개연성의 통제.

다시 독서 클럽 얘기로 돌아와 보자. 『어린 왕자』를 읽고 어떤 사람은 어린 왕자의 순수함이 가슴 아팠다고 한다. 어떤 사람은 만연한 기득권의 횡포에 분노했다고 한다. 어떤 사람은 논리적 이성의 시대에 비이성의 침투가 과연 적절한지에 대하여 고민했다고 한다. 이 사람들 중에서 틀린 감상을 내놓은 사람이 있을까? 없다. 개인의 해석은 개인의 마음에 달려 있기 때문이다. 그러니까, 옳은 선지, 다시 말해서 동그라미를 칠 수 있는 선지들은 개연성에 따라 동그라미를 치는 경우가 대다수라는 뜻이다. 나는 이 글을 읽을 때 이렇게 생각하지 않았다. 그런데 글을 읽었을 때 이 해석도 논리적으로 충분히 가능할 것 같고, 텍스트 내에서 충돌하는 부분이 존재하지 않는다. 그렇다면 이 선지는 가능한 선지이다. 다만 나와 생각이 "다를" 뿐이다. 다름을 인정하고 존중하는 것. 나와 다르다고 해서 "틀리다"고 생각하지 않는 것. 이것이 문학을 읽는 가장 기본적인 마음가짐이다.

문학 문제에서 개연성이 아닌 필연성을 어떻게 부여하는지 확인해 보자. 다음 글을 읽고, 물음에 답해 보자.

🏅 2016학년도 6월

여공이 물러나오자 위공과 정렬 부인이 다시 일어나 칭찬하기를,

"어지신 덕택으로 계월을 구하사 친자식같이 길러 입신양명하게 하시니 은혜가 백골난망이로소이다."

하며 슬픈 감회를 금치 못하거늘 여공이 더욱 감사하며 공손히 응답하더라. ㉠평국과 보국이 또한 엎드려 먼 길에 평안히 행차하심을 치하하더라. 위공과 정렬 부인이며 기주후와 공렬 부인과 춘랑도 또한 자리에 참례하고 양윤이 또한 마음에 기꺼함을 헤아리지 못할지라. 이날 큰 잔치를 배설하고 삼 일을 즐기니라.

이때 천자 신하들을 돌아보고 이르기를,

"평국과 보국을 한 궁궐 안에 살게 하리라."

하시고, 종남산 아래에 터를 닦고 집을 지을새, 천여 칸을 불일성지(不日成之)*로 지으니, 그 장함을 헤아리지 못할지라. 집을 다 지은 후에 노비 천 명과 수성군 백 명씩 내려 주시고 또 채단과 보화를 수천 바리를 상으로 내려 주시니, 평국과 보국이 황은을 축수하고 한 궁궐 안에 침소를 정하고 거처하니 그 궁궐 안 넓이가 십 리가 남은지라 위의와 거동이 천자나 다름이 없더라.

이때 평국이 전장에 다녀온 후로 자연 몸이 곤하여 ㉡병이 침중하니 집

안이 경동하여 주야 약으로 치료하니, 천자께서 이 말을 들으시고 매우 놀라사 명의를 급히 보내어,

"병세를 자세히 보고 오라. 만일 위중하면 짐이 친히 가 보리라."

하시고 어의(御醫)를 명하사 보내시니, 어의 황명을 받자와 평국의 침소에 와 병세를 진맥하니 병세 위중하지 아니한지라. 속히 약을 가르쳐 쓰라 하고 돌아와 천자께 사실을 아뢰더라.

어의 다녀와 아뢰기를,

"평국의 병세는 위중하지 아니하옵기로 약을 가르쳐 쓰라 하옵고 왔사오나 또한 괴이한 일이 있어 수상하여이다."

하더라. 천자 놀라 묻기를,

"무슨 연고가 있더냐."

어의 땅에 엎드려 아뢰기를,

"평국의 맥을 보오니 남자의 맥이 아니오매 이상하여이다."

천자 그 말을 들으시고 이르기를,

"평국이 여자면 어찌 적진에 나가 적진 십만 대병을 소멸하고 왔으리오. 평국의 얼굴이 도화색(桃花色)이요, 체격이 삭고 약하여 혹 미심하거니와 아직은 누설하지 말라."

하시고 자주 문병하시니라.

이때 평국이 병세 점점 나으매 생각하되,

'어의가 나의 맥을 보았으니 필시 본색이 탄로날지라 이제는 할 일 없이 되었으니, 여복을 갈아입고 규중에 몸을 숨어 세 월을 보냄이 옳다.'

하고, 즉시 남복을 벗고 여복을 입고 ⓒ부모 앞에 뵈어 느끼며 뺨에 두 줄기 눈물이 종횡하거늘 부모 또한 눈물을 흘리며 위로하더라.

[중략 줄거리] 이후 홍계월(평국)은 천자의 주선으로 보국과 혼인을 하게 되는데, 군영 및 집안에서의 사건 등으로 남편 보국과 갈등을 겪으면서

남편과 떨어져 홀로 지내게 된다.

　　각설. 이때 남관장이 장계(狀啓)*를 올리거늘 천자 즉시 뜯어 열어 보시니 하였으되,

　　'오왕(吳王)과 초왕(楚王)이 반하여 지금 장안을 범하고자 하옵나이다. 오왕은 구덕지를 얻어 대원수를 삼고, 초왕은 장맹길을 얻어 선봉을 삼아 장수 천여 명과 군사 십만을 거느려 호주 북지 십여 성을 항복 받고 형주자사 완태를 베고 짓쳐오매 소장의 힘으로는 방비할 길이 없사와 감히 아뢰오니 엎드려 바라옵건대 황상은 어진 명장을 보내어 막으소서.'

　　하였거늘, 천자 보시고 크게 곤란하사 온 조정의 신하들을 모아 의논하시되 우승상 명연태 아뢰기를,

　　"이 도적을 좌승상 평국을 보내어 방비하올 것이니 급히 영을 내려 부르옵소서."

　　천자 들으시고 한참 뒤에,

　　"평국이 전일에는 출세하였기로 불러 국사를 의논하였거니와 ⓔ지금은 규중 여자라 어찌 영으로 불러 들여 전장에 보내리오."

　　하시되 신하들이 아뢰기를,

　　"평국이 지금 규중에 처하오나 이름이 조야에 있삽고 또한 작록이 영구하오니 어찌 혐의하오리오."

　　하거늘, 천자 마지못하여 급히 평국을 영으로 부르시니라.

　　이때 평국이 규중에 홀로 있어 매일 시비를 데리고 장기와 바둑으로 세월을 보내더니 사관이 나와 천자가 부르는 명을 전하거늘, 평국이 크게 놀라 급히 여복을 벗고 조복으로 사관을 따라 어전에 엎드리니 천자 크게 기뻐하며 이르기를,

　　"ⓜ경이 규중에 처한 까닭에 오래 보지 못하여 주야로 사모하더니 이제 경을 보매 기쁘기 헤아릴 수 없거니와 짐이 덕이 없어 지금 오초 양국이 반

하여 호주 북지를 항복 받고 남관을 넘어 황성을 범하고자 한다 하니 경은 마땅히 출사하야 사직을 안보하게 하라."

하시되 평국이 엎드려 아뢰기를,

"신첩이 외람하와 폐하를 속이옵고 공후 작록을 받자와 영화로 지내옵기 황공하온데 죄를 사하시고 이토록 사랑하옵시니 신첩이 비록 우매하오나 힘을 다하여 폐하의 성은을 만분의 일이나 갚을까 하오니 근심하지 마옵소서." 하더라.

- 작자 미상, 〈홍계월전〉

* 불일성지 : 며칠 안 되어 일이 이루어짐.
* 장계 : 신하가 임금에게 올리는 일이나 문서

문제) ㉠~㉤에 대한 이해로 적절하지 않은 것은?

① ㉠ : 홍계월과 보국이 멀리서 온 여공에게 고마움을 표하는 모습을 보여 준다.

② ㉡ : 홍계월이 병이 나자 집안사람들이 많이 놀라며 지극한 정성으로 치료하는 모습을 보여 준다.

③ ㉢ : 홍계월이 부모 앞에서 울음을 터트리며 서러움을 드러내는 모습을 보여 준다.

④ ㉣ : 천자가 조정에서 물러나 있는 홍계월을 다시 전쟁터로 보내야 하는지 고민하는 모습을 보여 준다.

⑤ ㉤ : 천자가 집안일에 매달려 있는 홍계월을 오랫동안 보지 못해 그리워하는 모습을 보여 준다.

정답 ⑤번의 근거는, 집안일에 매달려 있는 홍계월이 아니라 장기와 바둑으로 시간을 보내던 홍계월이라는 점이다. 사실 관계의 확인이다. 개연을 건드릴 수 없다면, 평가원이 취할 수 있는 오답의 스탠스는 두 가지다. 누가 봐도 이건 아니다 할 만한 해석으로 오답을 만들거나 사실 관계를 바꾸어 두거나. 그런데 전자의 경우에는 개연성을 부정하는 것이기 때문에 보다 확실해야 하고, 그래서 문제의 난도가 전반적으로 낮을 수밖에 없다. 그러나 후자의 경우에는 학생들이 잘 보지 못하는 곳, 이를테면 맨 첫 문장이나, 인쇄된 위치상 행간에 걸쳐 있는 부분이나, 혹은 늘어져 건너뛰기 쉬운 서술에서 교묘하고 은밀하게 뒤틀 수 있다. 난도 높은 문학 선지를 만드는 하나의 방법이다. 이 문제를 보자.

🖋 2021학년도 6평

금강대 맨 우층의 선학(仙鶴)이 삿기 치니
춘풍 옥적성(玉笛聲)의 첫잠을 깨돗던디
호의현상*이 반공(半空)의 소소 뜨니
서호 녯 주인*을 반겨서 넘노는 듯
소향로 대향로 눈 아래 구버보고
정양사 진헐대 고텨 올나 안즌마리
여산 진면목이 여긔야 다 뵈는구나
어와 조화옹이 헌사토 헌사할샤

[A] ⎡날거든 뛰디 마나 섯거든 솟디 마나
  부용(芙蓉)을 고잣는 듯 백옥(白玉)을 믓것는 듯
  ⎣동명(東溟)*을 박차는 듯 북극(北極)을 괴왓는 듯
놉흘시고 망고대 외로올샤 혈망봉이
하늘의 추미러 므스 일을 사로려
천만겁(千萬劫) 디나도록 구필 줄 모르느냐
어와 너여이고 너 가트니 또 잇는가
개심대 고텨 올나 중향성 바라보며

만이천봉을 녁녁(歷歷)히 혀여 하니
봉마다 맷쳐 잇고 긋마다 서린 긔운
맑거든 조티 마나 조커든 맑디 마나
뎌 긔운 흐터 내야 인걸을 만들고쟈
형용도 그지업고 톄세(體勢)도 하도 할샤
천지 삼기실 제 자연이 되연마는
이제 와 보게 되니 유정(有情)도 유정할샤

(중략)

그 알픠 너러바회 화룡소 되어셰라
천년 노룡(老龍)이 구비구비 서려 이셔
주야의 흘너 내여 창해(滄海)예 니어시니
풍운을 언제 어더 삼일우(三日雨)를 디런느냐
음애예 이온 플*을 다 살와 내여스라
마하연 묘길샹 안문재 너머 디여
외나모 쎠근 다리 불정대 올라 하니
천심(千尋) 절벽을 반공애 셰여 두고
은하수 한 구비를 촌촌이 버혀 내여
실가티 플텨 이셔 베가티 거러시니
도경(圖經) 열두 구비 내 보매는 여러히라
이적선 이제 이셔 고텨 의논하게 되면
여산*이 여긔도곤 낫단 말 못 하려니
- 정철, 「관동별곡」

* 호의현상 : 흰 저고리에 검은 치마란 뜻으로 학을 가리킴.

> * 서호 넷 주인 : 송나라 때 서호에서 학을 자식으로 여기며 살았던
> 은사(隱士) 임포.
> * 동명 : 동해 바다.
> * 음애예 이온 풀 : 그늘진 벼랑에 시든 풀.
> * 여산 : 당나라 시인 이백(이적선)의 시구에 나오는 중국의 명산.

39. [A]를 이해한 내용으로 적절하지 않은 것은?

① 봉우리를 '부용'을 꽂고 '백옥'을 묶은 듯한 시각적 형상으로 묘사하여 대상의 아름다움을 표현하였다.

② 봉우리를 '백옥', '동명'과 같은 무생물에 빗대어 대상에서 느낄 수 있는 자연의 영속성을 표현하였다.

③ 봉우리를 '동명'을 박차고 '북극'을 받치는 듯한 모습에 빗대어 대상의 웅장한 느낌을 표현하였다.

④ '날거든 뛰디 마나 섯거든 솟디 마나'와 같이 행위를 부각하는 대구를 통해 봉우리의 역동적인 느낌을 표현하였다.

⑤ '고잣는 듯', '박차는 듯'과 같이 상태나 동작을 보여 주는 유사한 통사 구조의 나열을 통해 봉우리의 다채로운 면모를 표현하였다.

　

　마찬가지로 사실 관계를 뒤튼 문제이다.

　대부분의 학생들은 2번을 고른 이유를, "대상에서 느낄 수 있는 자연의 영속성"이 틀렸기 때문이라고 이야기한다. 틀린 이야기는 아니다. 그런데 이를 생각하기 위해서는 자연의 영속성이 무엇인지부터 고민해야 한다. 그렇다면 자연이 영속적인가?를 고민하다가 잘 모르겠으니 다른 선지를 몇 번 훑어보다가, 다른 선지들이 모두 적절하기 때문에 '그러면 영속적이지는 않겠네.'

하고 체크하고 넘어간다. 정확하게 체크하지 못하고 다른 선지에서 비벼 소거로 푸는 것 자체가, 문제의 정답은 맞힐 수 있을지 모르겠으나, 이러한 행위들이 모여 시간 부족이라는 결과를 만들어낸다. 비문학 보기 문제들을, 혹은 비문학 한 지문을 통째로 날릴 수도 있다는 뜻이다.

2번을 보자. 봉우리를 '백옥', '동명'과 같은 무생물에 빗대었다고 했다. 그런데 지문을 보면, "부용(芙蓉)을 고잣는 듯 백옥(白玉)을 믓것는 듯/동명(東溟)을 박차는 듯 북극(北極)을 괴왓는 듯", 현대어로 풀어 보면 "부용을 꽂아 둔 듯, 백옥을 묶어 둔 듯/동명을 박차는 듯, 북극을 받치는 듯"이다. 그렇다면, '백옥'에 빗댄 것은 맞다. 백옥을 묶어 둔 것 같다고 했으니까. 그러나 화자가 봉우리를 '동명'에 빗대었나? 분명히 화자는 '동명을 박차는 듯'이라고 했다. 그렇다면 여기에서 사라진 주어는 봉우리다. 전체를 복원해 보면, "봉우리가 동명을 박차는 듯"이다. 그렇다면 동명을 박찬 봉우리가, 동명 그 자체일 수는 없다. 그러니까 결국에는, '동명'과 같은 무생물에 빗대었다고 한 사실 관계가 틀린 것이다.

사실 이 선지는 3번 신지를 보자마자 모순선지라는 것을 잡을 수도 있다. 2번 선지에서는 봉우리를 '동명'에 빗대었다고 했는데, 3번 선지에서는 봉우리를 '동명'을 박차는 "모습"에 빗대었다고 했으니까. 그러니 결국 2번과 3번이 모순이고, 둘 중 하나가 정답일 수밖에 없는 것이다.

문학의 정답이 개연적이라면, 오답은 반드시 필연적이어야만 한다. 그리고 그 필연은 생각보다 아주 강력해서, 누구나 유심히 본다면 눈치챌 수 있는 그런 필연이다.

자의적 해석은 금물
그러나 주의할 사항이 있다. 이 모든 개연적 해석은 지문의 틀 안에서 대개 보편적으로 이루어진다.

이를테면, 문학 작품에서 이런 장면이 나왔다고 하자. A가 죽었다. 그리고 A의 연인이었던 B가 A의 앞에서 울고 있다. 그렇다면 B가 느낄 수 있는 감정이 무엇일까? 맥락에 따라 다르겠지만, 그 둘이 보편적인 연인이었다고 가정해 보자. 그렇다면 결국 슬픔을 중심으로 한 지배적 정서가 형성될 것이다. 그런데 어떤 학생 C가 이렇게 묻는다.

"사실 B가 사이코패스일 수도 있잖아요. 그러면 B는 A가 죽었다는 것을 보고, 자신의 것으로 만들 수 있다고 생각하고, 기뻐하고 있지 않을까요? 그러면 이 B의 눈물은 기쁨의 눈물이 되는 것 아닌가요?"

그럴 수 없다. 단정적으로 그럴 수 없다. 이런 해석을 "자의적 해석"이라고 한다. 자신이 살을 덧붙여, 만일 ~하다면, 이럴 수도 있지 않겠느냐?라고, 사실은 소설을 쓰고 있는 것이다. 주의하자. 가장 조심해야 하는 순간은 자의적 해석을 하는 순간이다. 이 순간에는 선지를 보고 "아니 그런데 잠깐…" 이라는 생각이 스멀스멀 반역처럼 들기 시작한다. 만일 선지를 보고 속으로 그렇게 내뱉었다면, 잠시 멈추자. 그리고 자신의 생각을 아주 객관적으로 바라보자. 객관적으로 바라본다는 것은, 지문이나 보기에서 그렇게 판단할 수 있는 맥락적 요소나 근거가 있는지 파악한다는 것이다. 나의 해석에 힘을 실어 줄 수 있는 객관적인 정보들을 모으는 일이다. 날을 세워 자신의 논리 전개가 적절한지, 왜곡이나 비약은 없는지, 부적절한 배경지식의 개입은 없는지 파악하자. 만일 근거가 없다면, 그것은 자의적 해석일 가능성이 높다.

다음 글을 읽고, 물음에 답해 보자.

크낙산 골짜기가 온통
연록색으로 부풀어 올랐을 때
그러니까 신록이 우거졌을 때
그곳을 지나가면서 나는
미처 몰랐었다

뒷절로 가는 길이 온통
주황색 단풍으로 물들고 나뭇잎들
무더기로 바람에 떨어지던 때
그러니까 낙엽이 지던 때도
그곳을 거닐면서 나는
느끼지 못했었다

이렇게 한 해가 다 가고
눈발이 드문드문 흩날리던 날
앙상한 대추나무 가지 끝에 매달려 있던
나뭇잎 하나
문득 혼자서 떨어졌다

저마다 한 개씩 돋아나
여럿이 모여서 한여름 살고
마침내 저마다 한 개씩 떨어져
그 많은 나뭇잎들
사라지는 것을 보여 주면서
- 김광규, 「나뭇잎 하나」

Q. 윗글에 대한 설명으로 적절하지 않은 것은? [3점]

① 1연, 2연에서 유사한 구조의 문장을 사용함으로써 대상의 의미를 깨닫지 못했던 화자의 모습을 강조하고 있다.

② 1~3연에서 '골짜기'→'길'→'대추나무'→'나뭇잎 하나'로 시적 대상이 바뀌면서 화자와 대상의 거리가 가까워지고 있다.

③ 1~4연에서 '그러니까', '문득', '마침내'와 같은 부사는 독자로 하여금 화자의 인식에 주목하게 하고 있다.

④ 4연에서 '저마다 한 개씩'이라는 시구를 반복함으로써 세상과 화합할 수 없는 존재의 고뇌를 강조하고 있다.

⑤ 4연에서 화자는 생성에서 소멸에 이르는 자연물의 변화 과정을 통해 인간의 삶을 이해하고 있다.

이제 잘못된 논리를 펼쳐 보겠다. 이 논리의 맹점을 파악하고, 파훼해 보자.

"지금 전체적인 시가 나뭇잎이 떨어지는 걸 보고 화자가 느낀 게 결국에는 나뭇잎이 혼자 나서 혼자 죽는다는 소리 아닌가요? 그렇다면 결국 그 말은 '여럿이 모여서 한여름 살'아도 결국 갈 때는 혼자라는 건데, 그러면 이 나뭇잎이 세상과 화합할 수 없는 존재라고 충분히 생각할 수 있지 않아요? 그러면 세상과 화합할 수 없다는 고뇌도 맞는 말 아니에요? 시구의 반복은 강조로 자연스럽게 이어지니까 따로 판단할 필요 없고요."

어떤 부분이 틀렸을까?

한번 확인해 보자. 이 시에서, 과연 화자는 어떤 지배적 정서를 가지고 있는가? 1연부터 2연까지 미처 몰랐던 것을 겨울인 3연에서 문득 깨닫고, 4연에서 그 깨달음을 이야기해 주고 있다. 여기에서 화자의 정서가 섞여 있는 것을 가시적으로 볼 수 있는가? 화자의 깨달음까지는 괜찮다. 그런데 그 화자의 깨달음이 "세상과 화합할 수 없음"이고, "고뇌"로 이어질 만큼 부정적인 깨달음인가? 그리고 나아가, 화자가 고뇌하고 있나? 근거가 부족하다. 화자의 정서를 쉽게 파악할 수 없는 위 시의 경우에는, 어떤 정서 판단도 조심해야 한다. 사람은 감정적인 동물이기 때문에 한 번 그 정서에 빠지면 그렇게 정당화하려고 노력하기 때문이다.

그래, 백 번 양보해서 개연적으로 넘어갈 수 있는 범위라고 치자. 선지를 다시 읽어 보자.

4연에서 '저마다 한 개씩'이라는 시구를 반복함으로써 세상과 화합할 수 없는 존재의 고뇌를 강조하고 있다.

지금 나의 논리대로라면, 세상과 화합할 수 없는 존재는 누구인가? 화사는 될 수 없다. 왜냐하면 이 시의 해석을 인간의 삶으로 확장하였다고 하더라도, "나"를 투영하였는지 확실하지 않기 때문이다. 그렇다면 결국 시 내부에서, 맥락상 그리고 지문상 확인할 수 있는 "세상과 화합할 수 없는 존재"는 나뭇잎이다. 그런데 나뭇잎이 고뇌를 하고 있는가?

나뭇잎은 아무것도 하지 않고 있다. 그저 떨어질 뿐이다. 그리고 그 모습을 보여줄 뿐이다.

자의적 해석은 각자의 근거를 바탕으로 한다. 그런데 그 근거가 사실은 부족하거나, 지문상에서 찾아볼 수 없거나, 혹은 자신의 뇌내망상에 불과하다. 이 근거를 파훼할 수 있는 것은 객관적인 파악이다. 이 객관적인 파악은 지문에 근거한다. 모든 자신의 생각을 배제하고 지문과 자신의 생각을 대조해 보는 것이다.

그렇다면 올바른 해석은 어떻게 해야 하는가?

더 쉽게 알아보자. 보통 우리가 시 해석을 할 때, 긍정적 시어와 부정적 시어로 나누곤 한다. 그래서 긍정적 시어에는 동그라미를, 부정적 시어에는 세모를 친다. 비단 시뿐만 아니라 모든 문학의 대상들에 대입이 가능하다. 그러나 대개 시에서 많이 쓰이므로, 시라고 가정하고 시어의 긍부정을 나눠 보자. 단, 여기부터 쓰는 모든 문장들에 반어는 사용되지 않았다고 하자.

어둠

'어둠'이라는 시어는 긍정적인가, 부정적인가?

판단할 수 없다. 시어 자체로는 아무것도 판단할 수 없다. 만일 '어둠'이 유구하게 소멸, 단절, 외로움, 애상감을 환기하는 소재였기 때문에 부정적이라고 판단한다면, 이것은 또한 자의적 해석이다. 자신의 배경지식을 멋대로 끼워넣어 해석한 것에 불과하다. 다시 말하지만, 우리의 지식은 유한하다. 우리의 지식을 반박할 수 있는 지식들은 얼마든지 존재한다. 나의 얕은 지식으로 모든 것을 판단하려고 하지 말자.

어둠을 보고 웃는다.

이때 '어둠'이라는 시어는 긍정적인가, 부정적인가?

어둠을 보고 운다.

이때 '어둠'이라는 시어는 긍정적인가, 부정적인가?

위쪽의 시어는 긍정적이고, 아래쪽의 시어는 부정적이다. 무엇으로 판단할 수 있는가? 서술어로 판단할 수 있다. 왜 판단할 수 있는가? 웃고, 우는, "화자"의 감정이 드러났기 때문이다.

긍정과 부정을 판단하는 것은 독자가 아니다. 독자의 개인적인 경험에 비추어 보아 이것은 긍정적이다, 부정적이다를 판단하는 것은 오만이다. 오로지 화자가 그것을 어떻게 생각했는지만이 중요하다. 그것이 시 전체의 정서를 결정하고, 우리가 판단하는 긍정과 부정을 결정한다.

그러면 다음 문장을 읽어 보자.

어둠이 있다.

이 문장에서 '어둠'이라는 시어는 긍정적인가, 부정적인가?

판단할 수 없다. "있다"의 경우에는, 화자의 감정을 드러낸 것이 아닌, 중립적으로 상태를 묘사하는 단어이기 때문이다. 이렇게 화자의 정서나 태도가 드러나지 않은 경우에는, 시어의 정서나 태도가 드러났는지 확인해야 한다.

어둠이 기뻐한다.

이 문장에서 '어둠'이라는 시어는 긍정적인가, 부정적인가?

보통 산문에서는 여기까지 잘 내려오지 않는다. 화자, 산문에서는 인물이 그 대상에 대하여, 혹은 사건에 대하여 긍정적인지, 부정적인지가 한눈에 보인다. 그러나 함축적이고 상징적이며 비유적인 시는 특성상 화자를 감추는 경우가 많다. 이때, 작가는 객관적 상관물을 사용하여 화자의 감정을 드러낸다. 객관적 상관물의 정서는 화자의 정서와 일치할 수도 있고, 일치하지 않을 수도 있다. 혹은 일치하지도, 대조되지도 않고, 그저 환기의 역할을 할 수도 있다. 만일 환기의 역할만을 한다면, 우리는 긍부정을 섣불리 판단하면 안 된다. 여기에서 우리가 긍부정을 확인할 수 있는 시어들은 화자와 일치하거나 반대되는 시어들이다.

객관적 상관물의 정서가 화자의 정서와 일치할 때, 우리는 이것을 감정 이입이라고 부른다. 객관적 상관물의 정서가 화자의 정서와 대조될 때, 우리는 이것을 대조적 상관물이라고 부른다. 만일 전자라면, 우리는 긍부정을 화자와 동일하게 잡아 주면 된다.

나는 기뻐하는 어둠에 스며든다.

그렇다면 어둠은 긍정적인 시어일 것이다.
그러나 만일 후자라면, 긍부정을 화자와 대립적으로 잡아 주면 된다.

우는 나를 보고 어둠이 기뻐한다.

이때는 '나'가 울고 있고, 정서가 대립적이다. '나'의 정서가 슬픔이라면, 나와 어둠은 대립적인 관계일 것이다. 따라서 어둠은 부정적인 시어일 것이다.

그렇다면 이런 경우는 어떨까?

어둠 속에서 나는 허공을 바라본다.

우선, 화자의 정서와 태도가 나와 있지 않다. 그렇다고 해서 어둠의 정서와 태도가 나와 있지도 않다. 앞뒤 맥락이 존재하지 않는다면, 그저 배경이라고 생각하고 긍정과 부정으로 나눠 버리면 안 된다. 그저 그대로 놓아두어야 한다.

다시 말하지만, 반어가 드러나지 않은 상황을 가정했다. 만일 시 전체에서 어둠에 대한 부정적인 태도를 견지하였는데, 어떤 작은 한 부분에서 "아름다운 어둠"이라는 시구가 나왔다고 해 보자. 그렇다면 이 어둠이 정말 고통 속에서도 아름다운 역설인지, 혹은 반어인지를 확인해 볼 필요가 있다.

그리고 마지막으로 가장 중요한 것은, 여러 번 강조했지만, 긍정과 부정은 확실하지 않다면 단정하지 않는 편이 좋다. 감정과 정서는 생각보다 강력하다. 내가 한 번 그렇게 보기 시작히면, 다른 것들도 그렇게 보인다. 나의 머릿속에서 무의식적으로 정당화 과정을 거치고, 자의적 해석을 거쳐 내가 인지하지 못하는 사이에 그렇게 보인다. 만일 확신하지 못하겠다면, 차라리 아무것도 표시하지 말고 넘어가자. 만일 출제된다면, 높은 확률로 보기에서 그 시어에 대한 해석의 지표를 줄 것이다. 그렇지 않다면, 개연성으로 충분히 풀 수 있는 문제가 출제될 것이다. 어느 쪽이든 문제를 푸는 데에는 지장이 없다.

이제 실전에 적용해 보자.

님은 갔습니다. ⓐ아아, 사랑하는 나의 님은 갔습니다.

푸른 산빛을 깨치고 단풍나무 숲을 향하여 난 작은 길을 걸어서, 차마 떨치고 갔습니다.

황금의 꽃같이 굳고 빛나던 옛 맹서는 차디찬 티끌이 되어서 한숨의 미풍에 날아갔습니다.

날카로운 첫 키스의 추억은 나의 운명의 지침을 돌려놓고, 뒷걸음쳐서 사라졌습니다.

나는 향기로운 님의 말소리에 귀먹고, 꽃다운 님의 얼굴에 눈멀었습니다.

사랑도 사람의 일이라, 만날 때에 미리 떠날 것을 염려하고 경계하지 아니한 것은 아니지만, 이별은 뜻밖의 일이 되고, 놀란 가슴은 새로운 슬픔에 터집니다.

그러나 이별을 쓸데없는 눈물의 원천을 만들고 마는 것은 스스로 사랑을 깨치는 것인 줄 아는 까닭에, 걷잡을 수 없는 슬픔의 힘을 옮겨서 새 희망의 정수박이에 들어부었습니다.

우리는 만날 때에 떠날 것을 염려하는 것과 같이, 떠날 때에 다시 만날 것을 믿습니다.

ⓑ아아, 님은 갔지마는 나는 님을 보내지 아니하였습니다.

제 곡조를 못 이기는 사랑의 노래는 님의 침묵을 휩싸고 돕니다.

 - 한용운, 「님의 침묵」

Q1. ⓐ의 '아아'는 부정적 상황에 대한 비탄의 표현으로 볼 수 있군. (O/X)

Q2. ⓑ의 '아아'는 부정적 상황에 대한 비탄의 표현으로 볼 수 있군. (O/X)

ⓐ의 '아아'를, 사랑하는 나의 님이 갔다는 표현을 근거로 하여 이별의 슬

픔이라고 판단할 수도 있다. 그러나 사랑하는 나의 님이 갔다는 것이, 정말로 슬픔만을 유추할 수 있는가? 조금만 생각해 보면 더 많은 가능성들을 찾아낼 수 있다. 이를테면, 이별이 잠시일 수도 있고, 이별으로 더 나은 생활을 영위할 수도 있다. 이것은 작가가 원하는 대로 흘러갈 수 있다. 더 정확하게 감정을 파악하기 위해서는, 그 다음 문장들을 읽어야 한다. 이별의 상황을 "한숨의 미풍"으로 표현하고 있고, 더 나아가서는 "이별은 뜻밖의 일이 되고, 놀란 가슴은 새로운 슬픔에 터집니다"라며 슬픔을 정확하게 표현하고 있다. 이제야 우리는 지금 ⓐ의 '아아'가 이별의 슬픔을 표현하고 있음을 정확하게 판단할 수 있는 것이다.

그러나 ⓑ의 '아아'는, 이별의 슬픔을 이미 "새 희망의 정수박이에 들이부"은 이후이다. 그러니 그 이후의 시는 이별의 슬픔이 아닌, "떠날 때에 다시 만날 것을 믿습니다"와 같이, 재회에 대한 바람과 희망에 대하여 노래한다. 따라서 ⓑ의 '아아'는 슬픔의 '아아'가 아닌, 희망의 '아아'이다. 화자가 그렇게 인식하고 있기 때문이다.

문학 지문에는 읽는 요령이 있다

비문학 공부와 문학 공부는 확연히 다른 양상을 보인다. 비문학은 한 문장에서 여러 의미를 찾고, 읽으면서 미시독해를 하고, 표지 문장을 찾으려고 혈안이 되어 있어 시간 자체도 길고, 요구하는 분석의 수준도 깊다. 그런데 문학의 경우에는 비문학의 분석과는 다르게 매우 얕고, 확실한 수준의 간단한 지문분석만 하고 넘어간다. 분석이라고도 하기 민망할 정도다. 내신 수업은 학교에서 원하는 수준의 암기사항이 있으나, 수능 수업은 암기와는 거리가 멀기 때문에 배경지식을 사용하는 경우도 드물다.

결론부터 말하자면, 문학 본문을 비문학처럼 읽으면 안 된다. 다시 말하지만, 문학은 개연성의 학문이다. 개연성이 본질인 학문에서 필연성을 찾으려고 애를 쓰다 보면, 자의적 해석의 길로 빠질 가능성이 높다. 그렇게 빠진 자의적 해석에는 반드시 함정 선지가 하나씩 있다. 내가 확실하다고 생각했던 선지에 배신당하는 경험을 하게 되는 것이다.

자의적 해석을 조심해 함정에 빠지는 것은 면했다고 한들, 시간 부족 문제는 해결할 수 없다. 비문학 독해에는 시간이 걸리는 편이고, 조금 더 걸리더라도 문제 풀이보다는 독해에 초점을 두는 것이 옳다. 지문만 잘 장악하면 문제는 금세 풀리기 때문이다. 그러나 문학은 그렇지 않다. 왔다 갔다 해야 하는 선지도 비문학보다 상대적으로 많고, 일치 불일치 문제도 훨씬 미시적이다. 결정적으로, 비문학에서 시간을 단축하지 못한다면, 우리는 문학에서 시간을 단축해야만 한다. 낭비할 시간이 없는데, 영양가 없는 지문 독해로 시간을 흘려보낼 것인가?

비문학과 문학은 지문에서 가장 큰 차이를 보인다. 비문학 지문은 애당초 수능이라는 시험만을 위하여 만들어진 글이다. 사실 만들어졌다는 표현보다는 직조되었다는 표현이 더 정확할 것이다. 짜임새 있고 정갈하게, 아주 미세하고 정성스러운 조정을 통해, 수능에 가장 부합하는 글을 써낸 것이다. 그러니 당연히 비문학은 글에서부터 평가원의 의도가 드러나 있을 수밖에 없다. 그리고 문제는 잘 독해했는지를 확인하는 과정일 뿐이다.

반면 문학의 경우, 수능 문제에 실리기 위해 글을 쓰는 사람은 없다. 그저 문학 작품들이 있었을 뿐이고, 그 존재하는 문학 작품들 중 선정된 몇 작품들이 지문으로 실리게 되는 것이다. 저작권이 엄연히 존재하기 때문에, 그리고 문학에 대한 최소한의 예의이기 때문에, 평가원이 할 수 있는 것은 어떤 작품을 함께 수록할지, 작품의 전문을 수록할지, 부분을 수록할지 결정하고, 부분을 수록한다면 어떤 부분을 선정할지, 어떤 부분을 중략으로 뺄지, 줄거리에 어떤 정보들을 줄지, 그리고 보기에 어떤 사전 지식을 내어줄지를 결정하는 것뿐이다. 따라서 평가원이 문학 작품의 본문에 관여할 수 있는 부분은 지극히 제한적이다. 다시 말해 문학 작품의 본문에 평가원의 의도를 배치하기란 어렵다.

그렇다면 평가원의 의도는 어디에서 읽을 수 있는가? 문학에서 평가원이 유일하게 온전히 손댈 수 있는 부분은 어디인가? 바로 문제와 〈보기〉이다. 다시 말해, 문학을 어디까지 해석해야 하나요?에 대한 답도 문제에 있고, 문학을 어떻게 해석해야 하나요?에 대한 답도 문제에 있으며, 표현상 특징은 어디까지 잡고 들어가야 하나요?에 대한 답도 문제에 있다. 문제가 모든 것을 제시해 준다. 그러니 본문에서는 확실한 부분들만 잡고 문제로 들어가 평가원이 정말 원하는 것이 무엇인지를 확인해야 하는 것이다. 후술하겠지만, 기출분석을 할 때도 마찬가지다. 작품을 중심으로 시어 하나하나가 어떤 의미인지 파악하기보다는 평가원이 어느 지점까지 독해를 요구했고, 어느 방향으로 해석을 유도했으며, 어떤 방법으로 필연성을 부여하였고, 어느 정도의 개연성을 인정하였는지 판단하는 것이 더 중요하다.

〈보기〉는 특별하다. 평가원이 독자의 해석을 제한하고 싶을 때, 그리고 그 방향대로 문제를 출제하고 싶을 때, 〈보기〉를 사용한다. 최근에는 〈보기〉가 아니라, 문학 작품 앞뒤로 문학 개념어에 대한 글을 주거나, 작가나 작품에 대한 해석을 글 (가)로 주는 경우도 있다. 〈보기〉 문제를 푸는 법은 차차 알아보도록 하자. 중요한 것은 문학 작품을 읽을 때, 비문학처럼 하나하나 꼼꼼히 따져 가며 읽지 말아야 한다는 것이다.

정리해 보자.

첫째, 문학의 정답(O 선지)은 개연적이고, 오답(X 선지)은 필연적이다.

둘째, 개연적 판단은 지문의 틀 안에서 대개 보편적으로 이루어지므로,

자의적 해석을 반드시 경계하자.

셋째, 문학 지문은 반드시 가볍게 읽어야 한다.

📖 갈래별 문학 읽기 가이드

문학을 어떻게 읽어야 하는지에 대한 대전제는 앞서 말했으니, 그것을 바탕으로 해서 문학의 각 갈래를 어떻게 읽어나가야 하는지를 알아보자. 이를 이해하기 위해서는 시와 소설, 현대문학과 고전문학의 차이점을 알고 갈 필요가 있다. 이를 알아야 각 갈래에 맞는 효율적인 독해 방법을 도출해낼 수 있다.

시 읽기와 소설 읽기

시는 무엇인가? 한마디로, 시는 압축의 언어이다. 내가 말하고 싶은 게 100이라면, 시는 10 정도로 압축하는 것이다. 압축한다는 것에는 분량이 짧아진다는 사실 이상의 의미가 있다. 나의 의도를 압축하는 과정에서, 언어는 해체되었다가 재조립되고, 대상과 대상 사이의 간격은 희미해지거나 선명해지고, 감정은 과잉되거나 은폐된다. 그 과정에서, 핵심만이 남는다. 어렵게 이야기했지만, 요지는 온전하게 전달되는 것이 없다는 것이다. 그래서 시는 함축적이고 한 바퀴 꼬여 있다. 그렇다면 시의 핵심은 무엇일까? 단연 화자일 것이다. 화자를 중심으로 시는 전개된다. 화자는 누구인가? 물론 자연물일 수도 있지만, 작가는 인간이기에 인간의 속성을 띠고 있다. 그렇다면 인

간의 핵심은 무엇인가? 인간의 본성은 무엇인가?

생각해 보자. 칸트는 보편 법칙의 정초를 위해 이성을 제외한 모든 우연적 속성들을 제거했다. 그렇다면 우리는 우리의 본성을 알아보기 위해 내려놓을 수 있는 모든 것들을 내려놓아 보자. 말하는 법부터, 논리적으로 생각하는 것, 전부 내려놓다 보면 신생아 때로 회귀하게 된다. 신생아 때, 예절도 교육도 타인과 함께 공생하는 법도 몰랐을 때 가장 중요한 것은, 다름아닌 자신의 욕구와 감정이다. 신생아인 나는 그냥 울지 않는다. 늘 어떠한 동기가 있고, 그것은 언제나 나의 안쪽이 아닌 바깥쪽에서 시작된다. 나의 기분이 나빠진 것은 어쩌면 에어컨 바람이 너무 세서 추웠기 때문일 수도 있고, 친하지도 않은 사람이 굳이 친한 척 나를 건드렸을 수도 있고, 배가 고픈데 배를 채울 무언가가 준비되지 않았기 때문일 수도 있다. 반대로, 내 기분이 좋아진 것은 바람이 시원하기 때문일 수도 있고, 음악이 듣기 좋아서일 수도 있다. 이 모든 것의 공통점은 반드시 어떤 정서는 외부에서의 자극에 반응하여 촉발된다는 것이다. 시를 일컫는 세계의 자아화와도 상통하는 맥락이다.

다시 시로 돌아가 보자. 시는 화자의, 인간의, 다시 말해 우리의 본성을 비춘다. 그것은 정서이고, 자극에 대한 반응이다. 그래서 시에서 가장 확실하게 파악해야 할 것은 화자의 정서와 태도이고, 이 화자의 정서와 태도는 어떤 외부 세계의 자극에 의해 촉발된다. 그렇다면 우리는 그 자극이 무엇인지를 찾아야 한다.

소설은 그 반대이다. 소설은 확장의 언어이다. 내가 말하고 싶은 게 10이라면, 100으로 늘리는 과정이다. 이 확장에 관여하는 것은 소설의 3요소이다. 많은 학생들이 잘못 알고 있는 지식 중 하나인데, 소설의 3요소는 인물, 사건, 배경이 아니다. 주제, 구성, 그리고 문체이다. 그러니까 소설가는 주제를 구성을 통해 확장하고, 문체를 통해 써나가는 것이다.

조금 더 쉽게 얘기해 보자. 정보 전달의 기법은 둘로 나뉜다. 보여주기(showing)과 말하기(telling) 방식이다. 소설에서 서술자가 인물의 성격을 제시하는 방법으로 한 번쯤 들어 본 적이 있을 것이다. 그렇다면 이 중 확장의 방식은 어느 쪽일까? 직설적으로 말하기보다는 보여주는 것이다. "그가 슬프다."와, "그가 조용히 손을 말아 쥐며 붉어진 눈을 황급히 돌렸다."의 차이라고 볼 수 있겠다. 따라서, 소설은 주제를 표현하기 위해 보여주기 방식을 차용하며 이 보여주기를 위해서 구성이 필요하다.

그렇다면 이제 구성에 대해 알아볼 차례이다. 구성이 바로 인물, 사건, 배경이다. 인물과 사건, 배경을 모두 잡을 수 있으면 좋겠지만 안타깝게도 우리의 뇌 용량에는 한계가 있고, 소설은 심지어 길기 때문에 시간적인 여유가 상대적으로 부족하다. 그러므로 선택과 집중이 필요하다.

그렇다면 인과를 생각해 보자. 사건이란 무엇인가? 어떤 일의 발생이다. 어떤 일은 왜 발생하는가? 어떤 인물이 행동했기 때문에 발생한다. 인물은 왜 행동하는가? 그가 이루고자 하는 목적이 있기 때문이다. 그 목적은 무엇으로 인하여 설정되는가? 그의 가치관에 의해 목적이 변화한다. 예시를 들어 보자. 당신이 지금 수능 공부를 한다는 것이 사건이다. 그렇다면 공부는 왜 하는가? 좋은 대학에 가기 위해서이다. 왜 좋은 대학에 가려고 하는가? 꿈을 이루고 싶어서이다. 이 꿈을 이룰 수 있음의 근간에는 어떤 것이 존재하는가? 나의 노력으로 내가 하고 싶은 일을 할 수 있다는, 성취에 대한 믿음이 있다. 만약 운명이 결정되었다고 믿는 운명론자였다면, 공부는 하지 않았을 것이다. 혹은 자신의 꿈이 대학이 아닌, 다른 일로 성취될 수 있는 것이었다면 역시 수능을 대비하지는 않았을 것이다. 가치관이 바뀌면 목적도 바뀌고, 목적이 바뀌면 사건도 바뀐다. 따라서 우리가 초점을 맞추어야 하는 것은 인물이다.

만약 가치관이 다른 두 인물들이 충돌한다면 어떻게 될까? 그것이 갈등이다. 이 갈등은 두 인물 사이에서만 일어나는 것이 아니라, 인물 내부에서도 일어날 수 있고, 인물과 사회 사이에서도 일어날 수 있고, 인물과 운명 사이에서도 일어날 수 있다. 사회의 거대하고 공고한 기득권적 가치관과 투쟁하고, 전복할 수 없는 운명과 그럼에도 불구하고 투쟁하는 것이다. 인간의 가치관이 존재하기 때문에.

따라서, 소설을 읽을 때 인물에 초점을 두어 읽는 것이 효과적이다. 인물이 어떤 성격인지, 어떤 심리 상태에 있는지, 어떤 관계에 있는지. 그렇다면 사건은 자연스럽게 얼개가 잡힌다. 그러나 다시, 소설은 길다. 그리고 문학 작품은 비교적 왔다 갔다 해서 풀어야 하는 문제들이 많다. 정확하지 않다면 보통 다시 체크하기를 권한다. 그렇다면 결국 이 광활한 지문을 누비고 다녀야 한다는 것인데, 이를 최소화하기 위하여 비문학의 인덱싱과 같은 역할을 하는, 씬 나누기를 권한다.

이를테면, 내가 영화감독이라고 생각하자. 그리고 소설을 영화로 바꾸면서, 어디에서 씬을 나누면 좋을지를 고민해 보자. 결론적으로 씬은 구성의 3요소가 바뀔 때 나누면 된다. 인물에 다수 변화가 있을 때, 사건의 변화가 있을 때, 그리고 시간적/공간적 배경에 변화가 있을 때. 그리고 문제에서 물어보는 것이 무엇인지 파악 후, 그것이 어느 씬에 있었는지 생각한 다음, 그 씬으로 곧장 가는 것이다.

갈래별 독해 체크사항

작품의 창작을 교과서적으로 제한한다면, 창작 의도는 무엇일까? 작가가 하고 싶었던 말을, 혹은 생각을 전달하기 위해서일 것이다. 실제 작가들은 그렇지 않은 경우도 많다지만, 우리는 수능에 국한하여 생각하고 있으니 이 주제의 전달이라는 목적에서 벗어나지 말고 생각해 보자. 어떤 문학 작품의 궁극적인 목표는 독자에게 주제를 전달하는 것이다. 그렇다면 이 전달을 위해 필연적으로 거쳐야 하는 과정은 무엇일까? 바로 "읽어내는" 것이다.

현대문학의 경우, 사실 이 "읽어내는" 것에 있어 무리가 있는 경우는 없다. 난해한 시조차도 읽은 후에 이게 대체 무슨 소린가 싶긴 해도 있어도 글자 하나하나가 눈에 들어오지 않는 경우는 없다. 구름은 구름이고 바다는 바다이다. 그래서 현대문학의 경우에는 전부 읽었다는 것을 전제로 조금 더 깊은 수준까지 물어볼 수 있다. 선지가 주제들과 유난히 깊게 관련이 있는 것도, 보편적이고 일반적인 해석이 아닌 다른 해석을 보기에 내놓고 적용할 수 있는지 묻는 것도 같은 맥락이다. 전부 읽을 수 있으니 가능한 것이다.

그런데 고전문학의 경우, 문제는 "읽어내는" 것에서 발생한다. 그러니까, 마음은 마음이 아니고 ㅁㅏㅁ이며, 낯선 조사와 어미들이 가득하다. 사실은 이 글을 제대로 읽었는지부터가 문제인 것이다. 게다가 현대문학의 경우에는 계속해서 생산되고 있지만, 고전문학은 완결된 문학이다. 이미 자연친화와 연군지정을 두 축으로 한 갈래가 시중의 참고서들에 잘 정리되어 있고, 그 시기의 주류 작법들이 이미 간파되었으니 내용은 사실 거기서 거기다. 따라서 고전문학의 경우, 제대로 읽었는지에 대해 끊임없이 질문하려 할 것이고, 그것은 사실 확인, 일치 불일치 문제로 형체를 갖출 것이다. 그러니 고전문학의 경우에는 읽을 수 있는 능력을 갖추는 것이 먼저이다.

지금부터 적는 것은 갈래별 독해를 할 때 유의해야 할 사항들이다. 현대의 독해법을 기본적으로 고전으로 끌고 가고, 고전에 쓰인 유의사항들을 추가하는 방식으로 참고하기를 바란다.

① 현대시

제목을 읽는다

압축되어 한정된 지면에서 모든 활자들은 소중하다. 버릴 것이 없다. 따라서 제목을 읽는다는 것은 중심을 읽는다는 것과 같다. 실제로 시의 경우, 본문만 읽으면 무슨 말인지 영 모르겠는데 제목과 같이 읽으면 그제야 무엇을 말하고 싶은지 알 수 있을 법한 시들이 많다.

시간적, 공간적 배경이 있으면 체크한다

특히 시간적 배경은 오후, 낮, 새벽처럼 직접적인 경우도 있지만, 벚꽃, 단풍 등 계절감을 나타내는 소재가 쓰일 가능성이 더 높다. 계절감을 나타내는 소재는 현대시보다 고전시가에서 더 어렵게 쓰이니, 체크해서 암기해 둘 필요가 있다.

긍정어와 부정어를 찾는다

긍정과 부정의 기준은 반드시 화자여야 한다. 만일 긍정과 부정을 가늠하기 힘들다면, 조금이라도 의심이 된다면 건너뛴다. 백 프로 확실한 시어들만 동그라미와 세모를 치고 넘어간다. 이때, 이어지는 정서가 있다면 체크한다.

전체 상황과 주제를 체크한다

화자가 어떤 상황에 처해 있는지, 그래서 어떤 말을 하고 싶었는지를 한마디로 표현할 수 있으면 좋다. 우선, 이 글이 어떤 상황을 이야기하고 있는지는 읽기의 영역이므로 전체 상황은 한 문장으로 표현할 수 있어야 한다. 그러나 만일 주제를 모르겠다면, 함부로 넘겨짚지 않는다. 그만큼 어려운 주제라면 <보기>에 나와 도움을 줄 것이다.

② 현대산문

산문에서, 특히 현대산문에서는 제목이 그렇게 중요하지 않다. 생략해도 괜찮다 이미 본문에서 하고 싶은 말을 다 했기 때문에, 제목은 오히려 추상적이고 함축적일 수밖에 없다. 그러나 우리는 산문의 일부를 읽을 뿐, 전체를 읽지 않으므로 그다지 도움이 되지 않을 가능성이 높다. 이 제목을 읽는 것은 이후 말할 수능의 파본 검사 시간에 연계가 되었는지 되지 않았는지를 가늠할 때이다.

인물에 집중하여 사건을 파악한다

산문은 생각보다 덩치에 비해 정보량이 적다. 생략해야 할 부분들과 날려야 할 부분들은 빠르게 날리고 인물과 사건 중심으로 읽어가는 것이 중요하다. 특히, 갈등에 있어서는 빠짐없이 체크하는 것이 유의미하다.

씬을 나누어 내용일치에 용이하게 만들어 둔다

인물, 사건, 시간/공간적 배경을 토대로 나눈다. 이때, 배경에는 표시를 해 두는 것이 좋다. 나눌 때는 연필로 글자 사이를 긋는 정도면 충분하다. 다만, 인덱싱과 유사하게 가장 중요한 것은 여기에 이 정보가 존재한다는 사실이다.

③ 고전시가

제목을 읽는다

네 갈래 중 제목을 가장 중요시해야 하는 갈래이다. 고전시가의 경우, 모든 것을 집약하여 제목을 짓기 때문에 제목을 파악하면 거의 모든 것을 파악할 수 있다. 예를 들어 보자. 〈탄궁가〉는 비탄하다고 할 때의 탄일 것이고, 곤궁하다고 할 때의 궁일 것이다. 그렇다면 이 가사는 가난을 탄식하는 내용을 담고 있을 것이고, 그렇다면 전체 분위기가 부정적일 수밖에 없다. 탄식이기 때문이다. 하나 더 해 보자. 〈만흥〉의 경우, 일만 만 자에 흥 흥자를 쓴다. 그렇다면 뭐에 흥이 났는지는 몰라도(조금 공부를 했다면 자연친화겠거니 짐작할 수는 있겠지만) 전체적인 분위기는 긍정적일 것이다. 그러니 꼭 제목을 파악하는 습관을 들이자. 제목에 들어가는 한자들을 어떻게 다 파악할 수 있는지는 기출 공부법에서 다룬다.

시간적, 공간적 배경이 있으면 체크한다

현대시보다 훨씬 더 높은 난도의 시간적 배경이 등장한다. 한자어가 많기 때문에 생각보다 진입장벽이 높다. 기출과 수능특강/수능완성을 보면서 정리하고, 나온 시간적 배경들은 반드시 암기해 둔다. 이화/도화/행화 등의 꽃부터, 맥풍/황운/세우 등 처음 봤을 때 대체 이건 어떤 시간적 배경인지 감이 오지 않는 단어들까지 다양하니 이 부분들을 반드시 확인하고 들어가야 한다. 이렇게 어려운 시간적 배경들이 많이 나오는 경우에는 계절감이나 계절의 순환 등을 묻는 질문들이 있을 수밖에 없다. 변별의 기본이 되기 때문이다.

소리 나는 대로 읽는다

고전시가의 1차 목적은 "읽는" 것이다. 고전시가를 읽을 때 기본적인 원칙은 소리 나는 대로 읽는다는 것이다.

> 내 셩이 게으르더니 하늘히 아ᄅ 실샤
> 인간 만ᄉ(人間萬事)룰 ᄒ 일도 아니 맛뎌
> 다만당 ᄃ토리 업슨 강산(江山)을 딕희라 ᄒ시도다
> 윤선도, 「만흥」〈제5수〉

마지막 문장의 "ᄃ토리"를 해석해 보자.

이 단어를 도토리라고 해석하는 학생들이 많았는데, 그렇게 독해하면 도토리가 없는 강산을 왜 지키는지에 대한 의문이 생긴다. 시가 유기적으로 흘러가지 않는다는 뜻이다. 그렇다면 소리 나는 대로 읽어 본다. "다토리"다. 여기에서, 연음이 적용되어 쓰여 있으므로 연음을 지워 본다. "다톨이"다. "다톨 이", 그래서 다톨 이다. 마지막 문장을 해석해 보면 "다만 다톨 이 없는 강산을 지키라 하시도다" 정도가 되겠다,

이렇게 읽기 위해서는 당연히 기본 어휘들이 필요하다. 기출 공부법에서 역시 한 번 더 다루겠지만, 기본 어휘의 생성은 기출을 반복해서 읽고, 반복되는 단어를 자연스럽게 익히는 것부터 시작된다. 필요한 기본 어휘들은 그때그때 암기하도록 하자.

생략에 과감해지고, 모르는 부분들은 앞뒤 맥락으로 유추한다

고전시가에서 유난히 시간을 많이 쓰는 학생들이 있다. 완벽하게 이해하고 싶어서, 완벽하게 독해하고 싶어서이다. 그런데 우리의 모국어는 한자가 아니다. 한자를 기반으로 만들어진 단어들이라고 해도 세상 모든 한자어를 아는 것도 아니다. 우리가 고전시가를 읽었을 때, 모르는 한자어가 있는 것은 당연한 일이다. 그런데 그것을 잡고 있으면 시간은 시간대로 버리고, 모르는 것을 알게 될 리 없으니 효율은 효율대로 떨어진다. 고전시가에서 가장 중요한 마음가짐은 모순적이게도, 모르는 버리겠다는 마음이다.

> 동리(東籬)에 국화 피니 중양(重陽)이 거에로다
> 자채(自蔡)로 비즌 술이 ㅎ마 아니 니것ㄴ냐
> 아히야 자해(紫蟹) 황계(黃鷄)로 안주 쟝만ㅎ야라
> 신계영, 「전원사시가」〈제6수〉

여기에서 읽어야 할 것은 그렇게 많지 않다.

동리(東籬)에 국화 피니 중양(重陽)이 거에로다

→ '국화'이니까 가을이네. '중양'이 거의라고 했는데 어떤 절기인가 보지.

자채(自蔡)로 비즌 술이 ᄒ마 아니 니것ᄂ냐

→ '자채'가 뭔지는 모르겠는데 술을 빚은 재료인가 보지. 아직 안 익었냐고 묻네.

아ᄒ야 자해(紫蟹) 황계(黃鷄)로 안주 쟝만ᄒ야라

→ 아이야 부르고, 자해랑 황계가 뭔지는 모르겠는데 안주 장만하라는 거 보니까 일
단 술은 익었나 보고 자해랑 황계는 안줏거리겠지 뭐.

이 정도만 읽어도 '가을의 풍요와 풍류'는 읽어낼 수 있다. 가을이 나왔고, 술과 안주가 나왔으니까. 완벽을 추구하되, 완벽을 기대하지 말자. 완벽을 기대하고 완벽을 원하는 순간 불안해진다. 비문학과 마찬가지로, 기출과 다른 문제들을 풀면서 여기까지는 몰라도 문제를 풀 수 있다는 사실을 인지하고 그렇게 푸는 것을 습관화해야 한다.

④ 고전산문

시간적/공간적 배경을 체크한다

이 이야기를 따로 빼서 하는 이유는, 고전산문의 경우 현대산문보다 훨씬 더 빠른 화면 전환이 일어나기 때문이다. 눈 깜짝할 사이에 인물이 바뀌어 있고, 시간이 바뀌어 있고, 공간이 바뀌어 있는데도 눈치채지 못하는 경우가 많다. 시간적, 공간적 배경이 바뀌는 표시나, 혹은 각설/차설 등과 같은 화제 전환 표지의 경우에는 반드시 체크하고 들어가야 한다.

인물의 관계를 파악한다

고전산문이 현대산문보다 어려운 이유 중 하나는, 많지 않은 인물을 중심으로 전개되는 현대산문에 비하여, 고전산문에서는 일단 인물을 먼저 뿌려 놓고 그 인물들을 전부 버무리면서 사건을 전개해 가기 때문이다. 인물이 많기 때문에 복잡해지는 것이다. 따라서 고전산문에서는 인물 간의 관계 파악이 최우선인데, 보통 하나의 인물을 여러 호칭으로 부르므로 상이한 호칭의 동일 인물을 먼저 잡고, 중심인물을 가운데에 놓고 확장하는 식으로 파악하는 것도 좋다. 관계도 그리는 데 시간이 많이 걸리지 않으므로, 많이 헷갈린다면 그리는 것도 나쁘지 않은 선택이다.

개념어 - 기준을 세우되 매몰되지 말 것

문학 파트에서 가장 많이 받는 질문 중 하나가 개념어 공부는 어떻게 하는지에 대한 물음이다. 아예 공부를 처음 시작한다면, 개념어 공부의 경우 혼자 하려면 생각보다 막막하고, 오개념이 생기기 쉬워 독학은 추천하지 않는다. 굳이 유료 강의가 아니더라도 EBS에도 좋은 개념어 강의가 많다. 개념어에 대한 기초 지식을 다지기 위해 강의를 한 번 정도는 듣기를 권한다.

만일 개념어에 대한 어느 정도의 지식은 있는데, 어떻게 더 공부해야 할지 막막한 경우에는 다음 물음에 답해 보자.

Q. 역동적이라는 것은 무엇인가?

역동적이라는 개념어는 무엇을 뜻하는가? 대부분 많이 움직이는 것이라고 답할 것이다. 그렇다면 많이 움직인다는 것은 무엇인가? 얼마나 많이 움직여야 역동적인 것인가?

개념어의 추상성을 언어의 모호성으로 치장하여 무책임하게 놓아두는 경우가 있다. 그런 경우에는 정말 감으로 이 정도면 역동적이지, 하고 선지를 판단하게 된다. 그런데 애매한 경우라면? 문학에서 멘탈이 무너지는 것은 반드시 피해야 한다. 우리에게는 아직 비문학이 남아 있기 때문이다. 이를 위해서 각자 자신만의 언어로, 자신만의 기준을 세울 필요가 있다. 이 기준은, 철저히 두 입장을 따른다. "국어"와 "평가원".

우선, 간단한 정의를 세워 보자. 역동적이라는 것은 무엇인가? 움직이는 것이다. 그런데 움직이는 것을 국어와 연관지으면 어떻게 되는가? 이제 우리는 국어의 골조로 들어가는 것이다. 국어에서 움직임을 표현할 수 있는 것은 무엇인가? 보통 서술어다. 그렇다면 이 움직임이 있는 서술어는 보통 용언이고, 용언은 동사와 형용사로 나뉘는데, 움직임이 많기 위해서는 동사가 형용사보다 많아야 하겠다. 그러니까 서술어가 동사 위주일 것이다. 더 있나 생각해 봤더니 의태부사 정도가 있다. 그러니까 역동적이라는 것은, 동사 위주의 서술어나 의태부사가 있으면 되는 것이다. 그리고 큰 움직임이려면, 의태부사 중에서도 음성 모음이 조금 더 큰 느낌이 드니까, 음성일수록 더 확실하겠다.

이것이 나만의 정의이다. 이제 역동적인지 아닌지 의심이 된다면, 나의 언어, 다시 말하여 다른 판단 체계로 바꾸어서 확인할 수 있게 되었다. 이제 이 정의를 기출에 의해서 다듬기만 하면 된다. 기출을 풀고 분석하면서, 모든 개념어들을 확인하고, 이 개념어가 포함되었는지 포함되지를 따지고, 만일 포함되었다면 어떤 근거인지를 발견하는 것이다. 그렇게 하다 보면, 평가원이 어떤 바운더리 내에서 이 개념어를 정의하고 있는지가 보이고, 그 바운더리에 내 정의를 맞춰갈 수 있게 된다. 개념어는 최대한 명확하게 정의하고, 그 정의를 계속해서 다듬어 나가는 과정으로 공부하는 것이다.

그런데 자칫 잘못하다가는, 자신만의 기준에 매몰될 수 있다는 위험이 있다. 특히 처음 세운 기준을 원칙이라고 생각하고 있으면 더더욱 그렇다. 평가원은 언제든 우리의 세계를 확장할 수 있음을 인식해야 한다. 그래서 우리는 우리의 정의를 확장하는 방식이 아니라, 최대한 정의를 크게 잡고 배제하는 방식으로 기준을 세우는 것이 바람직하다. 나의 기준에 맞지 않는다고 해서 평가원의 기준에 맞지 않을 것이라는 단정은 불가능하다. 우리는 항상 열린 마음으로, 나의 기준에는 맞지 않더라도 평가원이 이렇게 줬으니 이제 이것도 고려해야겠구나, 하는 생각을 가지고 있어야만 한다.

시간 단축의 비결, 문제 풀이 기획

비문학 편에서 다뤘던 문제 풀이 기획을 문학 편에서도 사용한다. 기본 토대는 같다. 무엇을 먼저 보고, 어떤 정보를 어디에 이용하고, 어떻게 직조하여 조립할 것인지를 우선 기획하고 선지로 들어가는 것. 비문학과 다른 점은 동그라미를 치고 넘어갈 수 있는 선지가 개연적 판단이 가능하다는 것뿐이다. 지금부터 열거할 두 가지 방법은, 기획을 할 때 조금 더 빠르게 판단할 수 있는 방향을 제시한다. 수능 고사장에서 우리는 문학을 시간 단축의 도구이자 전부 다 맞는 발판으로 사용해야 하는 만큼, 이 방법을 활용하면 빠르고 고른 판단이 가능할 것으로 예상된다.

① 자동 선지의 확인

문학의 선지에는 자동으로 참이 되는 부분이 존재하는 경우가 있다. 예를 확인해 보자.

과거의 상황을 환기하며 화자의 정서를 드러낸다

→ '화자의 정서를 드러낸다'라는 것은 시라는 말과 동일하다. 따라서 이 선지에서는 화자의 정서를 드러냈는지 확인할 필요가 없이, 과거의 상황을

환기하였는지만 확인하면 된다.

(시) ㉢의 '꽝꽝꽝'은 강추위가 지속되는 현재의 상황을 감각적으로 표현
한 것으로, 모든 것을 얼어붙게 하는 현실의 상황이 견고하다는 점이 이를 통
해 강조된다

→ 음성 상징어를 사용하는 것은 음성 상징어 그 자체로 감각적이다. 의성
어는 청각적 이미지를, 의태어는 시각적 이미지를 내포하고 있기 때문이다.
더하여, 음성 상징어와 같은 수사를 사용하는 이유는 어떤 사실을 강조하기
위함이다. 따라서, '현재의 상황이 강추위가 지속되고 있는지'와, 그 뒷부분
이 개연적으로 이어지는지만 판단하면 된다.

(가)와 (나)는 도치된 표현을 활용하여 화자가 처한 부정적 현실에 대한
극복 의지를 강조하고 있다

→ 마찬가지로, 도치법을 사용하는 것은 어떤 사실을 강조하기 위함이기
때문에, '도치된 표현'이 존재하는지, 그리고 '부정적 현실에 대한 극복 의지'
가 있는지만 파악하면 된다.

유사한 시구를 점층적으로 변주하여 리듬감을 형성하고 있다

→ 유사 시구를 점층적으로 변주하면 리듬감은 자연스럽게 형성된다. 따
라서, 이 특징이 문제에 존재하는지만 확인하면 된다.

어떤 수사법을 사용하였을 때, 혹은 어떤 문학 작품의 특성상, 반드시 참
이 되는 명제들이 있다. 이러한 명제들은 판단의 용의선상에서 제외하면 시
간 단축에 도움이 된다. 괜히 '강조가 뭐지? 이 정도로 강조가 되나?' 하면서
고민하지 말고, 미리미리 파악해 두도록 하자.

272

② 내용 > 형식 : 내가 읽은 대로 문제는 나와야만 한다

문학의 질문을 크게 두 가지로 쪼개면 형식상 특징과 내용상 특징으로 나눌 수 있다.

✎ 2018학년도 9월

(가)

꿈을 아느냐 네게 물으면,

플라타너스,

너의 머리는 어느덧 파아란 하늘에 젖어 있다.

너는 사모할 줄을 모르나,

플라타너스,

너는 네게 있는 것으로 그늘을 늘인다.

먼 길에 올 제,

㉠ 홀로 되어 외로울 제,

플라타너스,

너는 그 길을 나와 같이 걸었다.

이제 너의 뿌리 깊이

나의 영혼을 불어넣고 가도 좋으련만,

플라타너스,

나는 너와 함께 신이 아니다!

수고론 우리의 길이 다하는 어느 날,

플라타너스,

너를 맞아 줄 검은 흙이 먼 곳에 따로이 있느냐?

나는 오직 너를 지켜 네 이웃이 되고 싶을 뿐,

그곳은 아름다운 별과 나의 사랑하는 창이 열린 길이다.

- 김현승, 「플라타너스」

Q) (가)에 대한 설명으로 가장 적절한 것은?

① 반복적 호명을 통해 중심 대상으로 초점을 모으고 있다.

② 반어적 표현을 활용하여 대상의 이중성을 부각하고 있다.

③ 색채어를 활용하여 대상의 고풍스러운 모습을 드러내고 있다.

④ 현재형 진술을 통해 대상의 역동적 성격을 보여 주고 있다.

⑤ 상승적 이미지를 활용하여 사물의 변화 과정을 표현하고 있다.

선지의 형식은 "A를 통해 B하고 있다." 꼴로 평면화할 수 있다.

여기에서 "A"는 표현상 특징, "B"는 내용상 특징이다.

생각해 보자. 우리는 시를 읽을 때 표현에 집중하여 읽나, 내용에 집중하여 읽나? 대부분 내용에 집중하여 읽을 것이다. 도치나 설의 등의 눈에 띄는 표현상 특징이 아닌 이상 표현상 특징은 너무 많기 때문에 한 번 읽을 때 잡기도 어렵고, 잡아서도 안 된다. 시는 무언가를 전달하기 위한 매개체이고, 그 무언가가 내용이기 때문이다. 그렇다면 당연히 내가 중심을 두고 읽은 것, 내용에 먼저 눈길이 가야 하는 것이다.

나는 이런 문제를 풀 때, 중간에 선을 그은 후 내용상 특징부터 파악한다. 그 후에 내용상 특징에서 애매하거나 맞는 것들만 모아 표현상 특징을 찾는다. 표현상 특징은 앞서 말했던 것과 같이 글의 구석구석에 숨어 있어 하나하나 찾아내야 한다. 그 찾는 과정에서 들이는 시간을 줄일 수 있는 방법은, 찾아야 하는 대상의 수를 줄여 버리는 것이다. 내용상 특징에서 선지 세 개를 제꼈다면, 표현상 특징은 두 개만 확인하면 되는 것이다. 이 문제에서는 ①번을 제외한 나머지 네 개의 선지의 내용상 특징이 모두 틀려 ①번의 표현상 특징이 맞는지로 검토해준 후 넘어가면 된다. 그러나 만약 표현상 특징을 전부 확인하게 된다면, 시간은 훨씬 오래 걸렸을 것이다.

2018학년도 수능

(가)

선달에도 보름께 달 밝은 밤
㉠ 앞내강 쨍쨍 얼어 조이던 밤에
내가 부른 노래 는 강 건너 갔소
㉡ 강 건너 하늘 끝에 사막도 닿은 곳
내 노래는 제비같이 날아서 갔소

못 잊을 계집애 집조차 없다기에
가기는 갔지만 어린 날개 지치면
㉢ 그만 어느 모래불에 떨어져 타서 죽겠죠.

사막은 끝없이 푸른 하늘이 덮여
㉣ 눈물 먹은 별들이 조상* 오는 밤

㉤ 밤은 옛일을 무지개보다 곱게 짜내나니
한 가락 여기 두고 또 한 가락 어디멘가

내가 부른 노래는 그 밤에 강 건너 갔소.

\- 이육사, 「강 건너간 노래」

*조상 : 남의 죽음에 대하여 슬퍼하는 뜻을 드러내어 위문함.

(나)

한 줄의 시(詩)는커녕

단 한 권의 소설도 읽은 바 없이

그는 한평생을 행복하게 살며

많은 돈을 벌었고

높은 자리에 올라

이처럼 훌륭한 비석을 남겼다

그리고 어느 유명한 문인이

그를 기리는 묘비명 을 여기에 썼다

비록 이 세상이 잿더미가 된다 해도

불의 뜨거움 꿋꿋이 견디며

이 묘비는 살아 남아

귀중한 사료(史料)가 될 것이니

역사는 도대체 무엇을 기록하며

시인(詩人)은 어디에 무덤을 남길 것이냐

\- 김광규, 「묘비명(墓碑銘)」

(가)와 (나)의 공통점으로 가장 적절한 것은?

① 청자를 명시적으로 설정하여 풍자적으로 비판하고 있다.

② 유사한 시구를 반복함으로써 화자의 의지를 강조하고 있다.

③ 시적 대상에 생명력을 부여하여 의지를 지닌 존재로 나타내고 있다.

④ 다양한 이미지를 통해 자연의 모습을 감각적으로 드러내고 있다.

⑤ 반어적 어조를 활용하여 현실에 대한 비관적 태도를 드러내고 있다.

마찬가지로 내용상 특징을 먼저 판단하는 방식으로 풀어 보자.

①번은 (가)에서 찾아볼 수 없고, ②번은 (나)에서 찾아볼 수 없으며, ④번은 (나)에서 찾아볼 수 없다. 이제 ③과 ⑤만 확인해 보면 되는데, '반어적 어조'를 (가)에서 찾아볼 수 없기 때문에 정답은 ③이다.

다른 문제의 형식에도 얼마든지 적용할 수 있다. 표현과 내용을 함께 판단해야 한다면, 반드시 내용을 먼저 판단하고, 그 후에 알맞은 선지들을 모아 그 내용이 있는 부분으로 찾아가 표현상 특징이 드러나는지를 확인하는 것이 시간적으로도, 정신적으로도 유리할 것이다.

<보기>를 먼저 읽을까, <지문>을 먼저 읽을까

아마 한 번쯤은 모두 해 본 고민일 것이다. <보기>를 먼저 읽어야 하는지, <지문>을 먼저 읽어야 하는지. 개인적으로는, 지문을 먼저 읽고 내 식대로 해석하고 난 후 보기로 조정하는 방식이 나에게는 더 알맞다는 결론을 내렸지만 그것이 누구에게나 정답은 아니다.

문학의 <보기>는 크게 세 종류로 나눌 수 있다. 비단 <보기>뿐만이 아닌, (가), (나), (다) 문제의 짧은 비문학도 마찬가지이다.

① 작가/작품에 대한 직/간접적인 설명
② 개념어의 정의와 작품의 연관 설명
③ 다른 작품

그런데 생각해 보자. 우리는 <보기>를 왜 먼저 읽는가? 사실, <보기>

에서 먼저 정보를 얻어 시나 소설을 더 편하고 빠르게 읽기 위함 아닌가? 일종의 치트키 같은 것이다. 그렇다면 치트키도 효과가 있는 치트키여야 사용할 만한 가치가 있을 것이다. 그렇다면, 시나 소설을 더 편하고 빠르게 읽을 수 있는 〈보기〉는 어떤 〈보기〉인가? 위 세 〈보기〉 중에는 ①번이 유일하다.

따라서, 만일 〈보기〉를 먼저 읽는 것이 더 편하고, 그렇게 하고 싶다면, 반드시 보기의 유형을 먼저 살피기를 바란다. ①의 유형 같은 경우에는 직/간접적인 정보를 주기 때문에 읽으며 연관지을 수 있는 부분들이 많다. 실제로 이해에 도움이 되기도 한다. 특히 시가 영역에는 결정적인 힌트이다. 그러나 ②나 ③의 경우에는 읽었을 때 잉여 정보만이 머리에 남을 가능성이 높아 정작 집중해야 하는 부분들에 집중하지 못할 수 있기 때문에 차라리 나중에 지문에 대한 문제를 전부 풀고 나서, 필요한 위치에 도달했을 때 읽는 것이 낫다.

그렇다면 이 〈보기〉들은 왜, 어떻게 쓰이는가?

사실 학생들에게 힌트를 주기 위함도 있겠지만, 근본적인 목적은 문제의 출제이다. 앞서 이야기하였듯 문학은 개연적이다. 그 개연성을 제한해 주는 것이 〈보기〉이다. 다음 글을 읽고, 물음에 답해 보자.

🖋 2009학년도 수능

님은 갔습니다. ⓐ**아아**, 사랑하는 나의 님은 갔습니다.
푸른 산빛을 깨치고 단풍나무 숲을 향하여 난 작은 길을 걸어서, 차마 떨치고 갔습니다.
황금의 꽃같이 굳고 빛나던 옛 맹서는 **차디찬 티끌**이 되어서 한숨의 미

풍에 날아갔습니다.

　날카로운 첫 키스의 추억은 나의 운명의 지침을 돌려놓고, 뒷걸음쳐서 사라졌습니다.

　나는 향기로운 님의 말소리에 귀먹고, **꽃다운 님의 얼굴**에 눈멀었습니다.

　사랑도 사람의 일이라, 만날 때에 미리 떠날 것을 염려하고 경계하지 아니한 것은 아니지만, 이별은 뜻밖의 일이 되고, 놀란 가슴은 새로운 슬픔에 터집니다.

　그러나 이별을 쓸데없는 **눈물**의 원천을 만들고 마는 것은 스스로 사랑을 깨치는 것인 줄 아는 까닭에, 걷잡을 수 없는 슬픔의 힘을 옮겨서 새 희망의 정수박이에 들어부었습니다.

　우리는 만날 때에 떠날 것을 염려하는 것과 같이, 떠날 때에 **다시 만날** 것을 믿습니다.

　ⓑ아아, 님은 갔지마는 나는 님을 보내지 아니하였습니다.

　제 곡조를 못 이기는 사랑의 노래는 님의 침묵을 휩싸고 돕니다.

　- 한용운, 「님의 침묵」

4. <보기>를 바탕으로 ⓐ를 이해한 내용으로 가장 적절한 것은?

<보기>

「님의 침묵」에서 '노래'와 '침묵'은 화자와 '님'의 관계를 이해하는 데 핵심이 되는 시어이다. 한용운은 시 「반비례」에서 "당신이 노래를 부르지 아니하는 때에 당신의 노랫가락은 역력히 들립니다그려 / 당신의 소리는 침묵이에요"라고 했다. 침묵이라는 부재의 상태에서 '님'의 실재를 본 것이다. 화자는 '님'을 향해 '노래'를 부르는데, 시 「나의 노래」에서 "나의 노래가 산과 들을 지나서 멀리 계신 님에게 들리는 줄"을 안다고

했다. 이는 화자가 자신의 노래에 '님'과 근원적으로 소통할 수 있는 힘을 부여한 것으로 볼 수 있다.

① 노래가 제 곡조를 못 이긴다는 것은 '님'이 침묵하는 상황을 화자가 감당하지 못한다는 뜻이야.
② 노래가 '님'의 침묵을 휩싸고 돈다는 것은 화자가 부재 속에 실재하는 '님'과 깊이 교감한다는 뜻이야.
③ '나의 노래'가 산과 들을 지나서 멀리 나아간다고 한 데서 '사랑의 노래'가 자연 친화적임을 알 수 있어.
④ 침묵을 휩싸고 도는 노래가 '사랑의 노래'라는 것은 침묵이 끝나야 사랑이 비로소 시작되리라는 것을 말하고 있어.
⑤ 침묵하는 '님'에게서 노랫가락을 역력히 듣는다는 데서 '사랑의 노래'가 화자의 노래가 아니라 '님'의 노래임을 알 수 있어.

사실 우리는 「님의 침묵」에서 '노래'와 '침묵'에 대해 얼마든지 자유롭게 해석할 권리가 있다. '노래'를 화자의 새어나오는 감정으로 볼 수도 있고, 단순한 사랑의 표현으로 볼 수도 있고, 재회에 대한 믿음으로 생각할 수도 있다. '침묵'도 마찬가지다. '님'이 단순히 그저 이별하였으므로 침묵한다고 생각할 수도 있고, 사랑의 노래를 받아 주지 않으려는 신호라고 해석할 수도 있다. 해석의 자유는 누구에게나 있기 때문이다.

그러나 <보기>는 그러한 해석을 제한한다. <보기>는 우리에게 말한다. "노래"는 "근원적으로 소통할 수 있는 힘"이 깃든 소통의 방식이고, "침묵"은 "부재의 상태이지만 님의 실재를 볼 수 있는 상태"라고. 따라서, 노래와 침묵은 둘 다 긍정적인 시어에 해당하며, 그렇게 읽어야 한다고. 그래서 ①의 경우, 침묵하는 상황을 화자가 감당하지 못한다는 것은, 침묵을 부정적으로 본 것이기 때문에, 잘못된 해석이라고.

따라서 해석에 있어 〈보기〉에 반하는 해석은 다른 해석이 아니라, 수능 지문에 국한하여 잘못된 해석이다. 〈보기〉를 바탕으로 읽으라는 것은, 그 해석을 도입하여 읽으라는 말과 같기 때문이다. 그런데 반대로 이 말은, 선지를 판단할 때 애매하다고 생각되는 영역은 반드시 〈보기〉에 존재할 수밖에 없다는 말이다. 그래야만 선지의 필연성이 생기기 때문이다.

✎ 2009학년도 수능

(가)
눈이 오는가 북쪽엔
함박눈 쏟아져 내리는가

험한 벼랑을 굽이굽이 돌아간
백무선 철길 위에
느릿느릿 밤새어 달리는
화물차의 검은 지붕에

연달린 산과 산 사이
너를 남기고 온
작은 마을에도 복된 눈 내리는가

잉크병 얼어드는 이러한 밤에
어쩌자고 잠을 깨어

그리운 곳 차마 그리운 곳

눈이 오는가 북쪽엔
함박눈 쏟아져 내리는가
  - 이용악, 「그리움」

문제) <보기>를 참고하여 (가)와 (나)를 이해한 내용으로 적절하지 않은 것은? [3점]

<보기>
　이용악과 이시영의 시 세계에서 고향은 창작의 원천이 되는 공간이다. 이용악의 시에서 고향은 척박한 국경 지역이지만 언젠가 돌아가야 할 근원적 공간으로 그려지는데, (가)에서는 가족이 기다리는 궁벽한 산촌으로 구체화된다. 이시영의 시에서 고향은 지금은 상실했지만 기억 속에서 계속 되살아나는 공간으로 그려지는데, (나)에서는 이웃들과 함께했던 삶의 터전이자 생명이 살아 숨 쉬는 평화로운 농촌으로 구체화된다.

① (가)는 '함박눈'으로 연상되는 겨울의 이미지를 통해 '북쪽' 국경 지역의 고향을, (나)는 '햇빛'을 받은 '깨꽃'에서 그려지는 여름의 이미지를 통해 생명력 넘치는 고향을 보여 준다.

② (가)는 '험한 벼랑' 너머 '산 사이'라는 위치를 통해 산촌 마을인 고향의 궁벽함을, (나)는 '소고삐'를 풀어놓고 '가재를 쫓'는 모습을 통해 농촌 마을인 고향의 평화로움을 보여 준다.

③ (가)는 '남기고' 온 '너'를 떠올림으로써 고향에서 기다리는 사람에 대한, (나)는 '밭 사이'에서 웃던 이웃들의 이름을 떠올림으로써 고향에서 함께 살아가던 이웃에 대한

기억을 보여 준다.

④ (가)는 '눈'을 '복된' 것으로 인식함으로써 고향에 돌아갈 날에 대한, (나)는 '무엇'이 '부르는 것 같'았던 언덕을 회상함으로써 고향으로의 귀환에 대한 기대를 드러낸다.

⑤ (가)는 '차마 그리운 곳'이라는 표현을 통해 근원적 공간인 고향에 대한 애틋함을, (나)는 '자꾸 안 잊히는지'라는 표현을 통해 내면에 존재하는 고향에 대한 변함없는 애정을 드러낸다.

②번 선지를 보자. "고향의 궁벽함"을 보고, 이 시에서 과연 고향을 궁벽하게 여기는가? 라는 의문이 들 수 있다. 궁벽하다는 것은 후미지고 으슥하다는 뜻인데, 과연 '산과 산 사이'가 궁벽하다고 볼 수 있는가? 이러한 의문이 들면, <보기>를 확인하면 되는 것이다. <보기>에서 "가족이 기다리는 궁벽한 산촌으로 구체화된다"고 서술하였기 때문에, 우리는 이제 (가)의 고향을 궁벽하다고 부를 수 있는 것이다.

진짜 실력을 만드는
기출, 비기출 공부법

체크메이트 05

기출. 팔 수 있는 만큼 파라. 단 효과적으로 파라.

📖 국어 공부를 한다는 것

우리가 수능을 보기 전까지 보게 되는 문제는 평가원에서 만들었거나, 평가원 외의 기관에서 만들었다. 우리는 전자를 기출이라고 부르고, 후자를 비기출이라고 부른다. 국어 공부를 하면서 끊임없이 고민하게 되는 것은, 대체 기출은 어디까지 얼마나 공부해야 하고, 비기출은 또 얼마나 공부해야 하는가에 대한 물음이다.

너무나 당연한 사실이지만, 이 책은 국어공부의 정답을 제시하지 않는다.
그저 몇 년 동안 공부를 해 오면서, 그리고 수많은 시행착오들을 거치면서 스스로 깨닫고 느낀 것들을 정리한 글이고, 견해이다. 여러분의 견해가 나의 견해와 다를 수 있다. 괜찮다. 본인이 걸어 온 길이 맞다는 신념이 있고 자신이 있다면 본인을 믿고 쭉 나아가면 된다. 그러나 방향성을 아직 설정하지 못한 학생들, 혹은 이러한 고민에 대한 답을 찾지 못한 학생들은 이 책의 의건을 참고해도 좋을 것이다.

공부를 시작한 뒤부터 11월 수능까지의 시간선은 크게 네 구역으로 나눌 수 있다. 6평 전, 6평 후부터 9평 전, 9평 후부터 10월 말, 10월 말부터 수능까지. 각각의 시기는 목표해야 하는 바가 다르기 때문에 공부하는 콘텐츠도 그에 따라 달라져야만 한다.

① 6평 전

가장 기본적인 것들을 익혀야 하는 시기이다. 필요한 기초지식을 배우고, 습득 방법에 구애받지 않고 자신만의 독해 방법을 수립하는 시기이며, 동시에 심적으로 가장 여유로울 때이기도 하다. 가장 여유롭다는 것은, 그 시기가 아니면 마음이 쫓기지 않는 공부를 할 수 없다는 말과 같다. 따라서 6평 전에는 시간을 오래 들이더라도 제대로 해야 하는, 그리고 그래야만 하는 공부를 주로 해야 한다. 기출분석이 이 시기에 해야 하는 대표적인 공부이다. 기출분석을 하는 과정에서 자신만의 독법을 만들고 다듬는 것이 6평 전에 해야 할 최소한의 일이다.

② 6평 후~9평 전

기출은 한 번에 완성될 수 없다. 그렇다고 기출만 계속 분석하는 것은 그리 효과적이지 못하다. 가장 큰 문제는 기출의 유한성이다. 특히, 유의미한 최근 기출은 많지 않다. 같은 기출을 계속 보다 보면, 그 지문에 한해서는 별생각 없이도 사고가 흘러갈 수 있다. 그러나 그것이 실력이 늘었다는 증거라고 한다면, 절반만 맞는 말이다. 실력이 늘었으니 그만큼 볼 수 있겠지만, 그럼에도 불구하고 실전에서, 멀리 갈 것도 없이 당장 다른 지문들도 같은 방식으로 읽어낼 수 있다는 보장이 있는가? 충분한 연습이 뒷받침되지 않는다면 그저 기출'만' 잘 읽는, 반복 학습의 결과만이 남을 수 있다. 이는 자신의 실력을 과대평가하는 것으로 이어진다. 기출은 잘 풀리고 읽히는데, 다른 지문들이 잘 안 읽히고, 새로운 평가원 지문이 나왔을 때 독해가 원하는 대로 안 된다면, 그것은 실력이 는 게 아니다. 그저 기출에 익숙해졌을 뿐이다.

따라서 기출을 충분히 분석하고, 자신만의 독해 방식을 얼추 만들었다면, 이제 그 독해를 벼려 단단하게 만들고, 깎을 부분은 깎아내고, 더할 부분은 덧붙여 세공하는 과정이 필요하다. 이때 풀 수 있는 지문들이 비기출 지문이다. 간단하게 요약하자면, 기출에서 만든 자신의 독해를 새로운 지문에 적용해 보고, 적합성과 타당성을 판단하고, 적용의 결과에 따라 스스로 피드백을 하면서 독법을 고쳐 나가는 과정을 반복하는 것이다. 이를 계속 반복하면서 자신의 약점을 메워 나가야 한다. 시간이 부족하다거나 선지를 문장으로 읽지 않는다거나 〈보기〉 문제에서의 선분석 깊이가 너무 얕다거나 하는 문제점들을 찾아내고, 자신의 태도와 이상의 괴리를 확인하여 그 사이의 간극을 좁혀야 한다.

비기출 중심으로 공부하는 과정에서 기출 전체를 푸는 공부는 배제하는 것이 좋다. 기출을 아예 보지 말라는 것이 아니라, 한 세트의 기출을 전부 풀고 채점하고 논리를 파악하는 관성적인 공부를 자제하라는 것이다. 기출은 다시 한 번 낯설어질 필요가 있다. 우리는 이후의 공부에서 필연적으로 기출을 보게 된다. 따라서 이 기간 동안 기출을 멀리하면서 다시 기출에 새로움을 부여해 줄 필요가 있다. 다만, 다시 말하지만 기출을 아예 보지 말라는 것이 아니다. 분명히 비기출 지문을 읽으면서 몇 학년도 어떤 시험의 어느 지문과 유사한 논리구조를 가지고 있거나, 유사한 선지구조를 가지고 있거나, 유사한 1문단을 가지고 있다는 것을 느끼는 순간이 올 것이다. 그때에는 기출을 펼치고 자신의 논리가 확장되고 견고해지는 순간을 놓치지 말아야 한다.

③ 9평 후~10월 말

9월 모의고사 전후로 본격적인 파이널 시즌이 시작된다. 9월 평가원 성적이 중요한 학생이라면 파이널 시즌을 조금 당겨서 시작해도 무방하지만, 6월 평가원, 9월 평가원, 그리고 수능 성적은 독립시행이므로 굳이 흐름을 깰 필요는 없어 보인다. 물론 모의고사를 한 달에 한 번, 혹은 한 달에 두 번 꼴로 착실하게 풀어 왔겠지만, 이제 실전적인 연습이 더 필요한 때가 왔다. 9월까지 날카롭게 갈아낸 독법을 실제 시험시간인 80분에 적용하여, 자신이 어느 영역을 잘 하고, 어느 영역에서 시간이 오래 걸리고, 어느 영역을 부담스러워 하는지, 실전에서의 약점을 파악하고 구멍을 메워나가야 한다. 자신이 정해 둔 양의 모의고사를 풀고, 피드백을 하고, 9평 전의 비기출 공부는 양을 줄이되 지속하고, 다시 모의고사를 풀고, 피드백을 하는 루틴을 반복하는 것이 이 시기에 해야 할 일이다.

④ 10월 말~수능

실전의 감을 잃지 않기 위해 파이널 시즌의 공부는 계속 지속하는 것을 전제로 하여, 약 수능 4주 전, 혹은 3주 전부터 기출을 다시 보기 시작한다. 비기출 지문들로 하여금 독법을 벼려내었다면, 이제는 다시 평가원의 눈으로 회귀하여 자신의 독법을 평가원에 꼭 맞게 만들어내어야 한다. 전혀 늦지 않았다. 5개년을 본다고 하더라도 15회분이고, 하루에 한 회분씩 공부한다고 해도 우리는 기출을 볼 대로 보아서 질려 버린 사람들이기 때문에 그렇게 오랜 시간이 걸리지 않는다. 공부의 시작을 기출로 열고, 마무리를 기출로 한 후, 곧 기출이 될 수능을 보러 가면 되는 것이다.

📖 기출: 팔 수 있는 만큼 파라

기출 공부가 중요한 것은 알겠고, 언제 기출 공부를 해야 하는지도 알았다. 그러나 정작 기출 공부를 하는 방법이 막막해 의미 없는 N회독의 N을 채우면서 이것도 어쨌거나 공부라고, N의 횟수로 자기 위안을 삼는 학생들이 있다. 그러나 앞서 말했듯, 목적 없는 N회독은 공허하고, 배울 수 있는 것에도 한계가 있다. 나는 국어 공부를 제대로 시작하고 난 후 수능을 보기 전 6평까지 5개년을 단 한 번 보았다. 그러나 '돌렸다'고 할 정도의 얄팍한 공부가 아닌, '분석했다'고 할 정도의 깊은 공부를 했다. 내가 기출분석을 하면서 원칙으로 삼은 것은 다섯 가지이다.

① 평가원의 모든 문장은 반드시 자신만의 역할이 있다

모든 문장은 반드시 글의 맥락 속에서 유기적으로 이해되어야 하며, 문장 또는 문제와 필연적으로 연관되어 있다. 문장의 의미를 찾아내지 못했다면 그것은 지문의 문제가 아니라, 내가 무엇인가 독해하지 못한 부분이 있다는 뜻이다.

② 평가원의 지문은 반드시 배경지식 없이도 독해할 수 있다

배경지식이 있으면 독해가 쉽겠으나, 배경지식이 반드시 필요한 독해는 존재하지 않는다. 따라서 기출분석 시에는 나의 배경지식을 전부 지우고 오로지 독해로만 승부를 본다. 다만, 표지 문장 등 배경지식이 있을 때 더 잘 잡을 수 있는 독해의 방향들은 따로 체크해 발전시킨다.

③ 평가원 논리의 대부분은 자기표절이다

평가원에서 사용하는 선지 구성, 정답 도출 프로세스, 글의 구조와 전개 방식, 그 속에 내재된 논리적 구조는 다른 지문 세트에서도 언제든 활용될 수 있다.

④ 평가원은 글을 잘 읽은 학생에게 문제를 쉽게 풀 수 있는 특권을 준다

어떤 문제를 풀 때 너무 오래 걸렸거나 과하게 어려웠다면 독해를 잘못했을 가능성이 높다. 돌아서 가는 길처럼 보인다면 반드시 다른 숏컷이 존재한다. '풀었다'는 아무런 의미가 없다. 깔끔하고 예쁘게, 이 이상 논리적이면서 짧은 풀이는 없게끔 접근할 수 있을 정도까지 분석해야 한다.

⑤ 나의 독법을 변화시키지 못하면 분석은 의미가 없다

따라서 반드시 나의 독법을 반추하고 평가원이 요구하는 독법에 맞춰 나갈 필요가 있다.

문학과 비문학은 앞서 말했듯 집중해야 하는 부분 자체가 다르다. 따라서 기출분석의 방식 또한 다를 수밖에 없다. 나는 수험생활에 다시 한 번 도전하기 전에, 이러한 부분들을 이전 수험생활에서 느꼈기 때문에 평가원 5개년 분석지 양식을 나의 입맛대로 만들었다.

비문학 기출분석 루틴

2장에서 얘기한 국어 공부 루틴을 비문학 기출을 중심으로 좀 더 심화한 버전이다. 기출에서는 지문/문제 분석에서 서로 다른 지문이나 문제를 비교하거나 논리 구조를 깊게 파고들면서 자신만의 행동강령 수립뿐만이 아닌, 앞으로의 공부의 기초이자 목표가 되는 '평가원의 눈'을 기르고, '평가원의 원칙'을 익히는 과정이 추가되어 있다.

① 한 세트를 먼저 읽고 푼다. 이때, '실전처럼' 읽고 푸는 것이 중요하다. 나의 독법을 발전시키는 것은, 결국 내가 어떻게 읽는지를 먼저 알아야 가능하다.

② 그 세트의 뒷장에는 '어떻게 읽었는가? 어떻게 읽어야 했는가?'라는 테마 아래, 좌측에는 지문으로, 우측에는 필기를 할 수 있는 밑줄로 구성된, 나의 독법을 다시 생각해 볼 수 있는 칸을 만들어 두었다. 우선, 지문을 읽으면서 들었던 생각들이나 중요하게 보았던 표지 문장이나 정보들 간의 연결 관계 등을 전부 한 색깔로 적는다. '어떻게 읽었는가'를 파악하는 것이다. 그후, 천천히 지문을 뜯어보며 '나는 어떻게 읽었어야 했는가? 무엇이 이상적인 독해였는가?'를 생각하고, 다른 색깔로 적는다. 그것을 적고 나면, 이제 현실과 이상이 다른 색깔로 나뉘어 보일 것이다. 우리가 해야 하는 것은 그 현실과 이상의 간격을 좁히는 것이다. 현실에서 내가 가지고 있었던 나쁜 습관을 버리고, 이상적으로 읽으려고 노력해야 한다. 그렇다면, '내가 당시 왜 그렇게 읽어냈는지'에 대한 이유를 찾고, 그 문제점을 고치기 위한 해결책을 제시하면 된다. 그 해결책은 또 다른 색깔로 적는다. 이것이 바로 '내가 어떻게 읽었는지'에 대한 인지이고, '왜 그렇게 읽었는지'에 대한 고찰이고, '제대로 읽으려면 어떻게 해야 하는지'에 대한 사유이다.

③ 글을 하나하나 뜯어봤다면 전체적인 요소들을 파악한다. 다른 기출분석에서 으레 그렇듯, 문단별로 중심 내용을 잡고, 구조도를 그린다. 그리고 '지문의 특징'을 잡는다. 이 지문의 특징은 대개 특이한 전개 방식으로 진행되어 기억해 둘 필요가 있다거나, 혹은 평가원이 자가복제를 하였으므로 특정 지문과 비교, 대조하면서 읽어 보았을 때 얻어갈 수 있는 것들이다. 이를테면, 법 제재임에도 불구하고 사상 위주로 전개되어 서양철학의 독해 방식을 차용하는 편이 더 좋았다든가, 올해 철학 지문과 작년 철학 지문을 하나로 관통하는 논리 구성 방식이 있다거나 하는 등의 것들이 그 예이다. 기출을

통합적으로 공부한다고 생각하면 되겠다. 여기까지가 지문 분석이다.

④ 지문 분석이 끝났다면, 문제/선지 분석으로 들어간다. 선지 분석 역시 지문 분석과 같은 자기성찰의 시간을 가지는데, 순서가 약간 다르다. 우선 맨 처음 문제를 풀 때, 발문을 읽고 나서 무엇을 먼저 보고, 어떤 생각을 해야겠다고 기획하였는지, 그 이유는 무엇인지, 이 선지를 고를 때까지의 사고 과정은 어땠는지, 선지를 제외하거나 선택한 근거는 무엇인지에 대하여 하나의 색깔로 적어 둔다.

⑤ 이후 바로 어떤 방식으로 접근했어야 한다고 피드백하는 것이 아니라, 먼저 모든 선지에 대한 근거를 확실하게 전부 잡아 적는다. 이때, 정답에 대하여 조금이라도 의문이 든다면 기출 해설서를 보거나 선생님께 질문하여 확실한 정답을 얻는다. 이 과정에서 생각보다 많은 선지가 소 뒷걸음질치다 쥐를 잡았거나, 오독을 했는데 또 오독을 해서 결과적으로는 맞는 선지를 고른 상황인 것이 눈에 보일 것이다.

⑥ 그렇다면 이제 똑같이, 어떻게 기획을 했어야 가장 좋은 풀이를 할 수 있었을지를 생각하면 된다. 이것은 문제의 발문을 어떻게 읽느냐에 따라서도 갈릴 것이고, 지문을 어떻게 읽었고 인덱싱을 어디에 했느냐에 따라서도 갈릴 것이다. 문제에 천착하지 말고 시야를 넓게 보면서 이상을 세우고, 지문 분석과 동일하게 나의 잘못된 사고의 이유와 이상과의 차이, 그리고 이를 방지하기 위한 해결책을 강구하면 된다.

⑦ 이 과정에서 평가원의 선지구성전략을 분석한다. 평가원이 매력적인 오답을 어떤 방식으로 주고 함정을 어떤 방식으로 팔 수 있었는지를 역으로 분석한다.

⑧ 마지막으로, 해당 발문과 선지 구조에 대한 일반화가 가능하다면 일반화하여 문제 풀이 습관을 들인다.

문학 기출분석 루틴

① 비문학과 마찬가지로, 한 세트를 먼저 실전처럼 읽고 푼다.

② 기본적으로 문학의 알맹이는 언제나 문제이다. 따라서 지문을 분석할 때, 비문학 지문처럼 꼼꼼하게 분석하지 않고, 대강 어떤 말을 하고 있는지, 확실하게 긍정어,부정어로 잡을 수 있는 시어/소재는 무엇인지, 화자/인물의 정서는 어떤지 정도만 분석한다. 그렇게 잡을 수 있었던 것을 왜 읽고 풀 때는 보지 못했는지 정도만 체크하고 해결책을 제시하면 된다.

③ 문제/선지 분석은 기본적으로 비문학과 같은 루틴을 취한다. 다만, 선지의 근거를 잡을 때, 필연적인 것(선지에서 틀린 것) 위주로 왜 이것이 틀릴 수밖에 없는지를 파악하는 것을 중점으로 둔다.

④ 선지에서 나의 언어로 변환되지 않은 개념어가 있다면 개념어의 기준을 잡아 나의 언어로 변환해 둔다. 이때의 관점은 '이 정의에 부합해야만 이 개념어이다.'가 아니라, '이 정의에 부합하면 이 개념어이고, 내가 미처 보지 못한 부분이 있을 수 있으니 현장에서는 최대한 포괄적으로 판단한다.'가 맞다. 문학은 틀을 만드는 것 자체가 위험한 과목이므로, 내 틀 안에 개념을 넣는 것이 아니라, 개념 안에 내 틀을 넣어야 한다.

⑤ 각 갈래별로 문학 공부를 했던 방식이 조금씩 다르다. 다음은 갈래별 문학 공부 방식이다. 참고용으로만 사용하기를 바란다.

〈현대시〉

• 제목 분석 : 자의적 해석이 되지 않는 한도 내에서 최대한 깊이, 보편성에 근거하
  여 분석한다.

• 시 분석
  · 처음부터 끝까지 읽고 전체 내용을 파악해 흐름을 읽고 얼마나 내 머릿속에 남
   아 있는지를 확인한 후 장면을 상상한다.

· 전체 구조 나누기: 변화(화자의 정서/태도, 공간적/시간적 배경, 상황)를 기준으로 전체 구조를 나눈다.

· 전체 구조 요약

· 미시적인 부분들: 본문에 메모하듯 관계, 표현법, 심정 위주로 체크하되 인과와 변화에 유의한다.

· 다시 노트 여백으로 내려와 정리된 언어로 시를 정리한다. 연별 혹은 산문시의 경우 구조별로 분석한다. 헷갈리는 시어들은 따로 찾아 적어둔다.

• 문제/선택지 분석

• 문학의 오답은 필연적이고 정답은 개연적이다. '왜 안 되는지'를 잡는다. 인과적 연결적 측면에서 선지 자체의 오류가 없는지를 잡는다. 그리고 본문과 보기의 일치 여부를 잡는다.

· 헷갈리거나 어려운 개념들은 체크해두고 질문하고 공부한다.

· 질문하고 돌아와서 내용을 복기하고, 다른 색 펜으로 새롭게 알게 된 내용이나 개념 구분 방법들을 적어둔다.

〈고전시가〉

• 제목 분석: 어디에서 한자를 끊어 읽어야 하는지 훈련이 필요하고 자주 나오는 한자들은 정리해서 암기한다.

• 시 분석

· 시를 그냥 읽고 얼마나 읽을 수 있는지를 확인한다. (해석의 측면)

· 직접 현대어로 풀이하면서 어느 부분에서 막히는지를 알아낸다.

· 모르거나 혼동되는 어휘/빈출 한자들은 암기 어휘/한자 파트에 적어둔다.

· 암기 어휘: 사전을 먼저 찾아보고 참고서를 찾아본다.

· 암기 한자: 보편적인 뜻을 적어두고 익숙할 정도로만 접한다.

· 시 자체에 대한 분석은 현대시와 같은 방식으로, 단, 너무 깊게 파고들지 않는다.

- 선택지 분석

  · 대부분의 선택지 분석은 현대시를 따른다.

  · 고전시가 수업을 들으며 배경지식을 채워넣는다.

  · 수업에서 해결되지 않은 부분들은 질문하고, 다른 색 펜으로 필기한다.

  · 고전시가 읽기 훈련: 5월에 고전시가 기출 5개년 모음을 만들어 원문 전문을 읽
    고 현대어 풀이가 지연 없이 나올 때까지 자투리 시간에 가지고 다니면서 읽는다.

〈 현대소설/고전소설 〉

- 먼저 시점을 파악한다.

- 소설 분석: 소설의 구성 – 인물/사건/배경에 입각해서

  · 간단하게 중심사건을 요약한다.

  · 시간적/공간적 배경을 잡는다.

  · 인물 관계도: 중심 인물을 잡고 그 인물의 주변으로 뻗어나가는 방식으로 확장
    한다.

- 유의독해해야 할 부분들 — 특이한 표현법(문제로 나올 만한 표현법)이나 심리상
  태의 제시 등을 빠르게 잡고 독해하는 방식을 훈련한다.

- 선택지 분석: 대부분의 선택지 분석은 현대시를 따른다.

　중요한 것은 내가 어떤 태도로 임했었는지를 인지하고, 무엇이 최선의 독해 혹은 풀이인지를 생각하고 태도와 최선 사이의 불일치를 파악한 후, 태도의 이유로부터 착안한 실질적인 해결책을 만들어내는 것이다. 이때, 이 실질적인 해결책은 생각만으로 끝나면 안 된다. 이를테면, 내가 1문단 첫 번째 문장을 날려 읽는 문제점이 있음을 밝혀냈다고 가정해 보자. 만일 이 문제점을 인지하고 첫 번째 문장을 조금 더 눌러 읽자는 해결책을 제시했다고 하자. 과연 첫 번째 문장이 눌러 읽힐까? 사람은 관성대로 읽는다. 눌러 읽어야

한다는 생각은 있어도 이미 설렁설렁 읽고 넘어간 후일 것이다.

우리의 해결책은 보다 실증적이어야 한다. 문제점에 대한 해결책은 물리적인 편이 좋다. 첫 번째 문장을 날려 읽는다면, '손가락으로 문장 아래를 짚어 나가며 속읽기를 한다'와 같은 물리적인 해결책을 실행해 보자. 속도가 한층 느려지며 나의 사고와 감각 사이의 시간적 괴리가 약해지고, 따라서 해결책이 효과가 있을 가능성이 높다. 이것이 습관이 되면, 이후에는 물리적 행동 없이도 그렇게 읽게 된다. 걸음마 보조기라고 생각하면 된다. 보조기에 의거하여 걷다가 어느 순간부터 나의 힘으로 설 수 있는 것과 똑같다. 비문학/문학 기출분석지를 볼 수 있는 웹 페이지를 제공하니 큐알코드로 접속하여 참고하길 바란다.

비문학/문학 기출분석지 예시 보기

📖 비기출, 어떻게 공부할까?

리트 공부, 해야 할까?

세 번째 수능을 준비하면서 가장 많이 고민했으나 가장 빠르게 결정을 내린 콘텐츠이기도 하다.

나는 리트를 재수학원에서 받은 비문학 자체 교재에서 처음 만났다. 당시 수능의 난도보다 리트의 체감 난도가 더 높았다. 그러나 서로 다른 느낌으로 난도가 높았다. 수능의 경우, 문장과 문장 사이의 행간이 짧아 큰 힘을 들이지 않고도 글을 무리없이 읽어낼 수 있었고, 〈보기〉 문제의 적용이 주로 난도의 포인트로 작용했다. 그러나 리트의 경우, 독해부터 난항이었다. 행간이 넓고, 잠깐 다른 생각을 하면 글의 방향성 자체가 흔들린다. 〈보기〉 문제가 아닌, 그저 일반적인 문제 같은데 풀리지 않는 문제가 있다. 여기까지 해야 하나? 라는 생각이 들었다.

그러나 결론은 해야 한다는 것이었다. 나는 리트 전개년을 수능 기출 못지 않게 분석했다. 물론 세 번째 수능이었기 때문에 상대적으로 기출에 적은 시간을 투자해도 되었기 때문에 가능했을지도 모른다. '여기까지 해야 한다'라는 결론의 근거는 생각보다 싱겁다. 독해의 구조가 평가원의 구조보다 한 발더 나아갔으면 나아갔지, 후퇴하지는 않았기 때문이다. 얼마나 어려운 지문이 나올지 모르는 상황에서, 만점을 노린다면 현재 구할 수 있는 가장 어려운 컨텐츠를 독파할 수 있는 실력은 갖춰야 한다는 것이다. 물론 만점이 아니라, 적당히 1등급 컷이 목표라면 굳이 할 필요가 있을까? 하는 생각은 든다.

그러나 이것만큼은 알아두었으면 한다. 현재 수능은 리트의 결을 따라가고 있다고 해도 과언이 아니다. 리트의 소재를 따라간다는 것은, 그만큼의 독해력을 필요로 하는 소재들을 차용하겠다는 소리다. 게다가 수능의 행간은 점점 넓어지고 있다. 2022학년도 수능의 〈브레턴우즈 체제〉만 해도, 행간을 잘 읽어야만 깔끔하게 풀어낼 수 있는 문제들이 다수 존재했다. 리트에서 왕왕 나오던 문제 유형이 수능에 출제되기 시작했다는 것도 눈에 띈다. 평가원이 난도를 더 높인다면, 이전의 기출만으로는 이에 대비하기가 어려워진다.

무조건 리트를 하는 것만이 정답도 아니고, 리트를 보지 않는 것만이 정답도 아니다. 본인의 수준과 목표에 따라 취사선택할 문제다. 만일 리트를 공부하고자 한다면, 전체 리트 문항들을 보는 것은 다소 비효율적이므로 수능 수준에 맞추어 선택되거나 변형된 특정 지문들만을 접하는 것을 권한다.

비기출 200% 활용하기

비기출 지문들은 평가원 지문만큼 완벽하고 아름다운 논리적 구조를 지니고 있지는 않다. 그러나 어쩔 수 없다. 평가원의 경우, 아주 많은 시간과 자본과 인적 자원을 투입하여 지문을 만든다. 그러나 비기출의 경우, 그만큼의 투자를 하는 것은 현실적으로 불가능하다. 따라서 수능의 구조와 논리를 완벽하게 모방했다고 보기에는 어폐가 있다.

그럼에도 불구하고, 비기출 지문은 반복되는 기출에 무뎌져 매너리즘에 빠진 우리에게 새로운 자극이 되어 줌과 동시에, 우리가 한 번도 보지 못한 새로운 지문이기 때문에 기출에서 습득한 독법을 적용하여 시험하고 피드백으로 더 날카로운 독법을 벼려내는 데 좋은 도구로 사용된다.

평소에는 하루에 최소한 3지문씩은 풀기를 권한다. 6평 전에 기출분석을 하면서도 새로운 문제를 접하고 적용하며 독법의 방향성을 잡아나가는 것은 중요하다. 다만, 6평 전에는 아직 독법을 완전히 정립한 시기가 아니므로, 시간에 쫓기듯 풀 필요는 없다. 이 말은 시간을 재지 말라는 뜻이 아니다. 시간을 재되, 너무 짧게 잡지는 말라는 말이다. 이를테면, 사설 주간지나 책 등에서 제시하는 시간이 자신에게 너무 짧다면, 거기에 1-2분 정도를 더해서 풀어도 무방하다. 평소 학습할 때는 반드시 목표를 세운 후 그것에 맞추어 지문을 풀어야 한다. 기출분석을 한 후에 분명 배운 것이 많을 것이다. 나의 경우에는 한 지문에서 배울 점이 적으면 열 개, 많으면 스무 개에서 서른 개까지 나왔다. 이 배울 점들을 전부 내 독법으로 체화해야 한다는 소리인데, 처음부터 서른 개를 한 번에 지문에 적용하려고 하면 오히려 글을 읽고 문제를 풀 때 더 혼란스러워지는 상황이 발생한다. 이 상황은 어떤 과목에서든 마찬가지이다. 갑자기 도구가 많이 주어졌는데, 이 상황에 어떤 도구를 사용해야 하는지에 대한 인식이 없으니 이것저것 써 보다가 오히려 예전으로 돌아가게 되는 상황이 발생하는 것이다.

기출에서 배운 독법 중 일부만 떼어 먼저 정확하게 사용하는 법을 익히는 것이 좋다. 이를테면, 서른 개의 서로 다른 독법을 배웠다면, 세 개씩 나누어 열 지문에서 적용해 보는 것이다. 당연히 한 번에 적용되지는 않는다. 하나의 독법을 적어도 열 번은 지문에 대해 적용하려고 시도해야 그것이 자신의 것이 될 수 있다. 그중엔 유난히 발상도 적용도 어려운 독법이 분명히 있을 것이다. 그렇다면 이 독법을 내가 사용할 수 있는지에 대해 생각해 보고, 만약 불가능하다면 어떻게 수정해야 나의 것이 될 수 있을지를 고민하는 것이 필요하다. 이 수정된 독법은 다른 지문에서 다시 시험할 수 있다. 이 과정을 반복하는 것이 평소의 학습법이다.

비기출을 기출처럼 분석하는 것은 시간 낭비이다. 그럴 만큼 시간이 넉넉한 것도 아니고, 지문의 질이 높은 것도 아니다. 그래서 어렵거나 배울 점이 많은 지문들에 한하여 비문학 분석 양식을 만들어 이에 맞추어 공부했고, 그 이상은 분석하지 않았다.

대부분의 독해가 수월하게 진행되고, 어려운 부분이 많지 않아 배울 점이 한두 개 정도인 지문들은 다시 한 번 자신의 사고과정을 되짚어 읽어보면서 조금 더 개선해야 할 부분들을 체크하고, 푸는 당시 정확하게 짚어내지 못했던 선지들의 파훼 과정과 그에 따른 독법을 고민하는 정도로도 충분하다.

그러나 지문을 제대로 한 번 더 다시 보고 싶을 때는 비문학 분석 양식에 맞추어 빈칸을 채워나가면서 논리를 정립한다. 독해의 핵심 요소들 중 무엇이 그 글에 있었는지, 그중 내가 처음 발견하지 못했던 것은 무엇인지, 어떻게 읽었고 어떻게 읽어야만 하는지, 기획은 어떻게 했는지, 시간을 오래 쓴 문제는 무엇인지, 매력적인 선지 파훼는 어떻게 하는지, 하나하나 자세히 알아보자. 아래 분석법은 분석양식을 통해 진행된다.

① 독해의 핵심 요소 파악: 전체 흐름을 어떤 방식으로 머릿속에 정리해야 깔끔하게 정리될지, 글의 깊이는 깊은지, 넓이는 넓은지, 전개 방식은 주로 무엇을 사용했는지, 평가원에서 자주 사용하는 요소들 중 유의해서 읽어야 할 것들은 무엇이 있었는지를 칸에 색칠한다. 시간을 줄이면서 어떤 독해의 요소들이 있었는지 파악할 수 있다.

② 어떻게 읽었고, 어떻게 읽어야 하는가?: 기출 비문학 지문분석과 비슷하지만 훨씬 간소화된 버전이다. 하나하나 모두 보는 것이 아닌, 읽다가 막힌 부분과 잘못 읽은 부분들만 확인하고 해결책을 제시한 후 넘어가면 된다.

③ 기획: 각각의 문제에 대해 무엇을 먼저 생각하고, 어떻게 풀었어야 했는지 간단하게 적는다. 만일 모든 문제가 마음에 들지 않았다면 전부 적어야겠지만, 그렇지 않다면 내가 발전할 부분이 있는 문제들만 골라서 적으면 된다.

④ 시간을 오래 쓴 문제: 시간을 과하게 쓴 문제는 결국 독해의 문제이거나 선지 오독의 문제로 귀결된다. 우리는 언제나 실패로부터 배운다. 왜 그렇게 시간을 오래 썼는지, 그리고 그것에 대한 대처방안을 기록한다. 물론 이 대처방안의 경우에는 다른 지문에서 지속적인 적용과 시험을 거쳐 자신의 독법으로 함입시켜야 한다.

⑤ 매력적인 선지 파훼: 선지 중에서 조금이라도 머뭇거렸다가 헷갈렸던 선지들을 모아 왜 헷갈렸는지, 즉 그 선지의 매력이 무엇인지, 그렇다면 그 매력을 어떻게 파훼해야 하는지를 일반화해 두고, 이 일반화된 논리를 선지에 적용하는 사고 과정까지 적어 두어 유사한 논리의 선지에서 다시 틀리는 것을 방지한다.

비기출분석지도 큐알코드를 통해 제공하니 참고하길 바란다.

비기출분석지 보기

최상위권을 위한 비문학 공부 방식: 모래주머니 효과

어느 정도 자신의 실력이 올라 더 이상 그저 문제를 풀고 분석하는 것만으로는 문제점이 잘 보이지 않는다면, 어느 정도 국어 실력이 궤도에 오른 것이다. 그러나 궤도에 오른 것이 완벽하다는 뜻은 아니다. 수능 시험장이라는 극도의 긴장 상황이나, 몸이 아픈 등의 비상시에는 실력을 100% 발휘할수도 없다. 따라서, 어떤 상황에서도 안정적인 점수를 유지하기 위한 방안이 필요하다. 그것을 위해 모래주머니 효과를 낼 수 있는 이 공부 방법을 권한다.

이 공부 방법은 비문학에 국한한다. 문학의 경우, 시간과 상관없이 자신이 왜 틀렸는지도 모르고 틀리는 경우가 많다. 오히려 문학은 선지를 눌러 읽어 내가 모르는 것 이외에는 틀리지 않게끔 하는 것이 더 중요하다. 내게 이 공부는 비문학 선지를 찢을 때 정확한 타격지점을 잡기 위한 훈련이었다. 주관식으로 답 내는 훈련을 해서 실전에서도 깔끔하게 풀어 나가고 싶었는데, 세 개를 한 세트로 푸는 것은 이미 평소 학습에서 계속해 와서 밀도가 덜했고, 조금 더 난도를 높여 공부한 것이 이 방법이다.

우선 비문학 지문 9~10개를 한 세트로 묶는다. 교육청 3회분도 좋고, 사설 주간지도 좋다. 나는 모 회사 사설 주간지를 이용했다. 그리고 하루 중 최대한 힘든 시간대를 잡는다. 나는 머리를 굴릴 대로 굴려서 이제 더 이상 체력이 남아 있지 않은 마지막 자습시간이나 일어나서 바로 책상 앞에 앉았을 때

5장 | 진짜 실력을 만드는 기출, 비기출 공부법 **303**

를 이용했다. 몸을 추스르고 앉아 50분을 재고 그 시간 안에 풀어나가는 연습을 하는 것이다. 국어의 폼이 오를 대로 올랐을 때 50분이었으니, 한 지문당 6~7분 잡아도 괜찮고, 제재별로 시간을 다르게 배정해도 괜찮다.

그러면, 틀린 직감으로 문제를 푼 후 왜 틀렸는지도 모르는 문제가 생각보다 많이 나옴을 알 수 있다. 이제 그 부분을 교정하고 채워나가면 되는 것이다. 언제나 그랬듯 왜 순간적으로 그런 생각을 했었는지부터 시작해서, 어떻게 하면 그 문제를 고쳐나갈 수 있는지로 끝이 난다. 결국 이 50분 비문학 모의고사를 풀어나가면서 적절하지 않은 선지가 아니라, 적절하지 않은 선지 내의 '부분'을 찾아내는 방법을 훈련할 수 있는 것이다. 생각해 보자. 비문학 세 지문에 단지문 하나만 읽어내면 되는 수능에서, 그것의 세 배는 되는 비문학 세트를 한 번에 풀어낼 수 있다면, 수능 고사장에서 비문학 세 지문이 얼마나 수월하게 읽히겠는가?

그러나 모래주머니 효과는 일단 뛸 수 있는 능력이 있는 이들에게 적용되는 것이다. 제대로 뛰지도 못하는, 이제 걸음마를 막 시작한 사람들이 모래주머니를 달고 뛰려고 하면 오히려 앞으로 나아가지도 뒤로 물러서지도 못하고 주저앉게 된다. 역풍을 맞을 수도 있다는 말이다. 이 방법은 반드시 자신의 독해 습관이 제대로 잡혀 있고, 점수도 잘 나오지만 최상위권으로 도약하고 싶은 학생들에게만 적합하다.

6장

모의고사 대처법

모의고사. 진짜 수능 시험을 연습한다는 마음으로
문제를 읽고 풀어나가는 자기 자신을 보면서 임하라.

왜 모의고사를 보는가?에 대한 가장 올바른 답은 '실전 연습을 위해서'이다. 이 이야기를 본격적으로 하기 전에, 점수에 대한 이야기를 한번 해 보자.

사실 모의고사에서 계속 0점을 받더라도 수능에서 100점을 받으면 그것으로 된 것이고, 반대로 모의고사에서 계속 100점을 받아 왔다가 수능에서 미끄러져 등급이 두 단계 내려갔다면 나의 성적은 계속 높은 점수를 받아 왔던 모의고사가 아니라 수능으로 낙인찍힌다. 수능 말고는 아무것도 중요하지 않다. 그럼에도 불구하고 왜 모의고사 점수에 목을 매는가? 사설 모의고사를 잘 치르면 수능을 잘 볼 수 있을 것 같은가? 평가원을 잘 치르면 수능을 잘 볼 수 있을 것 같은가?

내가 다녔던 모 학원에는 빌보드라는 게 있었다. 수능의 목표는 결국 줄 세우기라는 걸 보여주듯, 매 월례고사와 평가원을 볼 때마다 가장 높은 점수를 받은 학생부터 시작해서 석차가 중간 글자만 가려진 이름과 함께 붙었다. 선생님들께서는 그걸 볼 때마다 말씀하셨다. 저 빌보드에 들어가는 사람들 중 수능 때 살아남는 사람은 절반이라고. 실제로 그 말은 맞았다. 월례고사에서, 평가원에서 정말 잘해 왔던 학생들이 수능을 망치는 일은 비일비재하고, 그렇지 못했던 학생들이 수능 때 치고 올라오는 것 또한 드물지 않았다.

평가원을 포함한 모의고사 성적은 대학을 가는 데 아무 영향을 미치지 못한다. 만일 당신이 재수를 준비한다면, 그래서 재수학원에 들어가기 위한 성적표가 필요하다면, 모의고사 성적표는 의미가 있다. 그러나 그 이외의 경우에는 성적은 마음에 담지 않아도 된다. 마찬가지로, 특히 평가원 시험을 치르고 나서 점수가 유난히 낮게 나온 과목에 공부가 편중되는 경우가 많다. 그러나 시험은 실력과 동등하지 않다. 어느 정도 비례 관계를 형성하고 있는 것은 사실이나, 시험에는 운이라는 요소가 언제나 영향을 미친다. 내가 잘하고 있는지는 자기 자신이 잘 안다. 어떤 과목의 어떤 부분이 부족한지에 대해서, 무엇을 더 해야만 하는지에 대해서 잘 안다. 그러나 성적은 내가 알고 있는 것들을 흐리게 하고, 의심하게 만든다. 수치란 원래 그런 것이니까. 그러니 모의고사 성적만을 가지고 그다음 목표를 세우는 것은 무의미하다. 차라리 모의고사 전에 계획을 세워 두고 그것을 따라가는 편이 훨씬 더 합리적이다.

그렇다면 성적이 의미가 없어진 모의고사는, 그리고 평가원은 대체 무슨 의미를 지니는가? 평가원은, 시험을 치르는 그 자체에 의미를 부여해야 한다. 특히 N수생들은 평가원 시험처럼 많은 학생들이 모여 시험을 치를 수 있는 경험이, 재수학원에 다니지 않는다면 거의 없다시피 하다. 우리는 평가원을 치를 때, 수능을 치르는 것과 같이 임해야 한다. 처음부터 끝까지 수능 리허설을 한다는 마음으로, 하나하나를 체크하면서 충돌하는 것들은 없는지, 위기 상황에는 내가 어떻게 움직여야 하는지를 확인하면서 말 그대로 실전에서 벌어질 수 있는 최대한 많은 경우의 수에 대처하는 방법을 익혀 나가는 것이다.

📖 모의고사 보기 전 체크리스트

① 모의고사 예비 분석지 작성

목표 점수 적기

목표 점수는 말 그대로 '목표' 점수이다. 부담을 주거나 갖기 위한 개념이 아니라, '나는 이만큼은 틀려도 괜찮다.' 하는 점수이기 때문에, 긴장을 풀어 주는 방법이라고 생각하는 편이 낫다. 목표 점수를 정할 때는, 자신의 목표 성적과 편차를 함께 적어 주는 것이 좋다. 이를테면, 국어 92점이 목표라면, 92±2라고 적으면 된다. 이렇게 상정하는 것만으로도, 가장 어려운 문제 두 개는 거뜬히 넘겨도 내 목표 점수에 근접할 수 있다는 것을 알 수 있다. 이는 내가 풀기 힘든 문제나 접근하기 어려운 문제에 당면하였을 때, 더 많이 고민 하지 않고 잠깐 넘길 수 있게 해 주는 동력이 된다.

과목별 생각할 수 있는 최악의 상황들 + 그것에 대한 파훼법

우리는 실력 이상의 점수를 바라지 않고, 실력을 100% 모두 발휘하고 오는 것을 최종 목표로 삼아야 한다. 최악의 상황을 상정하고, 파훼법을 생각해서 가시적으로 적어 두는 것이 좋다. 평가원이든, 수능이든, 멘탈은 분명히 나갈 것이다. 어려울 것이고, 막힐 것이고, 포기하고 싶을 것이다. 그건 수능을 몇 번 치든 동일하게 겪는 증상이다. 그러나 수능 유경험자들이 더 유리한 점은, 그것을 겪어 봤으므로 그 느낌을 빠르게 파훼할 길을 미리 생각하고 간다는 것 정도이다. 그러니까 막연하게 멘탈이 나가면 안 된다고 생각하는 것이 아니라 멘탈이 나갔을 때 내가 어떻게 정상 궤도로 돌아갈지 구체적인 방안을 생각해 두기를 권한다.

예) 국어에서 선지 두 개가 남았을 때

→ 마음을 가다듬고 선지를 자세히 본다. (X)

→ 눈을 감았다가 뜨고 심호흡을 한 다음, 모든 선지에 써 둔 OX표를 지우고, 선지들을 다시 판단하되, 내가 정답을 놓쳤을 때를 대비하여 1번부터 근거를 찾아 옆에 쓰면서 찾아보고 주제를 다시 한 번 내 언어로 상기한다. 그럼에도 불구하고 헷갈릴 경우, 세 번까지 다시 읽어보고 별표를 치고 넘어간다. (O)

초콜릿, 조제약, 상비약, 음료 먹을 시간 및 순서

약과 초콜릿, 약을 여러 개 먹는 경우에는 약과 약, 청심환이나 청심원을 먹는 경우에는 그것들이 어떤 상호작용을 할지는 아무도 모르고, 그런 일이 일어난들 언제 일어날지도 모른다. 청심환을 먹으려고 한다면 더더욱 본인에게 맞는 용량이 얼마나 되는지도 모른다. 그러니 본인의 몸 상태를 객관적으로 파악하고, 몇 시에 얼마나 먹을지를 계획하고 적어 두는 것이 좋다.

나의 경우는 속이 좋지 않아서 징로환과 파미티딘, 손목 동증 때문에 이지앤, 불안감 때문에 인데놀, 기타 비타민과 체력보조제, 각성 효과를 위하여 박카스, 당을 보충하기 위하여 초콜릿을 먹었는데, 보조제는 시험보기 전날 밤 자기 직전에 먹었고, 아침에 일어나자마자 정로환과 파미티딘을 먼저 복용하고 기숙사에서 나갔으며, 아침을 먹은 직후 자습실에 올라가 이지앤과 인데놀을 같이 먹고, 이지앤 두 정과 파미티딘 두 정을 챙겨 내려왔다. 초콜릿은 초반에 먹다가 위장이 너무 안 좋아져서 나중에 포도당 캔디로 바꾸었지만, 어쨌거나 당시에 초콜릿을 까서 책상 옆쪽에 쌓아 두었고, 감독관 입실 직전에 박카스 한 병을 마셨으며, 파미티딘과 이지앤을 같이 먹으면 영 힘들었던 경험이 있어 1교시가 끝나면 파미티딘, 2교시가 끝나면 이지앤, 3교시가 끝나면 파미티딘을 먹었고, 각 교시 전마다 박카스를 먹었다. 청심원은 먹었다가 계속 울렁거리고 속이 안 좋아서 포기했다.

이런 식으로 본인이 약을 복용한다면 복용 순서와 루틴을 정해 두는 것이 도움이 된다. 매 모의고사 전에 이렇게 정해 두고, 본인이 생각한 대로 이행한 후, 그 날 자신의 컨디션을 체크해야 한다. 만일 내가 약 A와 약 B를 같이 먹었는데 그 날 탈이 났다면 다음부터는 그 조합을 배제해야 할 것이다. 그리고 수능에서는 절대로 새로운 것을 시도하면 안 된다. 우리는 최상의 컨디션으로 시험을 보기 위해 수능 전에 이런 말도 안 되는 생체 실험을 하는 것이다.

앞으로의 공부 계획(과목별 비중을 포함하여)

모의고사는 본인의 현재 상황을 파악하는 데 도움이 된다. 그러나 점수 하나만을 가지고 자신의 공부 방향성을 완전히 틀어버리는 것은 위험하다. 감정에 휩쓸린 선택은 비이성적이다. 앞서 말했듯 점수는 생각보다 이성을 온전히 담아내지 못하고, 실력을 온전히 담아내지 못한다. 문제점 분석을 점수에 매여 잘못 하는 것과도 같다. 그러니 가장 좋은 방법은 모의고사 전에 미리 계획을 세워 두는 것이다. 매 공부를 할 때마다 자신을 객관적으로 보려는 메타인지적 태도가 도움이 될 것이다. 계획을 세워 두고, 끝나고 점수와 상관없이 그 계획에서 크게 벗어나지 않도록 하는 것이 가장 현명하다.

② (평가원의 경우) 짐 챙기기

수능을 세 번 본다고 생각하면 된다. 달라지는 건 계절에 따른 옷과 핫팩 등의 방한용품밖에 없을 것이다. 코로나 사태로 인하여 2020 수능부터 정수기가 막혔고, 따뜻한 물이 나오지 않는다. 도시락을 싸 갈 수 있다면 싸 가는 것도 좋다. 따뜻한 물은 어떻게 가져갈 것인지, 마실 물은 얼마나 필요한지, 예비 약은 얼마나 챙겨야 하는지, 필기구는 뭘 챙겨야 하는지, 삼십 분 정도 체크리스트를 만들어 싸는 연습을 하는 것을 권한다. 막상 그때 가서 하면 어떻게든 되겠지, 라고 생각한다면 수능 당일날 불안해질 가능성이 매우 높다. 수능 전날 짐을 챙기기 시작하면서부터 긴장이 시작된다. 가급적 긴장을 일으킬 수 있는 요인을 최소화하여 자신의 일상으로 끌고 오는 것이 훨씬 낫다.

③ 백지 암기본 만들기

전날이든 전전날이든 상관없다. 본령은 8시 40분이지만, 감독관은 8시 10분에 입실하고, 예비령은 8시 20분에 치며, 준비령이 8시 30분에 친다. 그리고 감독관 입실과 준비령 사이에는 어떠한 공부에 관련된 자료도 볼 수 없다. 감독관 입실과 준비령 사이에 시험지로 연습할 암기본을 만들어야 그 시간을 그냥 날리는 일이 없다. 전날은 그 암기본을 모든 자투리 시간에 가지고 다니면서 본인의 망막에 담아 둔다는 느낌으로 지내야 한다. 모의고사 날에는 이 감독관 입실과 예비령이 칼같이 지켜지지는 않는다. 그럼에도 불구하고 수능과 가장 유사하게, 자료를 가방에 집어넣으라는 밀이 없어도 자료를 집어넣고, 실제 수능 고사장에서 할 만한 일들로 모의고사 날을 채워야 한다.

④ 취침

수능 전날 언제 잘 것인지를 고려하는 것이 좋다. 수능 전날, 대부분은 10시 반에서 11시 정도에 잠자리에 들 것이다. 그러나 여러분은 수험생인 만큼, 그 시간에 바로 잠에 들지 못할 것이 자명하다. 나중에 생활패턴을 맞추면서 잠드는 연습을 하게 되겠지만, 생각보다 사람의 몸은 민감하다. 수능 전날에 잘 자기는 어려울 것이다. 수능을 많이 치면 칠수록, 더 심해지면 심해지지 괜찮아지지는 않았다.

평소보다 못 자는 것을 디폴트로 생각하는 편이 좋다. 어떤 방법을 쓰든 자정 안에 잘 수 있는 방법을 알아두기 바란다. 수면유도제나 수면제를 먹는다거나 따뜻한 물주머니를 안는다거나 수면 향수나 아로마 오일을 뿌린다거나하는 방법이 있다. 이때 수면유도제 혹은 특히 수면제의 경우, 본인과 안 맞는 약이 있을 수 있으니 모의고사 며칠 전에 반드시 한 번쯤 시도하고 나서 복용하는 것이 좋다.

📖 모의고사 당일 체크리스트

① 기상

반드시 수능날 기상해야 하는 시간과 유사한 시간대에 일어나자. 모의고사도 한두 번 보고 나면 긴장이 풀려 시험 직전까지 늘어지게 자는 친구들이 종종 있는데, 수능 날 컨디션을 유지하려면 자지 않는 것이 좋다. 물론, 전략적으로 한국사 시간에 자는 학생들도 있다. 이 경우에는 알아서 한국사 시간에만 자면 된다. 기상 후에는 본인이 수능 날 행동해야 하는 대로 행동하는 것이 대원칙이다.

② 감독관 입실 및 소지품 정리부터 준비령 전까지

사실 학교도 학원도 모의고사를 수능보다 치열하게 보지 않는다. 훨씬 더 여유가 있고 공간이 있다. 우리가 수능 날 모의고사의 마음을 가지고 가야 하는 건 맞지만 모의고사의 시간을 가지고 갈 수는 없다. 따라서 8시 10분, 감독관 입실 시각 전까지 보던 책을 계속 보고, 8시 10분부터는 모의고사에서 감독관의 특별한 제지가 없더라도 스스로 책을 덮고 전날 만들어 두었던 백지를 눈앞에 떠올리면서 최종 정리, 그리고 남은 시간에 마인드컨트롤을 하면 된다.

8시 10분까지는 보통 국어 예열 지문을 보기를 권한다. 맨 첫 시간을 적어도 전부 망치지는 않아야 그 다음 시간들 또한 그 기세를 타고 어렵지 않게 장악해나갈 수 있기 때문에, 국어 시험을 얼마나 잘 보느냐가 그 이후의 마인드컨트롤에도 큰 영향을 준다. 예열 지문은 자신의 상황에 맞추어 가져가면 된다. 나의 경우, 재수와 삼수 때 모두 하프모의고사를 가져가 풀었다. 보통 내게 물음이 오면 권하는 예열 지문은, 기출 하나로 자신의 사고과정을 최종 점검하고, 쉬운 비기출 하나로 자신감을 붙이고 들어가는 것이다. 물론 쉬운 비기출은 다른 사람들에게 하나를 골라 달라고 부탁하는 것이 좋다. 낯선 지문을 받아들이는 것을 시험 전에 시험장에서 해 보고, 본 시험으로 들어가는 것이 훨씬 낫기 때문이다.

③ 준비령 - 파본 검사

시험지 및 답안지를 받으면 답안지에 인적사항을 쓴 후, 파본을 확인한다. 이때, 파본 확인 전에 시험지의 등(집히는 신)을 따라 손톱으로 찢듯 눌러 주면 펼칠 때 훨씬 편하고, 거슬리지 않을 것이다. 서두르지 말고 시험지를 펼쳐서 파본을 확인하면 된다. 정말 파본이 있는지 확인하는 것도 중요하지만, 시험 전에 자신이 어떤 방식으로 시험을 치겠다는 방향성을 정하는 것이 훨씬 중요하다. 전체를 읽겠다는 생각을 하지 말고, 읽으면서 아래 항목들만 완료해도 성공이다.

  1) 문학: 제목 위주 연계 확인
  2) 비문학: 갈래&소재 확인, 시각적으로 압도되는 문제 확인(→반드시 써먹을 생각을 지문 읽기 전에 하고 들어가는 것만으로도 도움이 됨)

이후 파본 검사를 마치고 남은 시간에는 갈래에 따른 본인의 독해법과 약점 파훼법을 빠르게 머릿속으로 생각한다. 이 시험 전체를 어떤 방식으로 끌고 나갈지에 대한 이미지 트레이닝을 하는 것이다.

📖 모의고사 보는 중 염두에 둘 것

① 시험에 너무 깊이 몰입하지 말 것

모의고사는 앞서 언급하였듯 수능을 앞두고, 자신의 공부 상태와 시험에 대한 태도를 점검하는 시험이다. '모의'시험이므로, 실제 생길 수 있는 모든 일들을 미리 직접 겪어 보는 것이 유리하다. 본인이 어떻게 풀었고, 이런 문제에는 어떻게 대처하였으며, 저런 문제가 생겼을 때 무엇을 해서 파훼하려고 했었는지 등에 대한 답을 얻는 것이 모의고사이다. 그런데 막상 끝나고 나서 본인이 문제를 어떻게 풀었는지 뚜렷이 정리할 수 없다면 다음 시험에서 더 눈여겨봐야 할 점, 본인의 문제점, 잘한 점, 발전의 축 같은 것들을 어떻게 알 수 있을까? 자신의 모든 힘이 100 정도라면 90 정도만 몰입하고, 나머지 10은 모의고사를 푸는 자신을 내려다보는 느낌으로 시험을 치르기를 권한다. 반드시 기억하자. 모의고사의 목적은 점수가 아니라 현재 위치, 태도, 습관의 파악에 있다.

시험에 100% 몰입하는 것은, 당연히 필요하다. 그러나 이것은 10월 이후부터 시작해도 무리가 없다. 중요한 것은 그 전까지 자신의 약점들을 최대한 보완해 두어야 한다는 것이다.

② 수능은 정량적인 배점을 지닌 시간 싸움임을 반드시 상기할 것

문제를 모른다고 인정하는 것을 주저하지 않았으면 좋겠다. 넘어가는 것도 연습이 필요하다. 그래야 수능 고사장에서 위축되지 않고 넘어갈 수 있게 된다. 다른 문제로 넘어갔다가, 다시 돌아와서 답을 고르는 경험을 여러 번 해 보기를 권한다. 많은 경우, 모르는 문제 하나를 붙잡고 끙끙대는 것은 다른 쉬운 문제 주세 개를 버리는 효과와 같다. 그마저도 그 문제를 정말 몰라서가 아니라, 당황하거나, 선지에서 빙빙 돌기 때문일 가능성이 높다. 그때 그것을 끝까지 붙잡는 것보다 다시 돌아와서 새로운 관점에서 확인하는 것이 내가 했던 실수를 다시 한 번 반복하지 않을 수 있는 최선의 방법이다.

③ 끝났다고 쉬거나 자지 말고 검토 루틴 확인할 것

많은 친구들이 시험지를 다 풀면 엎드려 쉬거나 잔다. 모의고사이기 때문에 더 이러한 경향이 높다. 그러나 수능에서 그럴 수 있는 과목은 한국사가 유일하다. 수능 날에도 시험을 다 풀고 이십 분 정도가 남았는데 마음 편하게 엎드려 있을 수 있을까? 불가능에 가깝다. 그러니, 본인의 검토 루틴을 만드는 것이 좋다. 나 같은 경우에는 국어는 세모 친 문제(헷갈렸던 문제) 전부 다시 보기 → 문학 주제 생각하면서 문제 다시 읽기 → 문법 5문제 전체 나시 보기로 루틴을 굳혔고, 이대로 연습했다. 반드시 맞혀야 하는 문제들을 구분하고, 나면지 문제들과 분리하여 검토하는 것이 좋다.

④ 쉬는 시간 운용 - 생각 흐름 복기

수능은 생각보다 진이 많이 빠진다. 물론 모든 시험이 그렇겠지만, 수능은 특히 체력이 더 많이 빠져나가는 느낌이 든다. 아무래도 그러면 다음 시험들을 보는 데 있어서 조금 차이가 날 수밖에 없다. 국어에서 체력의 20과 40을 각각 썼다면, 수학에서 내가 운용할 수 있는 뇌의 용량이나 속도는 다를 터이다. 나는 이 갭을 메우기 위하여 생각의 흐름을 복기했다. 시험이 끝나면 십 분 정도, 시험지를 펼치고 포스트잇을 꺼내서 내가 당시 했던 생각들을 십

분 정도 들어 빠르고 러프하게 스케치하듯 써서 붙였다. 그렇게 하면 내가 당시 문제를 풀 때 왜 그렇게 생각했는지, 왜 그렇게 행동했는지를 생생하게 기록해 둘 수 있다. 이 정도로 머리를 혹사시켜야 수능 날 아마도 더 힘든 상태에서 다음 시험을 치를 때 당황하지 않을 수 있다.

📖 모의고사 후 체크리스트

① 계획적으로 쉬기

가장 좋지 않은 것은 점수를 보고 충격을 먹어서 그 날 전체 하루를 통으로 날리는 것이다. 그러니 아예 그 날의 계획을 짤 때 이때부터 이때까지는 내가 분명 멘탈이 나가 있을 테니까 쉬자, 라는 식으로 짜 버리는 게 낫다. 그리고 그 외의 시간은 바로 모의고사 복기를 해야만 한다. 시험이 끝난 후부터 서서히 기억은 휘발되고 미화되게 마련이다. 쉴 때는 가급적이면 머리를 쓰지 않으며 쉬는 것을 권한다. 노래를 부르거나, 조금 자거나(생활패턴을 지킬 자신이 있다면), 산책을 하거나. 이왕이면 몸을 쓰는 것이 좋다. 책을 읽거나 유튜브를 보는 건 추천하지 않는다. 그 전의 나의 사고과정이나, 행동을 기억하지 못하게 될 가능성이 높은 모든 행위들은 배제하는 편이 낫다.

② 모의고사 분석지 작성

분석지에 기본적으로 들어가야 할 내용은 다음과 같다.

예상 점수(*채점 전), 원점수(*채점 후), 원점수-예상점수 편차, 원점수-목표점수 편차, 점수가 그렇게 나온 원인, 이유, 과목별 만족도(세분화할수록 좋음), 그리고 파훼법 먼저 적어 둔 파훼법은 있지만, 이 파훼법을 쓸 수 있을지 없을지는 전적으로 개개인에게 달려 있다. 만일 이 파훼법을 쓸 수 없었다면, 왜 쓸 수 없었나? 어떤 부분이 부족해서 혹은 어려워서 쓸 수 없었나? 그렇다면 내가 현실적으로 사용할 수 있는 파훼법은 어떤 방식인가? 다음에는 어떤 방식으로 적용해 보는 것이 좋은가? 이러한 부분들을 피드백하고 생각하여 더 나은 방법을 찾아내는 것이 모의고사의 본질이다.

과목별 분석

a. 시험 볼 당시에 했던 생각들을 복기하면서 따라간다.

b. 시험 본 이후에 할 수 있었던 생각들을 분리해서 비교한다.

* 반드시 하루 정도는 해설지를 보지 말고 혼자 고민해 보는 시간을 가진다.

a와 b의 차이가 실력을 얼마나 발휘했는가를 보여주는 지표이다. 이 경우 점수를 깎아먹거나 반성할 부분들은 실수나 멘탈 관리, 혹은 행동강령 이행 미숙 정도가 있겠다. 어떻게 실력을 바깥으로 꺼낼지에 대해 생각하고, 가시적 해결책을 고민하고 제시해야 한다.

c. 해설지/해설강의를 보았을 때 새로 알게 된 점을 정리한다.

b와 c의 차이가 메워야 할 실력의 격차이다. 모르는 것은 알면 되는데 아는 것에서 그치는 것이 아니라 어떤 방식으로 적용되는지를 확실하게 파악하는 것이 중요하다. 다만, 주의할 점은 '이것만이 답이야'가 아니라 '이것도 답이야'로 인지해야 한다는 점이다. 평가원은 답을 제한하는 것이 아니라, 답의 범위를 확장하는 식으로 문제를 파악해야 한다는 것을 문학편에서 한 번 언급한 바 있다.

예) 사물의 역동성을 드러내고 있다.

→ 대강 움직이기만 하면 되겠지 (X)

→ 역동성이면 동작이네. 동작에 연관된 게 뭐가 있지? 형용사보다는 동사일 테고, 음성상징어 의태부사로 표현될 수도 있겠다. (O)

지문별/선지별 분석

특히 평가원에서 나오는 모든 선지는 의미가 있으므로 손가락을 걸었더라도, 시험이 끝난 후에는 반드시 모든 선지를 다시 한 번 보고 모든 근거를 찾아내야 한다. 거기에 지문이든 선지든 평가원의 의도가 기출과 비교했을 때 어땠을지를 보면 좋다. 역시 이것은 혼자 하기는 버거울 수 있으니, 해설강의 등을 참고하여 진행하기를 권한다.

물론, 혼자 생각하는 시간은 언제나 필요하다. 혼자 생각하지 않고 바로 해설강의를 보는 것은 내가 평가원의 로직에 대해 깊게 생각하고, 다시 한 번 나에 대한 평가를 해 볼 수 있는 시간을 없애는 것과 같다. 정말 아깝다. 해설은 언제든 볼 수 있지만, 나의 부족한 점을 메우는 것은 그 시간이 아니면 효과적으로 할 수 없기 때문이다.

만일 모의고사 분석지 양식이 필요하다면, 큐알코드로 접속해서 다운받을 수 있다.

 모의고사 분석지 양식 다운받기

화법과 작문/언어와 매체 공부법

화법과 작문 VS 언어와 매체

선택과목은 국어 공부를 시작할 때 가장 먼저 고민하지만, 그에 대한 최종 결정은 몇 개월이 지나서야 하는 학생들이 대다수이다. '언어와 매체'는 기존 화법/작문/문법의 문법 파트와 새롭게 들어온 매체 파트를 섞어 출제하며, '화법과 작문'은 기존의 화법/작문을 그대로 따 온 느낌이다.

물론 이전에 문법에 자신이 있던 학생이라면 고민없이 '언어와 매체'를 선택하겠지만, 대부분의 학생들은 많은 것을 외워야 하는 문법을 좋아하지도 않고, 아주 자신있어 하지도 않는다. 그렇다고 '화법과 작문'을 택하기에는 '언어와 매체'의 표준점수가 '화법과 작문'의 표준점수보다 높기도 하고, 언어를 잘 보면 더 많은 글을 읽어야 하는 '화법과 작문'보다 시간을 줄일 수 있으니, 공통과목에서 운용할 수 있는 시간이 많아지기 때문에 고민하는 학생들이 많다. 사실 정답은 없다. 그러나 자신의 상황과 성향에 따라 더 나은 선택은 존재할 수 있다. 아래에 서술한 몇 가지의 기준이 '언어와 매체'를 골랐을 때 적어도 후회하지 않을 수 있는, 나아가 시너지를 낼 수 있는 조건이다.

1. 나는 최상위권을 노리는 학생이다. 표준점수 1점이 나한테는 정말 중요하다

▶ '언어와 매체'는 '화법과 작문'보다 표준점수가 높다. 사회탐구나 과학탐구에서는 전략적으로 표준점수가 높은 것을 취하기도 어려울 뿐만 아니라, 그 해에 어떤 과목의 표준점수가 높을지는 예측하기 어렵다. 그러나 '언어와 매체'는 진입장벽이 다른 여타 탐구 과목들보다 높지도 않고, 지금까지의 평가원과 수능 시험에서는 '언어와 매체'의 표준점수가 높게 책정되어 왔으며, 앞으로도 이러한 기조가 유지될 것으로 예상된다. 그렇다면 국어 시험에서 높은 표준점수를 챙겨 가는 것이 전체 시험의 표준점수 합에 큰 도움을 줄 것이다. 국어가 점점 중요해지면서, 반영비율이 높아지는 학교들에 지원할 때는 더더욱 그렇다.

▶ 그러나 만일 최상위권이 아니라면 '언어와 매체'는 재고하여 보기를 바란다. '언어와 매체'의 표준점수가 높다고 해서 '언어와 매체'를 골랐다가, 언어에서 오답이 발생하기라도 하면 표준점수는 떨어진다. '화법과 작문'과 마찬가지로, '언어와 매체'는 틀리지 않고 풀어내야 하는 문제들의 마지노선이다. 만일 내가 '언어와 매체'에서 오답이 나오지 않을 가능성이 보이지 않는다면, 오히려 '언어와 매체'가 아닌 '화법과 작문'을 택하고 그 시간을 공통과목에 투자하는 편이 낫다.

2. 나는 다른 과목이 아주 급하지 않다. 국어에 충분한 시간을 쓸 수 있는 상황이다

▶ 생각해 보면, '화법과 작문'을 어떻게 공부하는지 물어봤을 때 따로 문제

를 풀거나 공부를 하는 학생들이 드물 정도로 '화법과 작문'은 부담이 없다. 그러나 언어의 경우에는 반드시 공부를 해야 한다. 그리고 그 범위가 적은 편도 아니며 개념 1회독만으로 모든 것을 알 수 있는 것도 아니고, 기출문제는 기본으로 전부 풀어보고 따로 사설 문제들도 계속해서 풀어 나가야 한다. 굉장히 시간이 많이 든다. 다른 과목이 급하지 않고, 국어에 충분한 시간을 쓸 수 있는데, 공통은 어느 정도 자신이 있어서 언어를 따로 공부할 만한 시간적 여유가 된다면, 조금 더 힘들고 어렵고 까다로워도 시간을 투자하여 표준점수를 따낼 가치는 충분하다.

▶ 그러나 만일 국어보다 더 급한 다른 과목이 있다면, 당연히 그 과목에 가장 많은 시간을 들여야 한다. 이를 위해서는 시간 확보가 필수적이다. 언어를 공부하다가 다른 취약한 과목에 투자할 수 있는 시간이 적어져 버린다면, 두 마리 토끼를 전부 다 놓쳐 버리는 격이다. 둘 모두를 잡을 수 없다면, 하나만이라도 확실하게 잡을 수 있어야 한다. 고등학교 시절, 과학탐구에서 II과목에 손을 댄 적이 있었다. 그리고 느꼈다. 과학탐구 II 자체가 어려워서 II 선택자들이 수능을 못 치는 경우가 없는 것은 아니지만, II과목을 공부하다가 다른 과목을 놓쳐서 전체적인 밸런스가 무너져 수능이 전체적으로 무너지는 경우가 훨씬 더 많다는 것을. 언어와 매체도 마찬가지이다. 다른 과목들이 튼튼한 편이 아니라면, 언어를 공부하는 사이 다른 과목이 서서히 내려앉기 시작할 것이다.

3. 나는 멘탈이 약한 편이 아니다. 당황해도 금방 다른 길을 찾는다

▶ 국어 시험은 수능의 가장 첫 시간에, 가장 긴장되는 시간에 치른다. 선택과목이 가장 뒤에 있다고 해도, 대부분의 학생들은, 특히 N수생들은 선택과목을 먼저 풀고 나서 공통과목을 풀기 시작할 것이다. 시간 안배 때문도 있지만, 보통은 선택과목이 가장 쉽기 때문에 머리를 한 번 풀어주고 독해를 확

실히 할 수 있게끔 예열하기 위해서이기도 하다. 그런데 이를 역으로 보면, 만일 '언어와 매체'를 치르게 된다면, 매체를 보고 언어를 본다고 해도 언어를 초반에 응시하게 된다. 언어는 아주 미묘한 차이로 정답이 갈리는 과목이다. 문법의 본질이 그렇다. 그런데 긴장감을 떨치지 못한 수능 날 오전의 두뇌가 언어 문제를 보면 굳어 버릴 수 있다. 나는 제대로 분석하고 있다고 생각하는데 올바른 분석이 아니었고, 그래서 답이 나오지 않거나 오답을 고를 수 있다.

나는 세 번의 수능을 치르면서 몇천 문항의 문법 문제를 풀어 왔다. 그래서 삼수 때는 모의고사를 치를 때 문법을 한 번도 틀리지 않았고, 해석이 되지 않거나 당황한 적도 없다. 그런데 수능 날 화법과 작문을 풀고 문법 문제를 풀었음에도 불구하고, 긴장감에 머리가 굳어 처음으로 선지를 잘못 분석하고, 나오지 않는 답에 멍해졌던 순간이 있었다. 지금도 그 생각을 하면 아찔하다.

▶ 그런데 만일 멘탈이 많이 약한 편이라면, 이 순간 원래 페이스를 회복하는 것은 불가능하다. 나는 수많은 모의고사들을 치르고, 문제를 풀면서 내가 제대로 읽어낼 수만 있다면 풀지 못하는 문제는 없다는 것을 몸으로 익혀왔고, 그것을 수천 번 내게 각인시켰으며 그에 따른 확신을 가지고 있었기에 한번 봐서 안 되면 나중에 또 보지 뭐, 라는 생각으로 넘어갔다. 그렇게 마지막에 언제나 그러했듯 문법 문제를 전부 다시 한 번 풀면서 답을 찾아내고 검토까지 마무리지었다. 이렇게 대처할 만큼의 멘탈이 없다면, 한번 멘탈이 흔들리면 페이스를 전부 잃어버리는, 다시 말해서 어려운 문제가 하나만 나와도 점수 변동폭이 크게 출렁이는 학생이라면, 언어에서 한 번 타격을 받았을 때 다시 돌이킬 수 있는 방법이 없다. 일 년에 한 번뿐인 수능이고, 다시는 돌아가기 싫은 입시일 텐데, 자신이 그때 모든 것을 확실하고 명징하게 판단할 수 있을 것이라는 도박을 걸기엔 너무 위험하다.

만일 이 세 개에 모두 해당하는 학생이라면, 혹은 첫 번째에는 해당하지 않지만 그럼에도 불구하고 국어에 자신이 있어 국어에서 챙길 수 있는 점수를 모두 챙겨가야겠다고 결심한 학생이라면, 언어와 매체를 선택하는 것을 고려해봄직하다. 그러나 나머지는 정말 자신이 언어를 택하였을 때 얻는 효용이 비용보다 더 클지를 한 번 더 생각해보기를 권한다.

마지막으로 점수가 안 나올 것 같다고, 혹은 아직 개념을 다 익히지 않았다고 6월 평가원에 '언어와 매체'가 아닌, '화법과 작문'을 보는 학생들이 있다.

그러나 6월 평가원 전까지 개념을 한 번도 공부하지 않은 상태라면 그것은 그냥 공부를 하지 않은 것이다.

또한, 시간낭비를 줄이기 위해서는 자신이 '언어와 매체'를 시험에서 어떤 방식으로 풀어나가는지를 보고 가망이 없다면 빠르게 '화법과 작문'으로 바꾼 후 그 시간에 다른 공부를 하는 것이 효율적인데, 수능에 가장 가까운 시험 중 하나인 6월 평가원을 단지 점수에 대한 걱정으로 날려 버리는 것은 최선의 선택을 할 수 있는 기회를 날린 것이다.

게다가, 본인이 '화법과 작문'을 보지 않을 것임에도 불구하고 '화법과 작문'을 보는 것은, 실전 연습의 차원에서 최악의 선택이다. 이것은 비단 선택과목에 국한된 것이 아니다. 누군가는 '화법과 작문'은 빠르게 풀 수 있지만 '언어와 매체'를 푸는 속도는 비교적 느릴 수 있다. 누군가는 그 반대일 수 있다. 그런데 문제는 선택과목에 주어진 시간이 정해져 있지 않고, 선택과목과 함께 공통과목도 치러야 한다는 것이다. '화법과 작문'에 더 자신이 있다는 것은 높은 확률로 그 선택과목을 푸는 데 걸리는 시간이 더 적음을 의미한다. 따라서 원래대로라면 공통과목에서 더 적은 시간동안 풀어내야 하는 문제들에 보다 더 많은 시간을 안배할 수 있게 된다. 보통 6월 평가원을 기준으로 공통 과목과 선택과목의 시간을 배분하고는 하는데, 이 시간 배분이 의미가 없게 되는 것이다.

'언어와 매체'를 선택하기로 결정했다면, 6월 전까지는 최소한 개념을 전부 보고 나서, 완벽하지는 않더라도 어느 정도 문제에 익숙해져서 6월 평가원에서는 반드시 '언어와 매체'를 선택할 수 있어야 한다. 만일 그것조차도 불가능하다면 '언어와 매체'를 선택할 만한지, 수능에서 좋은 성적을 거둘 가능성이 있을지 의문이다.

화법과 작문 공부하기

사실 '화법과 작문'을 쉬운 비문학이라고 생각하는 학생들도 적지 않다. 쉬운 비문학이니 비문학을 읽는 것처럼 읽되, 정보량이 그렇게 많지도 않고 지문의 논리구조가 비문학만큼 복잡하지도 않으니 조금 더 힘을 빼고 읽는 것이다.

그런데 왜 굳이 '화법과 작문'을 다른 분류체계 안에 집어넣어 따로 평가할까? 만일 정말 쉬운 비문학이라면, '화법과 작문'이 아닌 비문학에서 쉬운 지문을 출제하면 된다. 그런데 '화법과 작문'이라는 분류를 따로 만들었다. 이것은 비문학에서 묻는 핵심 포인트와 '화법과 작문'에서 묻는 핵심 포인트가 다름을 의미한다.

'화법과 작문'은 말 그대로 '화법'과 '작문'이다. 화법은 말을 하는 방법이고, 작문은 글을 쓰는 방법이다. 비문학은 '비문학'이다. '비문학법'이 아니다. 따라서 비문학의 경우, 그 글이 전달해 주고자 하는 정보 자체에 집중해야 한다. 우리가 해야 하는 것은 글의 의도를 파악하고, 글이 이렇게 읽으라고 방향성을 제시해주는 문장들에 의지하여 정보들 사이의 관계를 파악하며, 궁극적으로는 글 전체가 무슨 말을 하고 있는지를 파악하는 것이다. 그러나 '화법'과 '작문'은 '방법'에 대한 학문이다. 글 자체가 어떤 정보를 전달하고 있는지보다, 그것을 어떻게 전달하는지에 대한 방법이 더 중요하다는 것이다.

　각각의 세트들에는 특징이 있다. 이를테면, 화법은 하나의 세트로 국한되어 있는 것이 아니다. 연설이 출제될 수도 있고, 일상의 언어생활이 출제될 수도 있고, 토론이 출제될 수도 있으며, 토의가 출제될 수도 있다. 작문도 마찬가지이다. 그런데 이 세트들에는 각각의 특징이 있다. 비문학을 제재로 파악하여 내용상 목적을 어느 정도 일반화한 비문학보다 더 강하게, 각각의 '화법과 작문'은 분명한 의도를 형식 자체에서도 가지고 있기 때문이다. 이를테면, 작문의 유형을 고를 때 그저 아무렇게나 골라 글을 쓰는 것이 아니다. 자신의 목적에 가장 잘 부합하는 작문 형식을 찾아 끼워넣는 것이다. 따라서 이 세트들의 특징을 파악하고, 그에 맞추어 읽어나가는 것이 중요하다.

　'화법과 작문'은 그럼 대체 얼마나, 어떻게 공부해야 하는가? 사실 독법이 어느 정도 체화된 학생들이라면 공부를 하지 않고도 고득점을 받을 수 있다. 그러나 실전 감각을 기르는 것은 조금 다른 이야기이다. 먼저 앞서 이야기했듯, 기출들을 보면서 세트들의 특징을 가볍게라도 파악해 보기를 권한다. 그리고 그 특징들을 적용해 가며, 일주일에 화법과 작문 한 세트씩이라도 가볍게 풀어 보는 것이 좋다. 화법과 작문은 단지 틀리지만 않아서는 부족하다. 전부 깔끔하게 풀어내면서도 전체를 끝내는 데 너무 오랜 시간이 걸려서는 안 된다. 정량에 정답은 없지만, 한 문제당 1분가량이 적당하다. 전체 정답과 시간 단축을 목표로, 가볍게 독법에 집중해서 읽어내는 것을 연습하자.

공부할 분량도, 밟아야 하는 단계도 많은 편이다. 사실상 매체는 화법과 작문처럼 대비를 하면 되지만, 문제는 언어이다. 언어에서 얼마나 빠르고 정확하게 답을 찾아낼 수 있느냐가 전체 시험의 페이스를 판가름할 것이다. 따라서, 언어는 공통영역 못지않게 대비를 철저히 해야만 한다.

① 개념 강의 수강하기/책으로 개념 쌓기

문법은 혼자서 공부할 수 없다. 독법이 자신의 습관의 차원이라면, 문법은 지식의 차원이기 때문이다. 누군가가 책으로든, 강의로든 개념을 설명해 둔 것을 자신의 것으로 만들어야 한다. 각자 강의 수강 방식은 다르겠지만, 강의를 수강하고 난 후에는 자신의 언어로 정리해보면서 설명할 수 있는지를 확인해 보기를 바란다. 타인에게 막힘없이 설명할 수 있을 정도가 되어야 문법 문제를 편안하게 풀 수 있다. 반드시 6월 평가원 전까지는 완벽하지는 않아도 개념이 한 번 끝나 있어야 하고, 큰 중심 줄기들에서 모르는 개념은 없어야 한다.

② 문제 풀이

개념 강의 수강 시

개념 강의를 수강하면서 가장 좋은 문제집은 사실 강의의 부교재이다. 대부분의 강의는 개념 학습을 한 후 필요한 확인 문제들을 함께 제공한다. 어떤 강의든, 부교재 혹은 주교재에 있는 문항들을 풀면서 개념을 실제로 적용해 보는 시간이 필요하다. 강의를 들으면서 반드시 문제 풀이를 병행해야만 한다. 만일 진도에 급급해 강의만 듣는다면, 나중에 개념들이 모조리 섞여 다시 분리하는 데 난항을 겪을 수도 있다. 자신이 들은 강의의 내용은 자신의 것으로 만든 후 다음 강의로 넘어가는 것이 좋다.

언어에 아주 많은 시간은 투자하지 않기를 바란다. 다른 영역들은 고민해볼 요소들이 존재하는데, 사실 언어의 경우에는 논리의 파악보다는 내가 아는 지식의 적용이 주가 된다. 그렇기 때문에 오래 고민하기보다는 두 가지 목적을 가지고 꾸준히 문제 풀이를 연습하는 것이 좋다.

① 원칙의 경우 완전히 내게 체화될 정도로 매끄러운 과정 도출을 연습한다.

② 지엽적인 지식은 나의 지식에 덧붙인다는 마음으로 공부한다.

물론 모든 국어 문제 풀이가 그러했듯, 기획과 피드백 과정은 반드시 필요하다.

나의 경우 재수 시절에는 6월 평가원이 끝나고 7월까지 900문제 가량의 문제를, 하루에 20문제씩 매일매일 빼먹지 않고 풀어 나갔다. 다만, 문법에 너무 많은 시간을 빼앗기고 싶지는 않았기 때문에, 점심식사를 하기 전 각 반에서 급식실로 호출되기까지의 기다리는 시간에 빠르게 풀고, 채점하고, 선지 하나하나를 뜯어보고, 그 다음 날 점심시간에 해당 문제들에 대한 질문을 모아 가져가는 사이클을 계속 돌렸다. 그 정도의 문제량으로 어느 정도 실력을 안정시켜 둔 뒤, 매일 아침에 풀라고 선생님이 주신 문법 N제를, 동일한 점심시간에 풀었다. 다만, 이전처럼 많지는 않은 문제량(대여섯 문제 정도)를 꾸준히 풀어 나갔다. 요점은 꾸준히 습관을 만들어 나가는 것이다.

마무리 정리

- 오답 및 지엽 정리

문제를 풀다 보면 쌓인 문제 풀이를 언젠가 한 번은 다시 들춰보아야 한다는 생각이 든다. 10월부터 시작되는 마무리 시즌에도 문제 풀이는 계속되고,

내가 알게 된 것들과 알게 되었지만 그럼에도 불구하고 다시 한 번 새겨야 할 지식들을 한 번 더 환기하는 차원에서 자신이 푼 모든 문제들을 다시 한 번 보고 정리하면 된다. 이 과정을 위해, 나는 문제에서 배운 점이나 나온 지엽들은 눈에 잘 띄는 색깔로 먼저 문제 아래에 정리해 두고, 그것들만 한 번 더 확인하며 정확하지 않거나 잘 외워지지 않은 것은 노트에 정리해 내 것으로 만들었다.

- 문장 분석

문법 문제가 이제 많이 쉬워졌다고 느낀 11월에는, 문장 분석을 진행했다. 만일 자신이 아직도 문제 풀이에 약하다면 문제 풀이 연습을 하면 된다. 그러나 만일 완벽한 대비를 원한다면, 비문학 지문에서 아무 문장이나 뽑아다가 문장 분석을 해 보자. 나는 문장 분석을 통사론과 형태론으로 나누어서 진행했다. 통사론은 주어, 서술어, 목적어, 관형어 등 통사 구조로 나누고, 안긴/안은문장(절)을 구분하거나 연결어미를 찾아내어 대등적/종속적 연결 등의 문장의 관계를 찾아내는 것에 주력했다. 형태론은 형태소 파악을 목적으로 하였는데, 명사, 관형사 등은 그대로 사용하였고, 조사나 어미, 접사 등 그 종류가 중요한 형태소는 세부 소속을 확실하게 밝혀 적는다. 이렇게 하다 보면, 내가 모르는 부분이 어느 부분인지가 조금씩 나오고, 이 부분들을 채워나가면서 파이널 시즌을 지내면 된다.

마찬가지로, 언어 역시 틀리지 않는 것을 전제로 한다. '화법과 작문'과 마찬가지로 '언어와 매체'를 합하여 11분을 마지노선으로 하고 훈련하는 것이 좋다. 문법 문제 풀이에 숙련되면 7분 안에도 끊어낼 수 있는 것이 '언어와 매체'이므로, 독해 시간이 줄어든다는 장점을 십분 활용해 보기를 바란다.

수업(인강)을 듣는 올바른 자세

수업을 듣는다는 것은 무엇인가를 배워 가겠다는 의지를 표명하는 일이다. 그러나 그것이 자신의 모든 것을 버린다는 뜻이 되어서는 안 된다. 이글은 여러분이 수업이나 인강을 들으면서 마주칠 법한 몇 가지의 난제에 현명하게 대처할 수 있길 바라며, 그리고 어떻게 해야 수업을 200% 활용할 수있는지 알아 가기를 바라며 쓴다. 만약에 다음과 같은 생각을 가지고 있다면꼭 한번 읽어보자.

'자신의 모든 것을 버리고 선생님이 말씀해 주신 대로 따라가겠다.'

만일 아직 수험생활 초반이고, 선생님의 커리큘럼 중 첫 수업을 따라가는것이며, 시간이 많이 남았고, 다른 과목이 어느 정도 괜찮게 나와 국어에 시간 투자를 많이 할 수 있는 상황이라면, 괜찮다. 그러나 그렇지 않다면, 다시 한 번 생각해 보기를 바란다.

우리는 아주 어릴 때부터 읽고 쓰기 시작한다. 빠르면 서너 살, 늦어도 초등학교 입학 전까지는 더듬거리면서라도 글자를 읽을 수 있다. 그 이후로 약 15년간 만들어 온 습관이다. 지금 하고 있는 생각은, 처음부터 독해 습관을 다시 들이겠다, 다시 말하여 내가 맨 처음 긴 글을 읽기 시작했을 때로 돌아가 다시 읽기를 시작하겠다는 뜻이다. 길게 만들어 온 습관을 한 번에 바로잡는 것이 힘든 것과는 별개로, 열 살 수준의 독해에서 다시 시작하겠다는 것인데, 이것은 단기간, 약 서너 달 만에 향상시킬 수 있는 능력이 아니다.

불가능하다는 것이 아니다. 일 년 정도 꾸준히 읽고 쓰면 노력 여하에 따라 자신의 것으로 만들 수 있다. 그러나 그 기반은 자신의 독법이어야 한다. 자신의 독법을 버리는 것은 위험하다. 물론 자신의 나쁜 습관들은 버리고, 좋은 습관들로 채우거나 발전시키는 것이 맞다. 그러나 당장 자신의 독법을 버리면 글을 읽지 못하게 된다. 반복적인 연습이 새로운 독법을 적용하는 데 중요한 것은 맞다. 그리고 새로운 독법을 적용시키지 말라는 것이 아니다. 그러나 그 새로운 독법은, 그 사람의 무수한 읽기 습관이 정밀하고 조밀하게 직조된 결과물이다. 그 하나하나를 모두 바꾸어야 하는데, 지금까지의 습관을 전부 버리고 그것을 택하는 것은, 잘못 걷고 있던 사람에게 자신의 습관과 관성을 모두 버리고 제대로 된 자세를 취하고 완벽한 힘 조절을 하여 뛰어 보라는 것과 같다.

운동을 할 때 걷는 자세가 제대로 되어 있지 않고, 몸의 균형이 무너져 있을 때는 걷는 방법부터 다시 배운다. 처음부터 모든 것을 바꾸기는 어려우므로 처음에는 손을 쥐는 방법, 걸음을 내딛을 때의 보폭, 가슴을 펴는 방법을 배운다. 그 후엔 무릎을 굽혀야 하는 정도, 발목을 들고 내딛을 때의 충격을,

그 후엔 흔들리지 않고 걷는 법을 배운다. 이 걷기가 숙련되어야 비로소 러닝머신 위에서 뛸 수 있다. 처음부터 뛰라고 하면 자신의 몸이 기억하는 관성과 레슨받은 내용이 뒤섞이고, 결국 뛰는 방법마저 망가져 런닝머신을 멈추게 된다.

물론 순서의 차이는 있겠지만, 요지는 모든 것을 한 번에 바꿀 수는 없다는 것이다. 자신의 독법을 버리고 무작정 선생님을 따라 하는 것이 아니라, 자신의 독법을 일단 유지하면서 선생님이 가르쳐 준 독법의 일부라도 자신의 것으로 만들기 위해 훈련하는 것이 훨씬 안정적이고, 발전 가능성 또한 높다는 것이다. 모든 독해의 기술을 한 번에 받아들이라는 것이 아니다. 이를테면 내가 수업을 들으면서 정의문 잡는 연습이 시급하다고 느껴진다면, 그것을 목표로 하여 글을 읽고 문제를 풀어 체화한 후 다른 독법을 또 적용하여 마치 인형의 파츠를 바꾸어 나가듯 바꾸는 것이다. 만일 한 번에 바꾸려 들다가 파츠가 모두 뒤섞여 버리면 그것들을 다시 재건설하는 데는 오랜 시간이 걸리고, 많은 공을 들여야 하며, 그 과정이 너무 지난한 나머지 포기해 버리기도 한다.

특히 높은 등급의 학생들이 인강과 수업을 듣고 모든 독법을 갈아엎어야겠다는 생각을 하는 경우가 종종 있는데, 일정 등급 이상이라면 일정 정도 이상의 독법을 가지고 있다는 말이다. 그렇다면 독법 전체를 갈아엎는 것보다 자신의 독법의 구멍을 채워나가는 편이 훨씬 효율적이고 안정적이다.

'선생님이 말씀해 준 대로 했는데, 더 헷갈리고 이제는 어떻게 읽는 게 맞는 지조차 모르겠다.'

사실 이것이 모든 것을 단번에 받아들이려고 하지 말라는 말을 하는 가장 큰 이유이다. 독법을 크게 바꾸었다면 반드시 거쳐야 할, 그리고 거치게 될 과정이기도 하다.

이 과정 자체가 나쁜 것은 아니다. 오히려 자연스러운 일이다. 익숙하지 않은 도구가 갑자기 늘어나면 원래 익숙하게 했던 일들도 어떤 도구를 들어야 할지 몰라서 시작조차 하지 못하는 일이 발생하는 법이다. 그러나 이 과정을, 시행착오를 거치면서 적재적소에 어떤 도구를 사용할 수 있게 된다면, 이겨낼 수만 있다면, 그 이후에는 한 단계 더 나아간 자신을 마주할 수 있게 된다. 이렇게 되기까지는 많은 양의 글을 읽고 문제를 풀며 자기 자신의 눈과 사고에 해당 독법을 새겨넣듯이 훈련하는 수밖에 없다. 중요한 것은 이것을 슬럼프라고 생각하지 않는 것이다. 이것은 슬럼프이기 때문이 아니다. 처음 독법을 접하고, 그것이 온전히 자신의 것으로 아직 체화되지 않았기 때문에 존재하는 것이다. 공부하지 않는다면 이러한 현상이 생길 일도 없다.

그러나 만일 이 현상이 수능 직전에 일어난다면 말이 달라진다. 내가 무리하게 6월 평가원 후에, 혹은 9월 평가원 후에 독법을 완전히 갈아엎었는데, 이 현상이 수능 직전에 일어난다면 어떻게 할 도리가 없다. 10월, 11월에 무리해서 행동강령을 수정하지 말라고 하는 것도 마찬가지의 맥락이다. 가장 중요한 것은 수능임을 잊지 않아야 한다.

'선생님의 생각과 나의 생각이 충돌한다.'

기본적으로 질문하는 것을 두려워하지 말자. 자신의 생각이 선생님의 생각과 충돌하는 것을 잡아내는 것은 사고과정의 오류를 잡아내거나, 시야를 넓히는 데 아주 큰 도움이 된다. 물론 모른다는 것이 부끄러울 수는 있다. 자신이 어떤 바보 같은 생각을 했는데, 그 원인이 무엇인지 짚어내지 못한다는 것이 창피할 수는 있다. 그러나 그것을 교정하기 위한 목적으로 선생님들의 수업을 듣는 것이다. 자신이 달라지지 않는다면 수업 수강의 이유가 없다.

　나는 삼수가 시작되고 나서, 교무실에서 선생님을 마주쳤을 때 선생님께서 기겁하셨을 만큼 질문을 많이 했다. 점심시간마다 선생님들을 붙잡고 모르는 문제들에 대해서, 그리고 나의 잘못된 사고과정과 논리 전개에 대해서 귀찮아하실 만큼 물어보았다. 지금 돌이켜 보아도, 그리고 그때 당시에도 죄송한 마음에 이것저것 사 들고 가 질문 세례를 펼쳤는데, 그 과정에서 논리를 교정받은 것이 실력 향상에 큰 도움이 되었다. 물론 지금도 죄송하고, 많이 감사하다.

　언제나 처음이 가장 힘들다. 질문을 하러 처음 가기까지의 그 망설임과 주저가 힘든 것이지, 그다음 질문하기는 그렇게 어렵지 않다. 한 번 지식과 상식의 밑바닥을 내보였으니 더 내보이지 못할 것이 어디 있을까.

　만일 이것이 선생님의 '독법'과 나의 '독법'이 충돌하는 문제라면, 이를테면 나는 구조적인 독해를 조금 더 선호하는데 선생님은 '그읽그풀'만 강조하신다면, 선생님을 과감하게 바꾸어도 좋다. 국어는 각자의 독법에 따라 맞는 선생님이 각각 다르다. 그리고 그 선생님들은 다만 다를 뿐이지, 틀리지 않다. 내가 위에서 제시한 독법들도 무수한 독법들 중 하나일 뿐이다. 선생님들은 모두 나름대로의 신념을 가지고 수업을 하는 것이고, 자신의 신념에 맞는 수업을 택하면 된다. 자신과 잘 맞는 선생님의 수업을 수강할 때의 시너지는 경이로울 정도이다. 다만, 수강하는 수업을 너무 잦은 빈도로 바꾸는 것은 지양하자. 각각의 선생님들에게도 자신이 적응할 시간이 필요하다. 계속 수업을 바꾸다가는 아무것도 얻지 못하는 일이 발생할 수 있다.

'인강 전체를 다 수강해야 하는데 시간이 모자란다.'

나는 학생들이 인강과 수업에 목매달지 않기를 바란다. 만일 자신이 지금 인강과 현강을 들으며 운용하고 있는 시간 중, 예습은 제쳐두고서라도 복습과 과제를 할 시간이 부족하다면, 수업을 줄여야 한다. 과제 양이 많아서 자신의 공부를 하지 못하는 것은 크게 문제가 되지 않는다. 결국 자신의 자습이 과제로 들어가는 것뿐이니까. 그러나 수업이 많아 과제를 하지 못하고 밀리고 있다면, 사실 수업을 그만큼씩이나 들을 필요가 없다. 우리의 뇌는 듣는다고 해서 모든 것을 저장하지 않는다. 저장한다고 해도 그것을 금세 활용하거나 적용하기는 어렵다. 결국 자신의 것으로 만드는 체화의 과정이 필요하다. 보통의 현강에서는 그것을 위해 아주 많은 양의 자료를 내어 주는 편이다. 그러나 만일 자신이 체화할 시간이 부족하다면, 대체 무엇을 위해 강의를 듣고 있는가? 결국 공부를 '한다'라는 얄팍한 자기위로밖에 되지 않는다.

완벽주의에서 벗어나기를 바란다. 모든 인강을 들어야만 좋은 성적이 나오는 것이 아니다. 사실 자기 자신이 무엇에 약한지를 파악하고, 그 강의만 골라 듣는 것 또한 현명한 방법이다. 생각해 보자. 수강 신청 버튼을 눌러 놓고 앞 몇 강의만 듣고 다 듣지 못한 강좌들이 몇 개나 되는가? 자신이 모든 강의를 다 듣지 못할 것이라는 생각이 든다면, 적어도 지문을 읽고 문제를 푼 후 자신이 이 지문에서는 무엇인가 더 배울 것이 있다는 생각이 들거나, 강의를 들어보고 싶다는 생각이 드는 지문이 있다면 그 지문의 수업을 골라 들으면 된다. 그렇게 해도 아무 문제 없다. 다만 다시 말하지만, 인강에 전적으로 의존하는 것은 그렇게 좋은 일이 아니다. 언제나 수강 시간보다 자신이 체화하는 시간이 더 길어야 한다.

그렇다면 어떻게 인강 수업을 듣는 것이 좋을까?

언제나 그래 왔듯, 개인적인 루틴이다. 참고해도 좋고, 자신의 루틴을 새로 짜도 좋다. 자신에게 맞는 루틴이 따로 있을 것이다. 그러나 반드시 복습은 어떤 방식으로든 했으면 좋겠다. 학습한 내용을 자신의 것으로 만드는 첫 번째 발자국이 복습이기 때문이다.

① 예습(과제)

선생님들에 따라 풀어오라고 하는 선생님이 있고, 수업시간에 풀 시간을 주는 선생님이 있다. 전자의 경우 풀고 나서 나름대로의 분석을 한 번 했다. 그 후 읽기 어려웠던 부분이나, 풀기 어려웠던 부분을 형광펜으로 눈에 보이게 밑줄 그어 주었다. 이 부분에서 많은 것을 얻어가겠다는 표시이다. 또, 풀면서 질문이 있거나 사고과정이 조금 불안정하다면 여백에 적어 두었다. 수업시간에 풀 시간을 주는 선생님의 경우에는 예습 과정을 생략했다.

② 수업 시간

기본적으로는 모든 가르침에 집중하지만, 내가 밑줄 쳐 두거나 물음이 있었던 부분들을 강의할 때는 조금 더 집중하려고 했으며, 미리 해 둔 물음들에 답하거나 궁금증을 해소하는 방식으로 수업을 활용하려고 노력했다. 또한, 선생님이 어떠한 말을 했을 때, 이것을 나의 방식으로는 어떻게 끌고 올 것인가를 수업 중간에 계속해서 생각했다. 나의 독법 중 어느 부분과 연관지어 읽으면 더 시너지가 좋을지, 혹은 기출에서 어떤 부분을 어떻게 읽으면 좋을지, 혹은 이렇게 읽었을 때의 문제점에 어떻게 대처하면 좋을지, 수업을 받아들이면서도 계속해서 문제의 해법을 재생산해나가는 방식이었다.

③ 질문 + 직후 복습 (1)

수업 중에 새로 떠오른 의문과 예습 때 정리한 질문을 합쳐 선생님에게 수업 직후 쉬는 시간을 이용하여 질문했다. 그러고 나면 약 5분 정도가 남는데, 곧바로 복습 노트에 오늘 무엇을 배웠는지를 보지 않고 간략하게 검은색으로 적고, 기억이 나지 않는 부분은 필기한 노트와 교재를 펼쳐 보면서 파란색으로 적었다. 이 직후복습노트는 자기 전에 한 번 읽고 자면 오늘 배운 수업 내용이 쭉 머릿속에 흘러가면서 한 번 더 복습하는 효과가 있다.

④ 자습시간 복습 (2)

자습시간에는 조금 더 심도 있는 복습을 했다. 비문학의 경우 선생님의 논리 구조를 파악하고, 나라면 어떻게 할 것인가?를 생각해 독법을 정리해 둔 노트에 더해 주었다. 문학, 특히 개념어의 경우 문학 개념어 노트에 정리했다. 일반화와 추상화, 평면화의 과정이라고 생각하면 편하다. 복습 시간으로 지정해 둔 시간이 남으면 과제 자료나 비기출 자료 등을 이용해서 그 날 배운 것을 적용하는 연습을 했다.

⑤ 질문

자습시간이 몇 번 지나면 또 질문이 쌓인다. 이런 질문들은 오래 고민하다가 약 사나흘 간격으로 선생님에게 가서 질문을 했다. 재수학원 특성상 국어과 선생님이 네 분 계셨는데, 그래서 사실상 하루에 한 번꼴로 국어 질문을 하러 가곤 했다. 꾸준히 매일 공부했다면 질문이 너무 많이 쌓이기 전에 충분히 생각한 후, 그러나 기억 속에서 지워지기 전에 질문을 하러 갔다.

⑥ 비기출 적용

그 후에는 꾸준히 비기출 적용을 통해서 독법을 나의 것으로 만드는 연습을 했다. 비기출 적용법은 책 본문의 비기출 공부법에 상세히 적혀 있다.

수업은 듣는 것에서 끝나면 안 된다. 듣는 것이 전제조건이고, 복습이 시작이며, 비기출 및 기출을 분석하고 풀이하며 수업의 내용을 자신의 것으로 체화하는 것이 공부이다. 양질의 수업을 전부 공기 중에 날려버리는 것과 다름없는 공부를 하지 말고, 수업시간에 배운 것 중 하나라도 자신의 것으로 가져가는 공부를 하길 바란다.

2019학년도 수능에는 지금까지도 회자되는 난도의 국어 지문들이 출제되었다. 그때 문제를 처음 마주했을 때를 생생히 기억한다. 그 이전까지는 국어 공부를 따로 해 본 적이 없었다. 우리말이기 때문에 공부를 따로 해야 할 필요성을 느끼지 못했으며, 따라서 공부를 했다고 해도 기초적인 문학 개념어와 문법이 전부였다. 수능 국어 시험이 끝나던 10시, 나는 내가 그때껏 지니고 있던 생각이 잘못되어도 단단히 잘못되었음을 직감했다.

꿈을 위해 일 년을 더 공부해 보기로 했다. 나는 처음으로 국어 공부다운 국어 공부를 시작했다. 아무것도 몰랐기에 처음에는 학원 수업에 전적으로 의존할 수밖에 없었다. 그러나 수업을 들으며 문득, 언제나 모든 일에 능동적이지 않으면 달라지는 것은 없다는 생각을 했다. 나만의 방향성 없이 끌려가는 수동적인 공부만으로는 한계를 깰 수가 없을 것 같다는 생각을 했다. 그래서 기출분석을 시작했다. 그 기출분석이 나의 비문학을 바꿨고, 국어를 바꿨고, 그리고 수험생활 전체의 판도를 바꾸었다.

이 지점에서 얼마나 열심히 공부 했느냐에 대한 언급은 의미가 없다. 그 노력의 시간들은 찬란하고 아름다웠지만, 이제는 과거에 불과하기 때문이다. 진정으로 가치 있는 것은 내가 거기에서 발견해낸 사실들이다.

글을 읽는다는 것은 수능의 기초이다. 다시 말하자면, 수능을 관통하는 단 하나의 키워드가 있다면, 그것은 '독해'이다. 국어와 수학과 영어는 같은 결로 흐른다. 결국 셋 다 언어에 불과하다. 국어는 모국어이고, 영어는 그나마 친숙한 외국어이고, 수학은 조금 더 난도가 높은 언어이다. 결국 내가 해야 하는 일은 각기 다른 언어를 '나의 언어'로 변환하고, 상호작용을 통해 해야 할 일을 정하고, '나의 언어'로 도출해낸 해답을 각각의 언어로 다시 변환하는 것이 전부이다. '나의 언어'는 국어가 아니다. 그저 내가 친숙하게 생각하는 나만의 언어다. 국어 독해에서 두드러지게 나타나는 '나의 언어'는, '나의 언어'에 세계의 언어를 일부 끌어와 조합할 수도 있고, 단축키를 설정하는 것처럼 세계의 언어에 대하여 조건반사적으로 반응할 수도 있고, 나를 그 세계 안에 아예 던져 둘 수도 있다. 그러나 결정적인 실마리는 내가 잡고 있다.

그래서 언어의 첫머리부터 시작한다. 시자은 철자. 그 후에 언어의 문법을 익히고, 그것을 응용하는 것은 무궁무진한데, 그러기 위해서는 읽어야 하고 생각해야 한다. 수학으로 치환해 보자. 수학의 철자는 공리와 정의이고 수학의 문법은 증명 과정들이다. 그런데 한국어의 문법조차도 우리는 달달 외우고 다니지 않는다. 증명 또한 마찬가지이다. 생소한 문법을 풀어나가는 근본적인 힘은 본질을 해체하는 힘이다. 한 덩어리로만 보이는 뭉툭한 추상을 내가 아는 것들로 하나하나 분절하고 관찰하는 힘이다. 본질을 보아야 할 뿐이다. 그래서 왜?라는 질문이 필요하다. 왜 치환적분법을 써야 하는데? 왜 부분적분법을 써야 하는데? 그러면 물음은 치환적분법이 뭔데? 도함수라는 게 뭔데? 적분이라는 게 뭔데?까지 닿는다. 이것이 개념이다. 정의와 공리들을 연결하는 과정. 이 분절과 관찰을 위해서는 대상이 필요하다.

그것이 바로 문제이다. 문제이고, 지문이다. 문제를 제대로 읽지 못하면 국어이든, 영어이든, 수학이든 시작점부터 잘못된 것이다. 그리고 이를 위해서는 독해력이 필요하다. 그냥, 언제나 그러했던 것처럼 대충 부정발문인지 긍정발문인지만 잡고 내려가면 안 된다. 잘 읽어야 한다. 묻는 것을, 조건을, 대상을 파악하고, 거기에 맞는 솔루션 뼈대를 제시하는 것이 첫발이다. 그래서 독해가 중요한 것이다. 표상적으로나마 적혀 있는 언어인 국어. 그 국어를 이해하는 일이 선행되어야 하는 것이다.

다시 돌아와서, 모든 일에 능동적이지 않으면 달라지는 것은 없다.
나는 이것을 수험생활의 대원칙으로 삼았다. 모든 지문을 능동적으로 읽었고, 모든 문제를 능동적으로 대했으며, 모든 일에 능동적으로 임했다.

당연히 이 모든 과정이 순조롭지는 않았다. 어떤 문제에 직면하여 자꾸만 폭풍우 속 바다에서 표류하는 기분이 들 때마다, 닻을 내릴 곳을 찾으러 선생님들께 가 질문을 하곤 했다. 그분들은 새로운 사고의 관점을 내 앞에 내밀었고, 그 과정에서 나는 흔들리며 성장했다. 그러나 만일 선생님의 언어들만이 존재했다면, 내 성장의 폭은 이렇게까지 크지 않았을 것이다. 다시 말하지만, 모든 일에 능동적이지 않으면 달라지는 것은 없다. 두 요소 모두가 필요하다. 내가 여태 보지 못했던 것들을 일깨워줄 수 있는 트리거와 그것을 스스로의 독법 안으로 끌고 들어와 자신의 것으로 소화해내는 능동성.

이 책에는 짧다면 짧고, 길다면 긴 수험 생활 동안 능동적으로 공부한 기록이 담겨 있다. 나는 공부다운 공부의 필요성을 최초로 마주했을 때 어디로 가야 할지 몰라 막막했고, 어떻게 하는 것이 맞는지에 대한 막연한 두려움이 있었다. 또 지금 걷고 있는 이 길의 끝에 절벽이 있지는 않을지, 이렇게 한다고 해서 나아질지에 대한 불확실성으로 말미암은 불안에 떨던 날을 기억한다. 그 시기의 내게 이 책을 준다고 해서 덜 힘들어지는 일은 없을 것이다. 수험생활은 원래 그런 것이기 때문이다. 그러나 적어도 방향성에 대한 확신은 가질 수 있을 것이다. 나는 이 책을 읽을 여러분이 쉬운 길을 가려고 하지 않았으면 좋겠다. 쉬운 길은 힘이 덜 들지언정 자신을 날카롭게 벼려내기는 어렵다. 몸을 깎아 힘들게 공부하라는 뜻이 아니다. 이 책에 있는 이야기들을 하나하나 곱씹어 보면서 정말 그런지 생각해 보고, 적용해 보았으면 좋겠다. 이 책에 쓰여 있는 사고들을 자신의 것으로 온전히 만들어 자신만의 색깔을 입힐 수 있었으면 좋겠다. 책을 읽는 것만으로 바뀌는 것은 아무것도 없다. 자신이 직접 경험해 보아야만 한다.

그러니 적어도 이 책이 여러분의 등대가 되었으면 좋겠다. 의지할 이 없이 표류하는 기분이 들 때, 책을 펼쳐 이 길이 적어도 틀리지 않은 길임을 재차 확인하고, 어디로 가야 할지에 대한 고민으로 막막할 때 다음 목적지를 정할 수 있었으면 좋겠다.

읽는다는 행위가 주는 기쁨을 종래에는 배울 수 있기를 바란다.

대부분의 중하위권 학생들은 자신의 국어 성적을 어떻게 올리는지 모르고, 공부한 만큼 오르지 않는 성적을 보며 국어를 포기해버린다. 나도 그런 학생들 중 한 명이었다. 무의미한 기출 n회독과 양치기 공부의 습관을 가졌던 나는 3등급에 머무르는 성적을 보며 국어를 극복할 수 없는 큰 장애물이라고 생각했다. 하지만 윤예원 선생님과 국어를 공부한 후부터 지문과의 대화를 시도하며 진짜 '제대로' 읽는 방법을 알게 되었고, 평가원 기출 지문과 선지의 패턴, 원리가 보이기 시작했다. 미시적인 독해로 단어와 문장의 유기성을, 거시적인 독해로 지문의 틀과 구조를 볼 수 있게 되었고, 그 후 무의미한 기출 반복에서 벗어나 이 책에서 말하는 평가원의 지문과 선지에 숨겨진 원리를 직접 느낄 수 있었다. 이러한 깨달음은 겉핥기식 공부에서 벗어나 '국어'라는 과목에 대한 깊은 이해를 바탕으로 공부할 수 있게 해주었고 이는 자연스럽게 성적 상승으로 이어졌다. 또한, 국어 공부가 더 이상 장애물이 아닌 글과 대화를 하는 시간으로 느껴지게 되었다.

이 책은 지문과 문제, 표와 그래프까지 최대한으로 활용해 글을 잘 읽는 방법을 설명하고 있고, 대부분의 학생들이 어려워하는 독서(비문학) 지문 독해뿐만 아니라 문학 지문과 시기별 공부 방법에 대한 조언까지 아끼지 않고 있다. 국어 공부에 조금이라도 어려움을 느끼고 있는 수험생이라면, 이 책을 꼭 읽어야 한다고 생각한다.

이*아 (2022학년도 6월 백분위 79 → 2023학년도 9월 백분위 97)

❖❖❖

원래의 나는 국어 공부를 제대로 해 본 적도 없이, 그냥 문제와 지문을 읽고 문제를 푸는 학생이었고, 평소 국어 점수 또한 들쭉날쭉했다. 그러던 와중 선생님의 국어 강의를 들으며 실력이 비약적으로 향상되었는데, 선생님이 주신 '과제'의 도움을 정말 많이 받았다. 과제의 내용은 단순했는데, 주어진 지문을 푼 다음 왜 여기까지밖에 읽지 못했는지, 이디까지 읽어낼 수 있었는지 등을 분석하는 것이었다. 책에 나오는 '순환식 공부 루틴'의 내용 그대로이다.

정말 단순하지만 고된 공부법이었던 것이, 처음 이 과제를 받고 지문 하나를 공부하는데 3시간이 걸렸다. 처음에는 대체 여기서 뭘 분석해야 하는지가 정말 막막했다. 그런데 지문을 천천히 뜯어보고 내가 읽은 방식을 점검하니 고쳐야 할 점이 쏟아져 나왔다. 첫 문단을 대충 읽어 붕 뜬 상태로 글을 계속 읽어 나가는 습관이라던가, 표를 그리거나 식으로 정리하면 편리한 부분을 그냥 놔두고 문제를 풀다 기억이 나지 않아 다시 지문으로 돌아와 다시 읽는다거나... 하는 등의 습관들이 내 국어 실력을 정체시키고 있었던 것이다.

시간이 정말 많이 걸렸지만 매일 정해진 만큼의 분량을 위와 같은 방식으로 공부하며 글을 읽는 능력이 많이 늘었다. 2주차 즈음 되었을 때 스스로 1문단의 중요성을 깨닫고, 분석지에 적으며 "다음번엔 1문단에서 화제를 잡으려 노력해서 글의 흐름을 잡자"고 써놓았던 것이 기억에 남는다. 점점 내가 생각하는 문제점을 고쳐 나가며 읽고, 교정하다 보니 한두달 쯤 되었을 땐 한 지문을 분석하는 데 걸리는 시간이 획기적으로 줄게 되며 실력이 늘었다는 것을 체감했다.

순환식 공부 루틴의 좋은 점은 나에게 제일 잘 맞는 독해 방식을 정립할 수 있다는 것이다. 내가 나의 독해를 복기하고, 분석하며 다음 독해 시 고쳐야 할 점을 찾기 때문에 현재 독해 습관에서 문제가 없는 부분은 놔두고 고쳐야 할 부분만 수정하며 실력이 향상된다. 나의 경우도 독해 방식을 완전히 바꾸는 것은 위험하다는 선생님의 조언에 따라 강의 내용과 스스로의 피드백 과정에서 필요한 것을 선별적으로 받아들이거나 수정하였는데, 그게 단기간에 실력을 향상시킬 수 있었던 열쇠라고 생각한다. 또, 결국 스스로의 약점은 본인이 찾을 수 밖에 없다는 것도 위의 공부 방식을 따라야 하는 이유 중 하나이다. 자신이 어떤 마음으로 이 지문을 읽었고, 어떤 사고를 하며 풀었는지는 본인만이 알기 때문에, 초기에 조금 시간이 걸리더라도 자신의 독해, 문제 풀이 당시 사고 과정을 점검해보고 어떻게 읽고 풀었어야 했는지를 끊임없이 생각하는 것만이 약점을 극복하는 가장 빠른 길이다.

이 책의 주요 챕터는 많은 학생들이 어려워하는, 비문학 독해의 기술을 소개하는 3장이지만, 1장과 5장을 눈여겨보기를 바란다. 1장의 국어 공부에 대한 잘못된 생각들에 대한 비판, 5장의 기출/비기출 공부법은 긴 수험생활을 하게 될 여러분에게 좋은 길잡이가 되어줄 것을 믿어 의심치 않는다.

이*민 (2021학년도 수능 백분위 83 → 2023학년도 수능 백분위 95)

***

불과 고등학교 2학년까지의 나는 올바른 독해가 무엇인지 알지 못하였다. 그리고 당연하게도 지문을 더 잘 읽으려는 시도조차 하지 못했다. 지문을 텍스트 그 자체로만 받아들였고 사고 과정이 거의 존재하지 않았다. 이 상태로 그룹 과외를 시작했다. 수업을 거듭하며 이전에는 하지 않았던, 어쩌면 이 과외가 없었다면 제대로 시도하지 않았을 '기출 분석'이 나에겐 가장 큰 도움이 되었다. 시범 과외를 했던 순간이 기억에 아직도 선명하다. 신채호의 아와 비아 지문이었다. 나에게는 여타 다른 학생들과 마찬가지로 '덜 중요한 부분들을 더 중요하게 읽어 아까운 독해 체력을 날리고, 더 중요한 부분들을 읽지 못하는 문제'가 나타났다. 이 책은 이러한 문제를 포함하는 독해 오류들을 범하지 않도록 행동 강령과 독해법을 제시한다.

이 책의 중반부에서 설명하는 '문장에 질문하며 글의 전개 과정을 예상하는 연습'이 처음에는 의식적으로 하려 해도 어려웠다. 내가 얼마나 사고를 안하며 글을 읽었는지 깨닫는 과정이기도 했다. 주관식 답을 내고, <보기>문제에서 선분석을 하는 등의 과정 또한 쉽지 않았다. 반복과 교정을 통해 파이널에는 그것들을 어렵지 않게 할 수 있게 됨에 감사했다. 참고로 이 과정에 대한 예시는 책에 상세히 기술되어 있다. 한편 문학을 풀 때 가장 도움이 되었던 내용은 단연코 '오답은 개연적이고, 정답은 필연적이다.'라는 문장이라고 말할 수 있다. 가장 필연적으로 틀린 선지(혹은 부분)를 찾는 연습을 거듭했다. 덕분에 수능에서 문학 부분만큼은 다 맞을 수 있었다.

이 책의 말미에 나온 말 중 '능동적이지 않으면 달라지는 것은 없다'라는 문장이 가장 뇌리에 박힌다. 강사가 아무리 양질의 수업을 제공해도 국어의 행동 강령을 체화하는 것은 오롯이 본인의 몫이므로 내가 능동적으로 해야만 국어 성적이 오르고, 독법을 세울 수 있다는 것을 다시금 생각하게 하는 문장이다. 혼자 하기 어렵지만 가장 혼자 해야 하는 과목이 국어가 아닐까 생각한다. 이 책은 고된 수능 국어 공부에서의 나침반이 되어줄 것이다.

한*봄 (백분위 10 상승)

Memo

Memo

Memo

Memo

체크메이트

초판 1쇄 발행 2023년 1월 27일
초판 3쇄 발행 2023년 6월 15일

지은이 윤예원
펴낸이 김정희
디자인 산타클로스

펴낸곳 노르웨이숲
출판신고 2021년 9월 3일 제 2022-000108호
주소 서울시 마포구 월드컵북로 400 5층, 4호
이메일 norway12345@naver.com
팩스 0303-3443-7767

블로그 blog.naver.com/norway12345
인스타그램 @norw.egian_book

ISBN 979-11-977917-2-7 (53700)